Landolf Scherzer
Letzte Helden

aufbau taschenbuch

Landolf Scherzer, geb. 1941 in Dresden, freier Schriftsteller in Thüringen, wurde vor allem durch Langzeitrepor-
tagen wie *Der Erste* und *Der Zweite* bekannt.

Außerdem lieferbar: *Fänger und Gefangene. 2386 Stunden
vor Labrador und anderswo; Der Letzte* und *Die Fremden.
Unerwünschte Begegnungen und verbotene Protokolle* sowie
Der Grenz-Gänger (2005). Zuletzt erschien die Reportage
Immer geradeaus. Zu Fuß durch Europas Osten (2010) über
eine Wanderung entlang den Grenzen zwischen Ungarn, Kroa-
tien, Serbien und Rumänien, die ein höchst lebendiges Bild
Osteuropas im Umbruch entstehen lässt.

Drei Reportagen – drei eindrucksvolle Zeitporträts:
Eine Woche lang arbeitete Landolf Scherzer in der Eisenacher »Tafel« für Bedürftige mit. Dort lernte er Helfer wie
Abholer kennen, Gleichgültigkeit, Vorurteile und Hilfsbe-
reitschaft und erlebte, wie rasch die hinter der Abgabetheke
selbst zu Bedürftigen werden können.

Im Frühling 2007 begleitete er eine Hilfsgütersendung in
die Ukraine. Er wollte unbedingt in die gesperrte Zone um
Tschernobyl fahren und mit Betroffenen sprechen. So erfuhr
er von schrecklichen Schicksalen und der Unfähigkeit oder
Unwilligkeit der Behörden, den Opfern zu helfen. Allerdings
verfolgte er auch befremdet, an wen Hilfsendungen gelangen und dass manche Helfer gewiefte Selbstvermarkter sind.
»Wer still hilft, hilft anderen. Wer laut hilft, hilft auch sich«,
erklärte eine Ukrainerin lakonisch.

Ein Brief aus Niedersachsen gab den Anstoß zu einer fast
kriminalistischen Suche nach einstigen »Helden der Arbeit«.
Scherzer wollte wissen, wie sich ihr Leben seit 1989 verändert
hat. Auch diesmal erwies sich der Weg seiner verschlunge-
nen Spurensuche als Ziel, um Zeitgeschichte, in persönlichen
Schicksalen gespiegelt, zu finden.

Landolf Scherzer

Letzte Helden

Reportagen

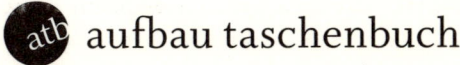

aufbau taschenbuch

Die Recherche für die Reportage »Die Tafel ODER ›Jesus‹ und die Speisung der Armen« wurde durch ein Stipendium der Kulturstiftung des Freistaates Thüringen gefördert.

ISBN 978-3-7466-2663-5

Aufbau Taschenbuch ist eine Marke der
Aufbau Verlag GmbH & Co. KG

1. Auflage 2010
© Aufbau Verlag GmbH & Co. KG, Berlin 2010
Für das Gedicht »Dem Revolutionär Jesus zum Geburtstag«
aus Erich Kästner: Ein Mann gibt Auskunft,
© Atrium Verlag Zürich, 1930 und Thomas Kästner
Umschlaggestaltung morgen, Kai Dieterich
unter Verwendung eines Fotos von Lothar Hornbogen,
das Landolf Scherzer vor dem Berliner Bauarbeiterdenkmal zeigt
Druck und Binden CPI – Clausen & Bosse, Leck
Printed in Germany

www.aufbau-verlag.de

Inhalt

Die Tafel
ODER
»Jesus« und die Speisung der Armen

Der weißhaarige Mann, der mitten in seiner Rede wie ein Gehetzter aufsteht und in der kleinen Plattenbauwohnung im Eisenacher Norden umherläuft, hat sich eine taudicke Kordel durch die Schlaufen der Jeans gezogen und fest verknotet. Trotzdem rutscht ihm die Hose unter den Bauch. Immer wieder zieht er sie hoch und stopft das viel zu enge rotschwarz karierte Flanellhemd in den Hosenbund. Statt des Hemdes sollte er einen weiten Pullover tragen, aber ich sage nichts. Ich versuche lediglich, die Bruchstücke seiner Lebensgeschichte, die er mir erzählt, kommentarlos zusammenzusetzen.

Wolfgang Ehme* hat 11 Jahre als Konstrukteur im Fahrzeug- und Jagdwaffenkombinat Suhl (Fajas) gearbeitet. Als das damals größte europäische Mopedwerk nach der Wende dichtgemacht wurde, qualifizierte das Arbeitsamt den Diplom-Ingenieur mit Steuergeldern erst zum Lagerarbeiter und später zum Grünanlagenpfleger. Doch die Lager der Betriebe waren schon ausgelagert, und die Grünanlagen wurden von ABM-Leuten gepflegt. Der Dipl.-Ing. musste sich notgedrungen bei einem sechswöchigen »Wie-bewerbe-ich-mich-richtig«-Lehrgang und anschließend ein Jahr lang mit Kreuzworträtseln und Fernsehkochkursen weiterbilden.

In seinem linken Ohrläppchen steckt ein grüner herzförmiger Kristall. »Damit ich nicht kneifen konnte, ging meine Freundin mit zum Ohrstechen. Danach kaufte sie mir die-

* Die Namen der Hartz-IV-Empfänger, Abholer, Aufstocker, Helfer und Verantwortlichen der Tafel in Eisenach wurden auf ihren Wunsch geändert.

sen Hoffnungsstein. Er sollte uns Glück in der Fremde bringen.«

Die Fremde lag nur 75 Kilometer von Suhl entfernt: Eisenach.

Aus Suhl war er, wie er sagt, »geflohen«. 8 000 hatten dort im Fajas gearbeitet. Die meisten von ihnen wohnten in Suhl. Und jeder kannte jeden. »Nach einem Jahr ohne Job reichte das Geld nicht mehr für den Stammtischabend. Meine Freunde gingen ohne mich in den ›Gambrinus‹. Und manche Kollegen, nicht gerade die Klügsten, grinsten, wenn sie mich am Tag in der Stadt sahen: ›Na, der Herr Dipl.-Ing., heute wieder vor der Arbeit gedrückt?‹«

In Eisenach kannte niemand den Ingenieur Wolfgang Ehme. Dort wurde er zum Fliesenleger umgeschult. Eine Firma beschäftigte ihn sechs Monate, so lange, wie das Arbeitsamt seinen Lohn zahlte. Danach entließ man ihn und nahm einen neuen Umgeschulten.

Seine Freundin ist inzwischen nach Suhl zurückgegangen. Manchmal, wenn er im nahe gelegenen »Marktkauf« in den Regalen mit den billigen Lebensmitteln, deren Verfallsdatum fast abgelaufen ist, sucht, hört er Volkes Meinung: »Was heißt hier arme Hartz-IV-Leute? Die sind nur zu faul, ihren Arsch zu heben. Die kriegen doch alles umsonst. Sollten wenigstens den Wald aufräumen oder die Straßen kehren. So ne Art Arbeitsdienst …«

»Ich bewegte meinen Arsch, ich wollte nie Stütze vom Staat und habe es sogar geschafft, einen festen Job in einem Zulieferbetrieb zu erhalten. Als ich mich dort vorstellte und sagte, dass knapp 5 Euro brutto in der Stunde wenig sind, belehrte mich der Chef: ›Einem gesunden, intelligenten Arbeitslosen wie Ihnen wird zu Hause doch die Decke auf den Kopf fallen! Da ist man froh, endlich wieder unter Leute zu kommen. Und das können Sie hier, oder?‹ Ich nickte.«

Zwei Monate später musste er Stütze bei der ARGE beantragen, weil ihm, wenn er die Miete und die Stromkosten vom

Lohn abgezogen hatte, im Monat nicht einmal mehr 300 Euro für Essen, Klamotten, Schuhe, Bücher, Seife, Busfahrscheine und so weiter blieben. Obwohl er acht Stunden arbeitete, musste er vom Amt bis zum Hartz-IV-Niveau von 351 Euro »aufgestockt« werden.

Er kocht selbst. Er geht in keine Kneipe und kein Erlebnisbad. Er abonniert keine Zeitung mehr. Er fährt nicht mehr in den Urlaub. So kommt der Diplom-Ingenieur Wolfgang Ehme aus.

Nur einmal hat er in einem Tobsuchtsanfall mit der Faust seinen wackligen Küchentisch zertrümmert. »Ich war schon in der DDR ein Fan von Neil Young. Weil ich mir keine Zeitung mehr leisten kann, erfuhr ich erst eine Woche vor dem Konzert, dass Neil Young in der Erfurter Messehalle auftritt. Eine Karte kostete um die 50 Euro. Dazu das Fahrgeld. So eine Summe kann ich nicht von heute auf morgen lockermachen. Die hätte ich drei Monate lang ansparen müssen.«

Ob er sich gespendete Lebensmittel aus der Eisenacher Tafel holt?, frage ich. Da lacht der Mann, der gerade noch geflucht hat, auf. Zur Tafel gehen? Er wird mir erzählen, weshalb er das erste und einzige Mal zur Tafel gegangen ist. »Solch eine kitschige Geschichte kann kein Autor erfinden. Doch vielleicht sind nicht nur Fettleibigkeit und Armut, sondern auch Kitsch und Armut Geschwister.«

Am Tag des Konzerts hatte er sich in einem Musikladen die neuesten CDs von Neil Young angehört. Neben ihm stand eine schöne langhaarige blonde Frau mit schwarzen Jeans und engem dunkelblauem Shirt.

»Sie gab mir ihren Bob Dylan, und ich gab ihr meinen Neil Young. Wir hörten über eine Stunde lang gemeinsam Musik, danach verabredeten wir uns. Eine Woche später, ich bekomme die Stütze am Monatsanfang, trafen wir uns in einem Restaurant, das sie vorgeschlagen hatte. Blumen auf dem Tisch, Kerzen und so. Ich bin weiß Gott kein Angeber, aber mit dieser Frau, sie war 43, ich bin 55, das hätte etwas werden können.

Also bestellte ich Wein und Essen. Das Essen bezahlte sie Gott sei Dank selbst. Für mich blieben noch 30 Euro. Das nächste Mal trafen wir uns in einem Café. Dort war es billiger, nur 15 Euro. Doch am Monatsende hatte ich wegen meines ›ausschweifenden‹ Lebens nicht mal mehr Geld, um Brot zu kaufen. Da bin ich zum ersten Mal in die Tafel gegangen. Für 1,50 Euro erhielt ich Brot, Joghurt, Tomaten, Apfelsinen, ein wenig Wurst und Kartoffeln. Ich packe also alles in einen Bananenkarton, und als ich mit meinen Schätzen von der Tafel die Friedensstraße am Bahndamm entlanglaufe, fährt sie zufällig mit dem Auto vorbei, hält und fragt, ob sie mich mitnehmen kann. Ich sage: ›Nein, danke, es geht schon!‹ Sie schaut erst auf den Bananenkarton, dann auf die Lebensmittel darin und schließlich mich fragend an. Seitdem habe ich sie nicht wieder gesehen.«

Er kocht Kaffee und wickelt einen Rührkuchen mit Schokoguss aus der Folie. »Das Verfallsdatum war schon gestern«, sagt er. »Aber greifen Sie zu, der schmeckt noch.«

Nach dem ersten Stück meint er, dass es in Deutschland keine Menschen gebe, die verhungern müssen, weil sie arm sind. Schlimmer sei das Minderwertigkeitsgefühl der Menschen, die als Hartz-IV-Empfänger, arme Rentner oder »Aufstocker« aus der »normalen Welt« ausgegrenzt werden und in der »Welt der unnützen Bedürftigen« durch staatliche und private Almosen versorgt werden.

»In manchen Supermärkten stehen Container, in die Gut-Menschen zusätzlich gekaufte Konserven einwerfen können.«

»Ich weiß«, sage ich, »Spenden für Tiere, die im Winter im Zirkus oder im Zoo hungern.«

»Ja. Aber diese Spenden sind nicht für Tiere, sondern für Menschen, für sogenannte Hartzis, gedacht, die sich Lebensmittel aus der Tafel holen müssen.«

Der erste Tafeltag

Als mein Anorak, den ich in der hundekalten Tafelhalle nicht ausgezogen habe, beim Aussortieren von verschimmelten Orangen, verfaulten Bananen und zerquetschten Tomaten nach zwei Stunden bekleckert ist, gibt mir »Jesus« einen Pullover aus der Kleiderkammer. Der hagere, großgewachsene Mittfünfziger leitet die Eisenacher Caritas-Tafel. Mit seinem verwilderten grauen Vollbart und den langen, bis auf die Schultern hängenden Haaren ähnelt er zwar dem Bild des Gekreuzigten, hat aber sonst wenig von einem Heiligen an sich. Mit sieben Helfern sitzt er frühmorgens um 8 Uhr in der Wärmestube der Tafel, stellt mich als Schreiber vor, der eine Woche bei ihnen arbeiten wird, und schenkt, sobald ich ausgetrunken habe, in einer halben Stunde viermal Kaffee nach.

Punkt 8.30 Uhr erheben sich alle. Arbeitsbeginn in einer der 800 ehrenamtlich betreuten Lebensmitteltafeln der Bundesrepublik. Heute ist Montag. Am Montag und am Donnerstag werden in Eisenach nachmittags die Waren an die bedürftigen »Abholer« ausgegeben. Zuvor müssen die mit einem Transporter aus Supermärkten und kleinen Geschäften geholten und dadurch vor den Müllcontainern geretteten Lebensmittel sortiert, ausgelesen und in Stiegen gelegt werden.

Mit Richard und Jochen schneide ich Kartoffelsäcke auf und fülle die Knollen portionsweise in Plastikbeutel. Die beiden arbeiten im Akkordtempo. Richard, mit Zahnlücken, roter Nase und sechs oder sieben Silberkettchen an Hals und Handgelenken, ermahnt mich, nicht zu reichlich Kartoffeln in die Beutel zu packen. Sie müssten heute bestimmt für 250 Leute reichen.

Die ersten zwei »Kunden« – in dicke Mäntel und wollene Kopftücher gehüllte Frauen – stehen schon gegen 9 Uhr im Hof vor dem Ausgaberaum, der um 14 Uhr geöffnet wird.

Um 10 Uhr kommt das Auto mit Obst, Gemüse, Keksen, Käse, abgepacktem Brot und weißen Rosensträußen. Die Blumen legt »Silberkettchen« auf den Hof.

»Irgendjemand wird sie mitnehmen.«

Aus teilweise schon durchgesuppten Pappkartons klaube ich die schlechten Tomaten, suche die guten Orangen aus den Netzen, sortiere Rosenkohl, werfe matschige Möhren und Rote Bete in die Biotonne, staple noch brauchbare Bananen in Plastestiegen und will angefaulte Auberginen und Gurken sorgsam ausschneiden. Aber Jochen erklärt, dass sie Ausgeschnittenes nicht ausgeben. Zusammen mit Töpfen von verdorrtem Basilikum, verwelktem Salat und vergammelten Litschis landet alles in der Tonne.

Noch drei Stunden bis zur Ausgabe, aber die Schlange der Wartenden ist schon 20 Meter lang. Im hungernden, vom Bürgerkrieg heimgesuchten moçambiquanischen Tete sah ich 1978, wie auf Brot wartende Frauen vor dem noch geschlossenen Bäckerladen »Wartesteine« in eine Reihe legten und wieder gingen. Nachdem sie zwei oder drei Stunden auf dem Feld gearbeitet hatten, kamen sie zu ihrem Stein in der Schlange zurück. Sie hatten keine Zeit, um zu warten. Sie mussten inzwischen arbeiten, um zu überleben.

Ich nehme jede Mandarine einzeln in die Hand, prüfe, ob sie noch fest ist, schneide welkes Laub von Kohlrabi, Sellerie und Radieschen, sammele im Dezember (!) schlechte Kulturheidelbeeren aus den Schälchen. Die draußen warten, sollen mit den Lebensmitteln zufrieden sein. Und sie werden dankbar lächeln, wenn sie sich mit ihren gefüllten Kartons verabschieden. Denke ich.

Als Jochen die Stiegen mit den Bananen nun schon an die drei Meter hoch stapelt und »Silberkettchen« nicht mehr hinaufreicht, faucht er ihn an, ob er nicht sehen kann, dass er kein Riese ist. Früher haben beide im VEB Fahrzeugelektrik Eisenach gearbeitet. Der heute 53-jährige Richard zuletzt im Warenlager und Jochen an der 150 Tonnen Tiefziehpresse.

1990, als die Kollegen fürchteten, dass ihr Betrieb, in dem sie unter anderem Scheinwerfer für den Wartburg und den Volvo herstellten, bald geschlossen werden würde, wechselte Richard zu Neckermann. »Dort verdiente ich fast das Doppelte – ich wollte unser Fachwerkhaus, das meine Frau schon zu DDR-Zeiten gekauft hatte, endlich ordentlich ausbauen.« 10 Jahre lang wurde er mit anderen Eisenachern nach Frankfurt zum Neckermann-Lager gefahren. 10 Jahre lang um halb zwölf zur Arbeit und nachts um zwei oder drei zurück.

»Nach 10 Jahren waren die Ehe und die Gesundheit im Arsch. Meine Frau ließ sich scheiden, und das Arbeitsamt hatte einen neuen Kunden.«

Seitdem ist Richard arbeitslos und hangelt sich von einer Maßnahme zur nächsten. Jetzt bekommt er Hartz IV und arbeitet in der Tafel als Ein-Euro-Jobber.

Jochen, sein früherer Arbeitskollege, ist 1951 in Saalfeld geboren. Der Vater ging am 17. Juni 1953 nach Westdeutschland. Jochen glaubt nicht, dass es eine politisch motivierte Flucht war. »Dann hätte er sich wenigstens wegen mir noch einmal von drüben gemeldet.«

Seine Mutter war Kindergärtnerin. Als Jochen in Ruhla eine Lehre als Elektromechaniker begann, weigerte er sich, in die FDJ einzutreten. »Ich, der Sohn einer Kindergärtnerin, die sozialistische Kinder erziehen sollte … Sie durfte jedoch weiter als Kindergärtnerin arbeiten.«

An die 20 Jahre hat er in drei Schichten im Werk für Fahrzeugelektrik gearbeitet. Als der Betrieb 1993 geschlossen und ein modernerer, mit weniger Arbeitskräften auskommender in Stockhausen eröffnet wurde, hatte er Pech. »Ich war 1989 geschieden worden. Und weil alleinstehend, fiel ich, durch das soziale Punktesystem bedingt, in die Arbeitslosigkeit. Ein Jahr als Monteur in Frankfurt. Arbeitslosigkeit. Zwei Jahre Zeitarbeiter als Schweißer ohne Schweißerpass. Arbeitslosigkeit. Sechs Monate ›Idiotenlehrgang‹ für Lager und Logistik. Arbeitslosigkeit. Ein-Euro-Jobber im Wald. Arbeitslosigkeit.

Umschulung zum Metallbauer. Keine Arbeit. Und nun in der Tafel im Ehrenamt.«

»Auch Hartz-IV-Empfänger?«

»Natürlich. Alle, die in der Tafel helfen, außer ›Jesus‹, unserem Chef, und Sandro, der für die Obdachlosen sorgt, bekommen Hartz IV.«

»Wenn ihr nicht als Helfer bei der Tafel wärt, würdet ihr jetzt mit den anderen draußen in der Schlange stehen?«

Er nickt.

Die vor der Tafel warten und die hinter der Tafel stehen, gehören zur selben Klientel. Aber die hier sammeln und sortieren und Lebensmittel ausgeben, könnten einem guten Bekannten ein Stück Butter oder einen Joghurt zusätzlich in den Korb legen. Und einem Unsympathischen vielleicht den Beutel mit den wenigsten Kartoffeln und keinen Kuchen. (Wie seinerzeit die Verkäuferin im DDR-Konsum, die für gute Kunden Mangelwaren unter dem Ladentisch reservierte und deshalb bei allen Bekannten und Verwandten beliebt war.)

»Jesus« sagt, dass ich die Pappkartons, die wir aus dem Obst- und Gemüseputzraum auf den Hof geworfen haben, plattdrücken, zerreißen oder zerschneiden und auf den Transporter stapeln soll. Ich mühe mich redlich, aber es dauert. Udo, der schweigsamste der Tafelhelfer, der nicht raucht und frühmorgens als Einziger in Stadtkleidung erscheint und sich erst hier umzieht, der keinen Kaffee trinkt, sondern sich Tee in der Thermoskanne mitbringt, hilft mir. Doch der Haufen wird nicht kleiner, weil Jochen und »Silberkettchen« immer neue Kartons herauswerfen.

Im Innenhof stehen schon 30 Abholer. Sie stehen, warten und schweigen. Einige beobachten uns, wie wir die sperrigen Supermarktkartons, in denen die Lebensmittelspenden für sie geholt wurden, mühsam zerreißen. Die Übrigen schauen zur Erde oder gucken Löcher in die Häuserwände. Nur eine alte Frau kommt herüber und hilft, die Kartons auf das Auto zu laden. Sie macht es wortlos. Ich lächele sie dankbar an und nehme mir vor, ihr bei der Ausgabe eine Tafel Schokolade und eine größere Wurst in den Korb zu legen. Aber als wir die Kartonagen gestapelt haben, sagt »Jesus«, dass ich heute erst einmal nur die Regale nachfüllen soll. Verteilen darf ich übermorgen.

Manche Abholer sind zu zweit und wechseln sich beim Warten ab. Wenn der eine friert, wärmt sich der andere in Dieters Tagesraum. Dort gibt es Kaffee und Tee und Saft für 30 Cent und Suppe für 80 Cent. Eine Mutter holt ihren 3- und 6-jährigen Söhnen Gemüsesuppe. Der »Große« soll aufpassen, dass der »Kleine« nicht matzt, sagt sie und geht wieder hinaus. »Wir haben heute einen guten Platz in der Schlange, vielleicht gibt es da noch was extra.«

Ich fülle das Extra ab: Sauerkraut. Weil die Torflügel zum Gemüse- und Obstputzraum offen stehen, friere ich und habe klamme Hände. Herr Neumann und Micha bringen die letzten Spenden, die wir noch putzen, sortieren und in den genauso kalten (»damit sich alles frisch hält«, sagt »Jesus«) Ausgabeladen bringen müssen. Es sind – und ich bin deshalb nicht traurig – nur sehr wenige Kartons. Wir greifen zu den Messern, schneiden die Netze auf, werfen vergammelten Salat, Kohl, Melonen, verschimmelte Champignons und gelben Blumenkohl in den Biomüll.

Kurz vor 14 Uhr sind wir fertig, und Lagerchef Bernhard weist uns ein: »Entweder einen Käse oder einmal Saure Sahne. Entweder Soßenpulver oder Tomatenketchup. Entweder Müsli oder Milchpulver. Bananen und Orangen könnt ihr unbegrenzt ausgeben.« Endlich heißer Kaffee. Dann zünden sich alle außer dem Teetrinker wie an der Front vor dem Sturmangriff noch eine Zigarette an. Ich gehe auf den Hof. Die Wartenden draußen frieren wie wir drin. Die meisten schweigen, einige murren.

»Wir (!!!) machen jetzt gleich auf!«, erkläre ich und mustere die Abholer möglichst unauffällig. Auf der Straße würde ich sie an ihrer Kleidung nicht erkennen. Ich hatte mir vorgenommen, einige zu fragen, ob sie mir ihre Lebensgeschichte erzählen würden. Doch nun scheue ich davor zurück. Später schreibe ich diese Bitte in einem Brief auf, den ich bei der Ausgabe an 50 Abholer verteile. Vier von ihnen erklären sich bereit, mit mir zu sprechen.

Die erste Lebensgeschichte einer Abholerin

Sie hat einen christlich-deutschen Vornamen und seit 1982 einen italienischen Nachnamen: Elisabeth Venturelli. Geboren wurde Elisabeth Schmidt 1947 als einziges Nachkriegskind von fünf Geschwistern in Haldensleben. Erlernt hat sie den in der DDR begehrten Beruf einer Säuglingsschwester. Doch wegen einer Anämie konnte sie keine Nachtschichten machen und wurde Schaffnerin. Sie fuhr noch mit langsamen Dampfzügen – »in denen ich während der Fahrt schon mal stricken oder lesen konnte« – zwischen Stendal, Berlin und Schwerin hin und her.

Aber ihr Leben war ein Schnellzug. Fernschreiberin bei der Bahn. Sekretärin im Optischen Werk in Rathenow. Das kannte sie schon als Schülerin vom Unterricht in der Produktion. Damals sollte sie winzige Löcher in Brillengestelle bohren, aber weil sie der Maschinenlärm konfus machte, drehten sich die Bügel jedes Mal wie Propeller unter dem Bohrer. Deshalb durfte sie in der Betriebsbibliothek Bücher sortieren. »Ich hatte immer Glück im Leben«, sagt sie. Auch bei den Männern. Sie war, wie sie heute verschämt gesteht, nicht nur für DDR-Männer »ein verdammt schönes blondes Weib«. Ein sowjetischer Offizier verliebte sich in sie. Man traf sich, und sie lud Serjosha zu ihrer Geburtstagsfeier ein. Danach sah sie ihn nicht wieder. Er wurde bestraft und abkommandiert. Sie wurde nicht bestraft, aber in den VEB Ofen- und Herdbau Rathenow versetzt. Später arbeitete sie als Sekretärin im Kreisvorstand des Freien Deutschen Gewerkschaftsbundes (FDGB). Und wieder verliebte sich ein Ausländer in die schöne Elisabeth. Allerdings kein Genosse aus dem Bruderland, sondern ein »Kapitalist« aus Italien. Die Italiener bauten damals in Brandenburg ein modernes Stahlwerk und gingen nach Rathenow zum Tanz.

»Es waren zwar, wie man damals sagte, Klassenfeinde, aber sehr hübsche schwarzhaarige Klassenfeinde.«

Nachdem das Stahlwerk den Probelauf bestanden hatte, fuhren die Italiener wieder nach Hause. Weil Elisabeth ein Kind von ihrem Silvano bekam, wurde sie aus der SED ausgeschlossen und vom FDGB in das Dienstleistungskombinat versetzt, in dem schon andere Frauen arbeiteten, die sich mit den »italienischen Klassenfeinden« eingelassen hatten.

Elisabeth nannte den Sohn nach dessen Vater. »Wenn du dem Sohn seinen Namen gibst, hast du immer eine Erinnerung an ihn, dachte ich.«

Doch der Vater wollte das Kind und Elisabeth. Im Januar 1983 heiratete er sie in der DDR und nahm sie im März mit nach Italien in das Haus seiner Eltern in Udine.

»In Kreuzworträtseln kommt das Wort oft vor. Italienische Stadt in Norditalien.«

Die DDR-Bürgerin Elisabeth Venturelli wusste 1983 weder genau, wo Udine liegt, noch etwas von der kapitalistischen, geschweige denn der italienischen Lebensweise. Sie verstand nicht, dass die zum Kindergeburtstag eingeladenen Schulkameraden ihres Sohnes nicht die mit Wurst und Käse belegten deutschen Brötchen mochten, dass Weihnachten kein Baum aufgestellt und alles im Haus nur von »Signora Mamma«, ihrer Schwiegermutter, bestimmt wurde.

Elisabeth lernte Italienisch. Sie arbeitete schwarz als Reinemachfrau. Als ihr Mann, inzwischen Rentner, nach 15 Jahren Ehe zu saufen begann, ging sie nach Deutschland zurück. Ihr Sohn, damals noch in der Lehre als Kfz-Schlosser, blieb beim Vater. Weil in München Bekannte lebten, versuchte sie dort Arbeit zu finden. Doch auf dem Amt hieß es nach den ersten »Maßnahmen«, dass sie als ehemalige DDR-Bürgerin ihr Glück im Osten versuchen sollte.

»Also wohin? Ich hatte in München einen Prospekt über Eisenach und die heilige Elisabeth gelesen. Und weil es dort auch Berge gibt, dachte ich: Versuche es bei deiner heiligen Namensvetterin. Ich war vor 16 Jahren aus der DDR weggegangen und kam nun in die ostdeutsche BRD zurück. Zuerst in ein Frauenhaus, dann spendete man mir Möbel und Küchengeräte. Schließlich schenkte man mir Kleider und Lebensmittel. Mir, der Namensvetterin der heiligen Elisabeth.«

Es folgten Arbeitsbeschaffungsmaßnahmen in Eisenach. Im Winter fegte sie die Wege zum Kirchenamt, später arbeitete sie auf dem Friedhof. Nach drei Fußoperationen wurde sie wieder arbeitslos, ehe sie eine Beschäftigung bei der kommunalen Verkehrsgesellschaft fand: Sie musste Schwarzfahrer bestrafen. Als der Job von einer privaten »Wach- und Schließgesellschaft« übernommen wurde, kündigte man ihr. Arbeitslosigkeit. 2003 war ihr Sohn, der ausgelernte Kfz-Schlosser, nach Deutschland gekommen und wollte sich hier seinen Traum, Busfahrer zu sein, erfüllen. Stattdessen Umschulungsmaßnahmen. Zeitarbeit. Hartz IV. Bis zum Sommer macht er noch einen Gabelstapler-Lehrgang.

»Wenn er danach keine Arbeit bekommt, gehen wir wieder nach Italien.«

Ich frage, weshalb sie nicht in Deutschland bleiben will, wo sie für sich und den Sohn monatlich 350 Euro erhält. Dazu Kleiderkammer, Suppenküche, Lebensmitteltafel …

»Wissen Sie, in Italien leben wahrscheinlich mehr ärmere Menschen als in Deutschland. Die haben dort weniger Euro als hier und keine Lebensmitteltafeln und keine Sozialkaufhäuser. Aber trotzdem sind sie reicher!«

Diese Logik begreife ich nicht.

Das sei einfach. »In Italien gehören die Armen noch zum normalen Leben. Niemand stempelt sie als Außenseiter ab. Sie sitzen mit den anderen in den Cafés und bekommen ein Bier spendiert. Die italienischen Armen müssen sich nicht bürokratisch ausweisen, um Almosen zu erhalten. Sie werden nicht wie hier *die Hartz-IV-Empfänger als bedauernswerte Außenstehende und Überflüssige durch die Medien und Talkshows gezerrt, bis die anderen mit Fingern auf sie zeigen. Es wird nicht staatlich kontrolliert, ob sie eine vielleicht 1,53 m² zu große Wohnstube haben. Sie gehören zur Normalität des alltäglichen Lebens.«*

Noch hofft Elisabeth Venturelli, dass ihr Sohn eine Anstellung als Gabelstaplerfahrer erhält.

»Wir sind doch ordentliche Leute, und ich habe ihn gut erzogen.«

Neben der Tür ihrer Neubauwohnung im Eisenacher Norden hängt am Regal ein von ihr geschriebener Zettel: »Schuhe ausziehen und in den Schrank stellen!«

Der Laden ist nicht geräumig, und die Wände sind vollgestellt mit Regalen und Kartons. Rechts vom Eingang das Regal mit Milchprodukten, Fertigsalaten und abgepackter Wurst. In der Mitte die Fächer für Obst und Gemüse, auf deren oberster Ablage auch Frostschutzspray, Peeling-Handschuhe zur Körperpflege, Müsli, Zwieback und Slipeinlagen (einmal bekamen sie sogar eine Kiste Kondome). Davor steht eine Kühlbox, in der, weil es heute keine Tiefkühlware gibt, Soßenpulver, Ketchup und Brokkolisuppen liegen. Neben dem Durchgang zum Gemüse- und Obstputzraum stehen die längsten Regale mit Brot, Süßigkeiten, Brötchen, Kartoffeln und Weißkraut, Sellerie und Salatköpfen.

Die ersten acht bis zehn Hineindrängelnden – mehr haben nicht Platz – bringen in ihren Mänteln und Haaren zusätzlich Kälte mit. Doch schon bald erwärmt sich der Raum von unserem Atem. Wir Austeiler und Regalauffüller frieren ohnehin nicht, wir arbeiten im Laufschritt. Nur Herr Neumann sitzt am Eingang und kontrolliert die Ausweise, auf denen die Anzahl der im Haushalt lebenden Personen und die Tafelbedürftigkeitsberechtigung bestätigt sind. Er kassiert pro Person 1,50 Euro, treibt Schulden ein und mahnt beim letzten Mal ausgegebene Milch-Pfandflaschen an. Schon nach kurzer Zeit sind die zwei Stiegen Blumenkohl verteilt, die nächsten Abholer bekommen Radieschen, als die zu Ende gehen, bringen wir Gurken aus dem Lager ...

Micha, Jochen und Theo verteilen so schnell, dass Udo, »Silberkettchen« und ich beim Auffüllen kaum nachkommen. Im Lager stehen fast 200 Paletten mit Obst und Gemüse. Wir werden vier Stunden ohne Pause hin- und herlaufen müssen.

Die Abholer drängen, wie ich es aus der DDR vom Anstehen nach frischem Bäckerbrot und Brötchen kenne, schon zur Tür herein, bevor die Abgefertigten wieder draußen sind. Ich komme nicht dazu, mir die Leute genau anzusehen. Ich höre nur, wie sie »Das!«, »Das!«, »Das!« sagen oder auf die Frage der Ausgeber »Ja!«, »Ja!«, »Ja!«. Selten heißt es »Ja, bitte das!« und noch seltener beim Gehen auch »Danke!«.

Nur das Gesicht einer jungen Frau mit ungepflegten fettigen Haaren fällt mir auf. Es ist rot und blau geschlagen. »Jesus« sagt, dass die Frau, weil sie von ihrem Freund ständig misshandelt worden ist, von Mönchengladbach nach Eisenach gezogen ist und er ihr eine Lehrstelle besorgt hat. Doch nun ist der Freund hinterhergekommen und schlägt sie wieder. Dieser Mann steht mit einem extrem großen Einkaufskorb drei Positionen hinter ihr. Ich bin froh, dass ich heute noch keine Lebensmittel ausgeben muss!

Am schnellsten, aber auch am schweigsamsten bedient Micha. Manchmal gibt er flinker aus, als die Leute fragen oder zeigen können. Und diskutiert auch nicht, wenn sich einer beschwert, dass der Joghurt heute schon verfällt, eine Tomate zerdrückt ist oder bei ihm fünf Kartoffeln weniger als beim Nachbarn im Beutel sind. Micha arbeitet wortlos.

Micha sei froh, dass er hier als Ein-Euro-Jobber noch etwas zuverdienen könne. Er habe es bitter nötig, sagt »Jesus«. Der gelernte Baumaschinist hatte im Eichsfeld für die Familie, Frau und zwei Kinder, ein Haus gebaut. Das gehöre in der Zwischenzeit der Bank, und Micha lebe allein mit den zwei

Kindern in einer kleinen Wohnung in Eisenach. Die Frau sei mit einem Schwarzen, von dem sie ein Kind bekommen habe, durchgebrannt. Einem Schwarzen! Und nun müsse er in der Tafel auch an Schwarze Lebensmittel verteilen.

«Und an Wolgadeutsche.«

»Aber die haben doch nicht seine Frau …?«

»Nein, aber in seinem Garten geklaut.«

Erst kurz vor 18 Uhr legt sich der Sturm der Abholer auf das »kalte Buffet«. Der Lagerchef holt Konserven aus dem Lager, damit auch die Letzten noch etwas bekommen. Bis auf ein paar Zwiebeln, Möhren und Krautköpfe ist alles Gemüse ausgegeben.

»Wenn wir morgen in Eisenach wieder Waren einsammeln, kannst du mitfahren«, verspricht »Jesus«.

»Geben alle Supermärkte etwas?«

»Nein, bei manchen werden gute, brauchbare Lebensmittel gleich in die Mülltonnen geschmissen.«

Zahlen und Zitate (1)

1993 wurde in Berlin die erste deutsche Tafel eröffnet. Fünf Jahre später waren es 100. Im Jahr 2000 schon 270, und heute gibt es 872 Tafeln, die an rund eine Million Bedürftige Lebensmittel verteilen.

Nach Angaben der Investmentgesellschaft Merrill Lynch-Capgemini besitzen 798 000 Wohlhabende in der BRD ein reines Finanzvermögen von mehr als je einer Million Dollar. Und für 2004 wies der »World Wealth Report« 55 »Nettovermögensmilliardäre« aus, von denen die 24 Reichsten über ein Nettovermögen von insgesamt 180,3 Milliarden Euro verfügen.

»Wir sorgen mit Suppenküchen, Sozialkaufhäusern und Lebensmitteltafeln dafür, dass der soziale Frieden in der Gesellschaft gewahrt wird. Wir verhindern Kleinkriminalität und halten die Gesellschaft stabil, damit es nicht irgendwann einmal einen Aufruhr gibt. Anders gesagt: Wir sind Revolutionsverhinderer.« (G. S., Tafelverantwortlicher)

Für ein Jahr Hartz IV werden für die spätere Rente 2,19 Euro angerechnet. In 10 Jahren sind das 21,80 Euro Rente.

»Ähnlich wie das Sexualleben der öffentlichen Kontrolle entzogen ist, beansprucht auch der Reichtum einen Intimschutz.« (Jürgen Espenhorst, Reichtumsforscher)

»Die Bettler, die an der Straße sitzen, oder die Alkis, die auf der Straße liegen, kommen im Osten sehr selten zur Tafel, um sich Lebensmittel abzuholen. Unsere ›Kunden‹ sind vor allem Menschen wie du und ich. Für die Probleme der Menschen ganz unten, also die Obdachlosen, Drogensüchtigen und anderen, gibt es Spezialisten, Sozialhelfer, die sich mit ihnen beschäftigen.« (G. S., Tafelverantwortlicher)

Fast 100 000 Hartz-IV-Empfänger klagten 2007 gegen die von der ARGE erstellten Zuwendungsbescheide. Über 50 Prozent klagten erfolgreich.

»Es gibt entwürdigende Dankbarkeitsrituale bei den Tafeln.« (Peter Storck, Pfarrer der Heilig-Kreuz-Gemeinde Berlin-Lichtenberg)

»Ich habe vier Prozesse führen müssen, um 60 Euro Unterstützung für den Kauf der Schulsachen meines Sohnes zu erhalten. Die 60 Euro muss ich in 20-Euro-Raten monatlich zurückzahlen.« (M. G., Tafelkundin)

Bundesweit wachsen zur Zeit über 2 Millionen Kinder in Armut auf.

Mehr als 50 Prozent der deutschen Unternehmen sind Einmann-Betriebe. Davon verdient jeder Dritte weniger als 1000 Euro. 108 000 der nicht mehr zur Arbeitslosenstatistik zählenden Ich-AGs (52 000 im Osten, 56 000 im Westen) sind auf Hartz-IV-Zuschüsse angewiesen.

Der zweite Tafeltag

Auf meinem Weg vom Bahnhof zur Tafel komme ich an einem der zwei Eisenacher Aldi-Supermärkte vorbei. Davor diskutiert ein Schlipsträger mit einem in Arbeitsklamotten, wie er das Aldi-Schild, das auf einem Mast am Straßenrand steht, werbewirksamer anbringen soll.

Ich vermute, dass er der Chef ist, erkläre, dass ich Mitarbeiter der Tafel bin, und frage, weshalb Aldi die Lebensmittelreste lieber in die Tonne kippt, als sie der Tafel zu geben. Der Mann stottert, er wisse davon nichts. Aber es gäbe einen zentralen Aldi-Beschluss, die Tafeln in Deutschland zu unterstützen.

Er werde das selbstverständlich sofort regeln. Wir könnten schon heute Lebensmittel im Aldi abholen.

»Dann kommen wir gegen Mittag?« Er nickt.

Noch während ich zur Begrüßung der morgendlichen Kaffeerunde im Tagesraum der Tafel auf den Tisch klopfe, verkünde ich triumphierend, dass wir heute auch bei Aldi Lebensmittel holen können.

»Jesus« guckt nicht begeistert. »So was muss man von oben regeln, das kannst du nicht auf der Straße aushandeln. Aber fahrt mal vorbei.«

Damit ist das Thema beendet, und Dieter, der Chef des Tagesraumes, erzählt weiter, was er nachts gegen 3 Uhr im Fernsehen gesehen hat. »Also der hatte Witze drauf: ›Wenn's zwei Schirme miteinander treiben, was kommt dabei raus? Knirpse! Und bei Kugelschreibern? Nichts, die haben ne Spirale drin!‹«

Dieter erzählt jeden Morgen vom Fernsehprogramm nach Mitternacht. Er trägt eine starke Brille, und ich bilde mir ein, dass er sehr oft mit den Augen zuckt. Er lebt in einer kleinen Eisenacher Wohnung.

»Allein?«

»Nein, mit dem Fernseher.«

Erneut Themenwechsel. Benzin ist billiger geworden. Spott über Ministerpräsident Althaus, der mit der Schöpfkelle Suppe für Arme in Erfurt austeilt. »Alle Politiker sind Heuchler.« Streit, ob es sinnvoll ist, Millionen dafür auszugeben, dass der Zug aus Erfurt zehn Minuten früher in Würzburg ankommt.

»Zeit ist Geld«, sagt Theo.

»Wozu? Die in der Welt der Bedürftigen leben, haben doch alle Zeit der Welt«, entgegnet Dieter. »Die zehn Minuten sind nur für die in der anderen Welt wichtig. Aber ob die ihre zehn zusätzlichen Minuten dann auch sinnvoll nutzen?«

Udo kommt herein und zieht sich um. Wir Tafelhelfer gehen pünktlich vom Kaffeetisch an die Arbeit.

»Wird es heute ruhiger?«, frage ich. »Ausgabe ist erst übermorgen.«

Theo, der mit 34 Jahren jüngste Tafelhelfer, schaut mich entgeistert an. »Ruhiger? Saubermachen! Das muss heute alles blitzblank werden. Und dann neue Waren einsammeln! Sortieren! Schneiden! Danach wieder ausgeben! Und dann alle Räume saubermachen! Das ist der Rhythmus der Tafel. Und den muss man einhalten, solange es bei uns Armut gibt.«

Ich meine, dass es besser wäre, die gesellschaftlichen Ursachen für die Armut zu beseitigen, als immer und ewig Lebensmittel zu sammeln und an Bedürftige zu verteilen.

»Silberkettchen« mault: »Du Idiot! Wo sollen wir Ein-Euro-Jobber arbeiten, wenn es keine Tafeln und keine Armen mehr gibt?«

In der Nacht hat der Frost die weißen Rosensträuße auf dem Hof entblättert. Ihre Blüten liegen im Dreck. Theo wirft sie in die Tonne. Er ist der Ordentlichste von uns. Theo hat gleich nach der Wende den ehrbaren Beruf eines Maurers erlernt. Als er ausgelernt hatte, wurde zwar noch viel gebaut, aber meist mit Subunternehmen und Billigarbeitern aus Osteuropa. Entlassung. Und Umschulungsmaßnahmen. Dann Hartz IV. Zusätzlich poliert er manchmal die Wagen in einem Opel-Autosalon. »Die schwarzen Mercedes sind bös, auf denen siehst du den kleinsten Fussel.«

Theo ist beim Saubermachen der Chef. Er zeigt uns jedes welke Blatt, jeden Papprest und jede Folie, die noch in einer Ecke der Putzhalle liegen. Er lässt uns die Gemüsestiegen auswaschen und den Fußboden schrubben. Mich schickt er in den Laden, damit ich die Regale putze. Ich mühe mich, die Spuren von umgeschüttetem Rotkrautsalat und ausgelaufenem Joghurt zu beseitigen. Als Theo kontrolliert, ob ich auch alle Brotkrümel aus den Ecken gepolkt habe, und er zu nörgeln beginnt, weil er auf dem Ausgabetisch noch Schlieren sieht, schreie ich: »Du bist nicht meine Mutter und ich nicht deine Putze, und du hast Maurer und nicht Raumpfleger gelernt!«

Das hätte ich nicht sagen sollen.

»Weißt du«, blafft er zurück, »meine Mutter war brutal. Brutal wie Hitler! Wir wohnten unten. Und wenn ich meine Sachen im Zimmer nicht ordentlich aufgeräumt hatte, egal ob Hosen, Schuhe oder Bücher, schmiss sie alles auf die Straße. Und später in dem kleinen Bauwagen konnte ich auch nicht herumschlampen wie du hier.«

An der Tür steht ein alter, sehr gepflegt aussehender Mann im langen wollenen Wintermantel. Er bringt uns zwei Stiegen mit Äpfeln. Es sind sehr große und sehr schöne Äpfel. Obwohl er sie selbst in seinem Garten gepflückt hat, kennt er die Sorten nicht. In seiner Gegend würden zwar keine Notleidenden wohnen, aber er sei als Christ zur Nächstenliebe erzogen worden.

Er ist 71 Jahre alt und hat im Eisenacher Automobilwerk als junger Ingenieur das Rechenzentrum mit aufgebaut. Später wurde er ein Leiter der unter höchster Geheimhaltung stehenden Datenverarbeitung des Betriebes.

»Und SED-Genosse?«, frage ich.

»Nein«, sagt er, »kein Genosse, nur gläubiger Katholik.«

»Das war möglich in der DDR?«, frage ich.

Heinz Altenberger nickt und erklärt, dass wir die Äpfel nicht gleich ausgeben sollten. Sie müssten noch ein paar Wochen lagern.

Gewöhnlich gehen Herr Neumann und Micha allein auf Sammeltour. Wir haben allerdings in dem Renault-Transporter auch zu dritt Platz. Dass es ein Renault ist, sehe ich nicht auf den ersten Blick, denn auf allen freien Flächen des ockerfarbenen Autos – Motorhaube, Türen, Seitenwänden und den hinteren Ladetüren – sind Werbetexte von Firmen und Institutionen angebracht. Ich nehme an, dass die Tafel mit den Einnahmen für die Werbung das Auto finanzieren konnte. »Nein«, sagt »Jesus«. Eine Werbefirma hat den Transporter gekauft und den Werbekunden für Reklame zur Verfügung gestellt. Und weil die Tafel ein »Etwas-Gutes-tun«-Image hat, meldeten sich viele Interessenten für die freien Flächen. Die Werbeagentur nahm rund 40 000 Euro ein und stellte den Transporter, der rund 20 000 Euro gekostet hatte, der Tafel fünf Jahre kostenlos zur Verfügung …

Herr Neumann kurvt fast blind durch Eisenach. Er war früher Schichtmeister in der Plastverarbeitung, die Kleinteile für die Uhren aus Ruhla herstellte. »Als der Betrieb nach der Wende in einen anderen Ort umgezogen ist, haben sie den Schichtmeister nicht mitgenommen. Inzwischen werden sie es bestimmt bereut haben«, sagt er und lacht.

Am ersten Supermarkt stehen vor der durch ein Gitter verschlossenen Warenannahme drei Kartons mit Tomaten, Paprika, Weintrauben und abgepacktem Brot. Obst und Gemüse sind vergammelt und werden auf diese Weise für den Supermarkt billig entsorgt!

An der nächsten Kreuzung steht ein mannsgroßer Aufsteller mit dem Bild der heiligen Elisabeth, die im 13. Jahrhundert Brot und Speisen aus ihrer reichen Welt oben auf der Wartburg an die Bedürftigen unten in der armen Welt von Eisenach verteilt hat. Reklame für ein Elisabeth-Musical, das im Sommer wieder in der Wartburg-Stadt aufgeführt wird.

Wir halten am Hintereingang eines großen Kaufmarktes, der die Restaurants in der Umgebung versorgt. Die Leiterin des Lagers hat ein Dutzend Paletten mit Haferflocken, Kakaopulver, Paprika, Erdbeeren, Vanillepudding und anderen Lebensmitteln bereitgestellt. An einer Tankstelle sammeln wir die übriggebliebenen Baguettes ein. Danach noch ein Supermarkt. Brauchbares und schon arg Angefaultes liegen beieinander. Micha notiert: »Zwei Paletten mit Blumenkohl, zehn Kilo Nudeln, Joghurt, Butter.« Und unterschreibt den Empfang. Die Bescheinigung erhalten die Discounter als Beleg.

Vor einem Supermarkt wirft ein Lagerarbeiter Säcke mit Möhren in große Abfallcontainer. Ich schaue nach. Die Möhren haben noch nicht einmal braune Flecken. Als ich einen Sack herausheben will, hält mich Herr Neumann zurück. »Wir dürfen nur mitnehmen, was sie uns hinstellen. Holst du was aus den Tonnen – auch wenn es abgepackte Nudeln sind –, ist das Diebstahl.« Drinnen stehen für uns nur eine Palette mit Zwiebeln und ein Karton Zwieback. Keine Möhren. Im letzten Jahr, sagt Herr Neumann, sind die Supermarkt-Spenden für die Tafel spärlicher geworden. »Oft verramschen sie – um auch die Hartz-IV-Leute in ihren Supermarkt zu locken – die fast abgelaufenen Waren zu Billigpreisen. Und die Leute kaufen dann nicht nur das Billigzeug, sondern vielleicht auch eine teure Wurst, die sie sich sonst nicht leisten würden.«

Am Schluss der Tour fahren wir zu Aldi. Ich gehe siegessicher hinein und frage die Frau an der Kasse nach dem Geschäftsleiter.

»Ich bin die Geschäftsleiterin«, entgegnet sie.

»Kassiererin und gleichzeitig die Chefin?«

»Warum nicht?« Der Mann mit Schlips und Anzug sei lediglich der Thüringer Bereichsleiter für Technik und Investitionen gewesen.

Ich erkläre unsicher, dass wir nach seiner Ankündigung Lebensmittelreste für die Tafel abholen sollen. Sie staunt, weil nur der Chef für die zwei Aldi-Supermärkte in Eisenach solch eine Weisung erteilen könnte. Der aber sitzt im anderen Aldi. Sie telefoniert. Es dauert. Ich hole mir einen Kaffee und frage die Mitarbeiterin, die inzwischen die Kasse übernommen hat, ob ich ihr einen Kaffee mitbringen soll.

»Einen Kaffee? Nee! Vom Kaffee musste nur viel pinkeln. Und dazu haben wir hier keine Zeit. Überfällige Lebensmittel extra für die Tafel zur Seite stellen? Wer soll das machen, wenn nicht einmal Zeit zum Pinkeln bleibt? Schneller geht es, wenn wir alles in die Tonne schmeißen.«

Die freundliche Leiterin hat umsonst telefoniert. Der Chef ist nicht zu erreichen.

»Aber morgen rufen wir gleich zurück.«

Mit unserem Lebensmittelschatz fahren wir rückwärts an das Tor der Gemüseputzhalle. Sesam, öffne dich! Doch weder »Silberkettchen« noch Jochen oder Theo schauen neugierig, was und wie viel wir eingesammelt haben, geschweige denn, dass sie uns loben, weil der Laderaum zu einem Dreiviertel gefüllt ist. Wortlos tragen sie die Kisten aus dem Transporter und stapeln sie vor dem Tisch mit den Messern, die »Silberkettchen« zu Hause alle geschärft hat.

Als ich in den Laden gehen will, um meine restlichen Regale auszuwischen, schlägt »Jesus« vor, in die Caritas-Zentrale zu fahren. »Ich möchte dir meinen Chef, Gerd Buder, vorstellen. Der hat mich Atheisten vor sieben Jahren hier in der katholischen Hilfsorganisation eingestellt.«

»Jesus« hat von 1972 bis 76 in Ilmenau Elektrotechnik studiert. Er war kein linientreuer Student. »Davon hatten wir wenige. In unserer 20 Mann zählenden Seminargruppe gab es nur zwei Studenten mit SED-Parteibuch. Einen von ihnen hat man später exmatrikuliert, weil damals gnadenlos gefeuert wurde, wer keine gute fachliche Leistung brachte. Aber als wir uns fünf Jahren nach dem Studium zum ersten Mal wiedertrafen, waren nur noch zwei ohne Parteibuch.«

Einer davon war der spätere »Jesus« (damals trug er noch keinen Vollbart). Er arbeitete als Konstrukteur für elektronische Steuerungssysteme im Eisenacher Automobilwerk. Später in der PGH Elektroanlagen. Als sich 1982 in der DDR eine Bürgerinitiative zur Rettung der Creuzburg bildete, wurde er Bauleiter der Feierabendbrigaden, die jährlich 10 000 Stunden (für 5 DDR-Mark pro Stunde) auf der Burg mauerten, zimmerten und malerten. Nach der Wende arbeitete er zuletzt in einem Steinmetzbetrieb, und als der pleiteging, war »Jesus« (damals schon mit Rauschebart) ein Jahr zu Hause. Auf dem Arbeitsamt fragte sein Vermittler, ob er etwas gegen Asoziale und Obdachlose hätte. Wenn nicht, könnte er sich bei Herrn Buder in der Caritas melden.

»Und der nahm mich Partei- und Gottlosen auf.«

Gerd Buder, wie »Jesus« im »guten Weinjahr 1954« geboren, hat Buchdrucker gelernt und in der DDR (er sagt »Zone« dazu) katholische Fürsorge studiert. Jetzt leitet er die Caritas in Südthüringen. Er redet – »ich habe früher den Mund nicht gehalten und mache es heute auch nicht« – sehr laut und sehr leidenschaftlich und sehr gestenreich.

»Wissen Sie, es gab in der Zone keine Hungersnot und keine Existenzängste. Aber es gab beispielsweise die Frau, die, bevor sie den Ausreiseantrag stellte, einen Brief in meinem Tresor hinterlegte. Darin stand, was mit ihren Kindern geschehen soll, wenn sie verhaftet würde … Und Rentner kamen zu mir, um sich auf die lange Warteliste für einen Platz im Altersheim setzen zu lassen.«

Heute gibt es genügend schöne, moderne Altersheime.

»Man muss nur das dafür nötige Geld aufbringen.« Der Gottesmann flucht zwar nicht gotteslästerlich, aber beim

Wort Geld redet er sich derart in Rage, dass er bei dem Versuch, gleichzeitig zu trinken und zu sprechen, den Kaffee verschüttet. Nie könnten »Geld haben müssen« und christliche Hilfe zusammengehören. »Man kann nicht gleichzeitig Gott und dem Mammon dienen. Wir sollten wieder auf die Armen zugehen, wir sollten Moral und Nächstenliebe vorleben. Stattdessen ahmen wir das Geschäftsgebaren von Konzernen nach. Unsere Oberen beraten, wie sie die Caritas-Kliniken noch effektiver betreiben, wie sie die Arbeiten im Pflegeheim rationalisieren und kontrollieren und mit weniger Arbeitskräften auskommen können … Gott lebt aber nicht bei den Managern oben, sondern bei den Armen unten.«

Ich erzähle ihm von Heinz Altenburger, der heute zwei Stiegen Äpfel aus seinem Garten zur Tafel gebracht hat.

Gerd Buder kennt den Mann. »Herr Altenburger war schon früher in unserem Kirchenvorstand aktiv. Nur wenn Kirchendelegationen aus dem Westen kamen, entschuldigte sich der Leiter der Datenverarbeitung: ›Die darf ich nicht begrüßen.‹«

Bevor wir gehen, schenkt mir Gerd Buder einen Abzug seines Lieblingsgedichtes, das er im Aktenordner ganz vorn, sozusagen als Leitmotiv, abgeheftet hat.

Erich Kästner
Dem Revolutionär Jesus zum Geburtstag

[…] Du gabst den Armen ihren Gott.
Du littest durch der Reichen Spott.
Du tatest es vergebens! […]

Du warst ein Revolutionär
und machtest dir das Leben schwer
mit Schiebern und Gelehrten. […]

Du kämpftest tapfer gegen sie
und gegen Staat und Industrie
und die gesamte Meute. […]

Die Menschen wurden nicht gescheit.
Am wenigstens die Christenheit,
trotz allem Händefalten.

Du hattest sie vergeblich lieb.
Du starbst umsonst. Und alles blieb
beim alten.

Ich sage dem Caritas-Chef, dass er mich an die lateinamerikanischen Priester erinnert, die den Armen die »revolutionäre Theologie der Befreiung« gegen Armut und Ausbeutung predigen. Und die deswegen im Vatikan nicht beliebt sind.

»Mich muss keiner lieben«, sagt der Revolutionär Gerd Buder.

Auf dem Rückweg zur Tafel frage ich den Atheisten Georg Schulz, wann seine äußerliche Verwandlung zu »Jesus« begonnen hat.

»Als mein Bebo-sher-Trockenrasierer 1990 seinen Geist aufgab und ich keinen neuen teuren Westrasierer kaufen wollte.«

Dank der revolutionären Theologie der Befreiung bin ich in der Zwischenzeit vom Saubermachen befreit worden. Der Laden und das Lager sind so blitzblank, dass nicht einmal Theo noch einen Krümel findet.

Micha arbeitet allein im Tagesraum. Links von ihm steht ein Gummibaum und rechts am Fernseher der Weihnachtsbaum. Dazwischen hängt das Bild eines Segelschiffes vor norddeutschen reetgedeckten kleinen Häusern und ein Bild, auf dem wohl irgendwo in Norddeutschland die Heide blüht. Und ein Spruch der Caritas: »Wenn es allen Arbeitslosen viel zu gut geht, warum wollen dann nicht alle arbeitslos sein?«

Er füllt mit einem Papptrichter Pulver aus Kilopackungen in kleine Tüten um und wiegt auf 100 Gramm genau ab. Dieter hat alle Kochanleitungen von den Kilopackungen abgeschrieben und vervielfältigt, und Micha steckt in jedes Tütchen eine Anleitung. Zitronenbuttersoße, Puddingpulver, Minestrone, Kirschgetränk. Das wird dauern.

Kaffeepause. Dieter erzählt wieder Witze, die er im Nachmitternachtsfernsehen gesehen hat. »Also: Ein Toilettenwärter bedauert einen Hartz-IV-Empfänger, der sich im Waschraum umgebracht hat: ›Mein Freund, jetzt hast du endlich zwei offene Stellen. Aber bist leider schon tot.‹«

Die zweite Lebensgeschichte einer Abholerin

Rita Reisland ist 41 Jahre alt und hat Klavierbauerin gelernt. Vor einem Jahr wurde sie zur Gabelstaplerfahrerin umgeschult. Der Betrieb, in dem sie ihr Praktikum absolvierte, benötigte jedoch keine Gabelstaplerfahrer, sondern billige Leute für Montagearbeiten. Also steckt sie dort stundenweise für 5 Euro Kleinteile zusammen. Ansonsten lebt sie von Hartz IV. Um Strom zu sparen, schaltet sie im Winter den Kühlschrank ab und verwahrt die Lebensmittel draußen auf dem Fenstersims, und damit sie die Heizung herunterdrehen kann, sitzt sie mit einer Wärmflasche im Zimmer. Im Sommer spart sie, eine leidenschaftliche Schwimmerin, den Eintritt für das Freibad und sucht sich einen Baggersee.

1987 bekam die Klavierbauerin einen Sohn und 1989 (»Vom Wendejahr wusste man noch nichts, man hatte die Zukunft des Kindes ja unter DDR-Bedingungen geplant!«) ihre Tochter Mandy. Mit deren Vater zog sie zu seiner Cousine nach Hessen, um die Großmutter zu pflegen. Die Cousine war in die kleine Mandy vernarrt und bestellte ohne Ritas Wissen das hessische Jugendamt, weil die ostdeutsche Mutter das Kind vernachlässigen würde. »Sie sagte, ich soll mit dem Kind mal zu ihr kommen. Dort standen die vom Jugendamt. Ich musste die Windel abwickeln. Mandy war sauber und gepudert. Die Amtsleute schüttelten den Kopf und entschuldigten sich.«

Sie kehrte ohne den Mann nach Eisenberg zurück. Der Klavierbaubetrieb war inzwischen geschrumpft worden, und sie erhielt keine neue Anstellung. Dafür einen Lehrgang zur »Verbesserung der Vermittlungsaussichten«. Anschließend eine zweijährige Umschulung zur Kunststofffformgeberin. Aber der Betrieb, in dem die Umgeschulten eingestellt werden sollten, beschäftigte nur Arbeiter im 3-Schicht-System. Und sie war allein mit den zwei Kindern! Also ABM-Stelle im Kindergarten. Später eine beim Aerobic-Turnverein Eisenberg. Dort konnte sie, die als Kind vom Klavierspielen geträumt hatte, kleine Choreografien entwickeln. »Aber es war Leistungssport. Da musste man die Kinder im Training bis zu den Tränen fordern.« Danach füllte sie in der Geflügelfarm »Astenhof« Teile von frisch geschlachteten Hähnchen in Assietten. In den Schulferien arbeitete auch ihre Tochter im »Astenhof« am Band. »Doch das Geld, das Mandy damals verdiente, wurde ihr sofort wieder weggenommen, das heißt, es wurde einfach von unserem nächsten Hartz-IV-Geld abgezogen. Das Kind hatte umsonst gearbeitet und fluchte heulend, weil sie keine normale, sondern eine Hartz-IV-Mutter hat. So erzieht man schon Kinder zu Nichtstuern, die lieber gleich von der Tafel und der Stütze leben.«

2007 zog die Mutter mit der Tochter nach Eisenach, weil Mandy dort eine Lehrstelle als Restaurant-Fachfrau bekam. Inzwischen ist Mandy wegen ihres Freundes nach Gera gegangen. Rita lebt allein. Sie hat keine Freunde, sie öffnet nicht, wenn der Briefträger klingelt. »Ich bin menschenscheu geworden.« Nicht einmal bei der Tafel redet sie. »Einmal gab es Feinfrostpizzen. Der Mann vor mir erhielt eine mit Meeresfrüchten. Ich eine mit Salami und Schinken. Ich esse gern Meeresfrüchte und dachte: Rita, du musst ihn nur ansprechen und fragen, ob wir tauschen. Er ist doch einer von uns ...« Erst als er draußen stand und gehen wollte, nahm sie allen Mut zusammen und fragte. Er sagte froh: »Ich esse doch keine Meeresfrüchte.«

Seitdem versucht er sie in der Tafel anzusprechen. »Aber ich weiß, um wie viel Uhr er kommt, und gehe dann später ...«

Vor einigen Jahren hat sie ein Kinderbuch geschrieben: die
Abenteuer eines kleinen Katers. Einen Verlag, »alle wollten Geld
für die Veröffentlichung«, hat sie nicht gefunden. In diesem Win-
ter schrieb sie die Geschichte um. Jeden Mittwoch spendet sie
Blutplasma. Von den 15 Euro kauft sie sich Kosmetik.

»Ich bin erst 41. Und vielleicht schaffe ich es irgendwann,
dass man mich wieder in die Welt der nützlichen Menschen, die
vom Lohn ihrer Arbeit leben können, aufnimmt.«

Zahlen und Zitate (2)

Arm ist laut Regierungsbericht, wer monatlich weniger als
781,– Euro netto zum Leben hat. Das sind rund 14 Prozent
aller Bundesbürger (nach anderen Angaben 18 Prozent).
Reichtum beginnt bei monatlich 3 418,– Euro.

Nach dem Hartz-IV-Regelsatz (Stand 1.1.2009) erhält ein
Kind von 13 Jahren im Monat 77,71 Euro für Essen und Getränke. Das sind am Tag reichlich 2 Euro. Für Spielwaren und
Hobbys 0,78 Cent im Monat. Für die Körperpflege 1,86 Euro.
Das ist eine Tube Zahnpasta. Erwachsene erhalten für Nah-
rungsmittel, Getränke und Tabak 129,52 Euro im Monat, dass
sind täglich etwa 4 Euro. Für Beherbergungen und Gaststätten im Monat 8,31 Euro. Das würde nicht ausreichen, um einmal in einer Gaststätte zu essen und ein Bier zu trinken.

»Für meinen alten Freund Aljosha aus Irkutsk bekomme ich
von der hiesigen Behörde keine Genehmigung, dass er mich
besuchen darf. Mein Hartz IV reicht denen nicht als notwen-
dige finanzielle Bürgschaft für die Einladung. Wie soll ich das
Aljosha erklären?« (H.B., Tafelkunde)

Die Berliner Finanzbehörde hat im Auftrag von Finanzsena-
tor Thilo Sarrazin einen detaillierten Drei-Tage-Speiseplan

für Hartz-IV-Empfänger erstellt. Demnach können sich Arbeitslose schon für 3,76 Euro »völlig gesund, wertstofffrei und vollständig ernähren«, erklärte Sarrazin der »Welt«. Damit ließe sich der Regelsatz von 4,24 Euro pro Tag sogar noch unterbieten. Man könnte zum Beispiel mittags Nudeln mit pürierten Tomaten kochen, abends zwei Brötchen und Harzer Käse … Das vorgeschlagene Menü entspricht 1357 kcal. Der Mindesttagesbedarf eines Erwachsenen ist doppelt so hoch. (Laut »Tagesspiegel« vom 11.2.2008)

»Privates und institutionalisiertes Helfen, gleich ob mit Lebensmitteltafeln, Sozialkaufhäusern, Kindertafeln, Umzugshilfe, Tiertafeln oder Suppenküchen, ist in unserem reichen Lande Mode geworden. Diese Hilfe ist ein Feigenblatt für das, was der Staat erledigen müsste, aber nicht macht. Anders gesagt: Der Staat überträgt, was er selbst in seiner Fürsorgepflicht tun und bezahlen müsste, heutzutage an Ehrenamtliche.« (P. K., Tafelhelfer)

»Unsere Politiker genehmigen 50 Milliarden Euro für die Banken, aber sie haben angeblich kein Geld für ein kostenloses Frühstück oder Mittagessen, wie es in nordeuropäischen Schulen normal ist.« (H. G., Tafelverantwortlicher)

»Tafeln sind eine Reaktion auf die wachsende Armut. Sie sind die Hinterbühne des erodierten Wohlfahrtsstaates und gehören inzwischen stillschweigend zu dessen Normalausstattung.« (Stefan Selke, Soziologe und Autor)

»Für Friseur, Rasiermittel, Toilettenpapier, Kosmetik usw. stehen einem im Monat 6,17 Euro zu. Da kannste dir als Frau gerade man Tampons oder Binden und das Toilettenpapier kaufen. Friseur, Seife, Shampoo oder Lippenstift kannste streichen.« (S. M., Tafelkundin)

Fast an jedem Morgen wird »Silberkettchen«, weil er neben einer Absteige für osteuropäische Mädchen wohnt, wegen seiner »Zuhälterkettchen« gehänselt. Beleidigt sagt er, dass er vor der Wende keinen Schmuck getragen hat. Aber heute, ohne Arbeit ... »Man gönnt sich ja sonst nichts!« Eine Kette hat er auf dem Eisenacher Weihnachtsmarkt gekauft, eine in Bulgarien und zwei billig beim Quelle-Versand. Sein Ein-Euro-Job endet in vier Wochen. »Dann stehe ich hier wieder draußen vor der Tafel in der Warteschlange.«

»Jesus« liest einen Zeitungsbericht vor. Es werden private Spender gesucht, die Kindern von Hartz-IV-Empfängern eine Woche Ferien in Thüringen ermöglichen. »Damit diese Kinder beim Aufsatzthema ›Mein schönstes Ferienerlebnis‹ keine Erlebnisse erfinden oder, von anderen Schülern verspottet, leere Blätter abgeben müssen.«

Kommentar der Tafelhelfer: »Barmherzige private Spender? Früher konnten alle Kinder für wenig Geld zwei oder drei Wochen in ein Ferienlager fahren. Alle Kinder!«

Arbeitsbeginn. Draußen fällt Schnee. Es weihnachtet, und ich stehe im Obstputzraum, sortiere vergammelte Apfelsinen aus Netzen und Kartons und werfe Unmengen von schwarzen Bananen in die Mülltonnen. Der süß-säuerliche Schimmelgeruch und die Fäulnis lassen mich immer häufiger würgen, und der Magen dreht sich mir um.

Ich werde zu Weihnachten keine einzige Apfelsine essen!

Früher hatten wir, wenn es im Dezember einmal Apfelsinen und Bananen zu kaufen gab, stundenlang vor dem Dorfkonsum in der Schlange gestanden. Jeder bekam maximal ein Pfund ...

Nach zwei Stunden darf ich das Messer zur Seite legen. Lagerchef Bernhard nimmt mich mit zur Tafel nach Blankenhain. Ich frage, wo Blankenhain liegt.

»Gleich neben München«, sagt Theo und grinst.

Die Blankenhainer haben angerufen, dass wir einen Zentner gefrostetes Fischfilet, kartonweise chinesische Beutelsuppen und Pakete mit Waffeln abholen können.

»In drei, spätestens vier Stunden sind wir zurück«, sagt er.

»Aus München?« Er nickt.

Bernhard fährt sehr umsichtig. Nur wenn er schaltet, sieht es ungelenk aus. »Ich hatte in der DDR eine 350er Jawa, das Stärkste, was man damals kaufen konnte. Und ich war 23, da musste schon mal angegeben werden mit so einem Hirsch! Bin zu schnell gewesen.«

Trotz vieler Operationen blieb die rechte Hand teilweise gelähmt. Er konnte nicht mehr als Kraftfahrer im Eisenacher Automobilwerk arbeiten und wurde deshalb zum Versandfacharbeiter umgeschult.

Er lacht. »Naja, Umschulung wie heute auch. Nur mit einem Unterschied: Nach der Umschulung in der DDR bekam man auch einen Arbeitsplatz.« Er wurde Schichtleiter im Versand.

Als das Automobilwerk nach der Wende geschlossen wurde, arbeitete er noch ein halbes Jahr als Gabelstaplerfahrer. Arbeitslosigkeit. SAM (Strukturanpassungsmaßnahme) im Wald. Schließlich Bewerbungstraining. »Also, wie man einen Lebenslauf schreibt und dass man zum Vorstellungsgespräch keine Jeans und keine Turnschuhe anzieht und so lange stehen bleibt, bis man gebeten wird, sich zu setzen! Ich brauchte meine guten Schuhe und meine guten Hosen nicht anzuziehen, denn ich erhielt auf meine vielleicht hundert Bewerbungen nicht eine Einladung zum Vorstellungsgespräch.«

1996, als es dafür noch keinen Ein-Euro-Job oder ein minimal bezahltes Ehrenamt gab, half er schon in der Caritas, an Obdachlose Lebensmittel auszugeben.

Das war der Beginn der Eisenacher Tafel. »Jesus« kam erst später dazu.

»Inzwischen habe ich mich im Leben der Bedürftigen eingerichtet, denn ich weiß, dass ich keinen Job mehr finde. Und bin wieder Lagerchef, wenn auch nur in der Tafel.«

Ein Bäcker in Eisenach, erzählt Bernhard, heizt den Backofen noch mit Holz. Dem hilft er am Wochenende, Bäume zu fällen.

»Natürlich umsonst. Und er hängt mir jeden Morgen frische, auf Holzfeuer gebackene Brötchen an meine Wohnungstür. Was willst du mehr vom Leben?«

Nach einer Weile fügt er hinzu: »Lotto spiele ich nicht, aber manchmal träume ich von einer Weltreise.«

Unsere Reise auf der Autobahn endet schon vor Weimar. Wir fahren auf die Landstraße in Richtung Bad Berka. Nach einer Viertelstunde sehe ich das Ortseingangsschild des Dorfes München. Blankenhain, gleich daneben gelegen, ist zwar eine Stadt, aber eine sehr kleine. Doch dort befindet sich die größte Thüringer Tafel. Nicht nur gemessen an der Fläche, sondern auch an der Vielfalt und der Menge der Waren. Die Lebensmittel holen die Blankenhainer von Tafeln und Betrieben aus ganz Deutschland. Blankenhain ist der Thüringer Umschlagplatz.

»Sie geben an sieben verschiedenen Orten Lebensmittel aus und haben eine der ersten Kindertafeln in Thüringen gegründet«, sagt Bernhard.

»Eine Kindertafel?«

»Ja, sie verteilen an Schulkinder, denen die Mütter kein Pausenbrot mitgeben können, ein kostenloses Frühstück.«

Susanne Eschrich, die Leiterin der von der Diakonie in Ilmenau gegründeten Fürsorge, hatte mir zum Thema Kindertafeln gesagt: »Wir werden in Ilmenau keine Kindertafel eröffnen! Jede Mutter kann von den Lebensmitteln, die sie sich hier in unserer Tafel holt, dem Kind frühmorgens eine Stulle schmieren. Man muss dem Kind zuliebe nur den Hintern aus dem warmen Bett heben.«

Sie sagte das nicht aus einer Stimmung heraus, sie ist vom Fach. Schon seit 1974 hilft sie Suchtkranken, später Arbeitslosen und nun Hartz-IV-Empfängern. In ihren Vorwende-Gesprächskreisen, die sie schon damals mit einem Gebet eröffnete, saßen auch Alkoholiker mit SED-Abzeichen. Nach der Wende kümmerte sie sich zuerst um die Kinderbetreuung von alleinstehenden Frauen, damit die ihre Behördengänge erledigen konnten. Die gelernte Schneiderin eröffnete dann eine Schneiderstube, eine Kleiderkammer und die Teestube, in der auch Mittagessen für Bedürftige serviert wird. (Auf Tischen mit weißen Decken, frischen Blumen in den Vasen, einer brennenden Kerze und schnellerer und freundlicherer Bedienung als in einem Restaurant, so dass sich die Bedürftigen jeden Tag wie auf einer Geburtstagsfeier fühlen könnten.)

»Von klein auf lernte ich in meiner Familie, wie man spart und das Geld einteilt. Ich habe noch Obst eingeweckt, das wir von den Bäumen an der Straße pflücken durften. Wer tut das heute noch? Stattdessen richtet man sich, so wie es die Gesellschaft anscheinend will, in der Welt der ›versorgten Bedürftigkeit‹ ein. Tafeln für die Kinder? Wissen Sie, meine Großmutter sagte immer: ›Aus der Kinderstube wird die Welt regiert!‹«

Die Suchtberaterin nimmt an, dass jede Art von Sucht durch zu viel oder zu wenig Liebe in der Kindheit entsteht. »Die ohne Liebe aufwachsen, verwahrlosen sehr schnell, und die zu viel bekommen, werden inwendig nicht erwachsen. Es muss kein Kind in Thüringen hungern. Was vielen jedoch fehlt, ist die Liebe und das Beispiel der Mutter, die Lebensmittel nicht verschwendet, sondern sparsam verwendet – also zu Hause auch kocht. Wir bieten unseren ›Abholern‹ jetzt auch einen Kochkurs an.«

In den Regalen ihres Büros stehen Bücher von Aitmatow und Henrichs »Der vormundschaftliche Staat« neben »Wenn Frauen zu sehr lieben« und »Die heimliche Sucht, gebraucht zu werden«. An der Wand hängt der Spruch: »Auch aus einem Geduldsfaden kann einem ein Strick gedreht werden«.

Die frühere Supermarkthalle in Blankenhain, die seit sechs Jahren von der Tafel genutzt wird, ist durch die großen Lagermöglichkeiten ein idealer Umschlagplatz. Nach unserem Anruf haben die Helferinnen die versprochenen Waren schon am Ausgang gestapelt.

Bernhard beneidet sie um die Lagerfläche. Die kleinste, aber auch korpulenteste der Frauen, die uns die Kartons auf die Sackkarre stapeln, sagt: »Gut und schlecht liegen nah beieinander. Seinerzeit war es gut, dass wir das Supermarkt-Gebäude übernehmen konnten, aber vielleicht müssen wir im nächsten Jahr hier raus. Der Besitzer wird …«

Die Idee zur Blankenhainer Tafel hatte die Chefin und »Mutter« der Thüringer Tafeln, Beate Weber-Kehr, als sie, mit kaputter Lunge und arbeitsunfähig, 1996 bei einer Kur im Teutoburger Wald von den Tafeln in Deutschland las. Sie begeisterte ein paar Blankenhainer Frauen für die Idee. Der Bäcker im Supermarkt gab als Erster Brot, Brötchen und Kuchen. Auf der Motorhaube eines Autos packten sie fünf Beutel und fuhren damit ins Neubaugebiet zu fünf Familien, von denen sie wussten, dass sie in Armut leben. Die lehnten beim ersten Mal ab, weil sie glaubten, dass man ihnen, wenn sie diese Lebensmittel annehmen, die Sozialhilfe kürzt. Beim zweiten Mal bedankten sie sich für den Kuchen und das Brot.

1999 musste die Lebensmittelkette den Supermarkt schließen. Die Halle verfiel. Stromleitungen wurden herausgerissen, die Fenster eingeschlagen, junge Leute feierten darin Partys und wärmten sich am Lagerfeuer. Ein Westdeutscher hatte den Supermarkt und andere Häuser in Blankenhain gleich nach der Wende bauen lassen, als es dafür viele Steuervorteile gab, und kassierte seitdem die Miete, denn die Lebensmittelkette hatte einen Mietvertrag über 15 Jahre abgeschlossen. Als es schon durch das Dach regnete, schlugen die Blankenhainer Tafelhelfer dem Chef der Handelskette vor, das verfallene Gebäude, für das man Monat für Monat immer noch Tausende Euro Miete zahlt und das man 2010 in ordentlichem

Zustand dem Besitzer zurückgeben muss, wieder herzurichten. Dafür sollte er es der Tafel erst mietfrei, später für ein geringes Entgelt überlassen. Aber wenn der Mietvertrag mit der Lebensmittelkette ausläuft, müssten die Blankenhainer das Gebäude dem Besitzer abkaufen.

Die Tafelchefin Beate Weber-Kehr, die ihre schwarzen Haare lausbubenhaft kurz geschnitten hat und deren Augen meist spöttisch oder lachend auf die Welt schauen, sieht das Problem gelassen. »Wir werden nicht aufgeben!«*

Sie hat das im Leben wahrscheinlich selten getan. Die gelernte Heimerzieherin arbeitete vor der Wende unter anderem bei der Volksbildung im Eisenacher Referat für Jugendhilfe, wo sie rund 250 gefährdete Kinder und Jugendliche beraten, betreuen und kontrollieren musste. Vielleicht, sagt sie, hat sie sich damals in den nassen, oft schimmligen Wohnungen der asozialen (»Bitte, setzen Sie ›asozial‹ in Anführungszeichen!«) Familien ihre Lungenkrankheit geholt.

Nach der Wende wurde das Referat Jugendhilfe zum Jugendamt umgewandelt. »Neuer Name, neue Gesetze, neue Chefs. Mein Amtsleiter wurde der heutige Caritas-Chef Buder.«

Inzwischen ist die Tafelchefin eine der bekanntesten Personen in Blankenhain. Und ihr Wort hat Gewicht. Auch das zu der Kindertafel, die sie gegen viele Widerstände aufgebaut hat. »Wir fahren einmal in der Woche in fünf Schulen und verteilen dort Frühstück. Allerdings nicht nur an bedürftige Kinder – das würde sie noch mehr ins Abseits stellen –, sondern an alle Schüler. Wir geben auch keine Wurst- oder Käsebrötchen aus, sondern Äpfel, Bananen, Apfelsinen, Weintrauben, geschnittene Möhren, Tomaten, Paprika und Gurken. Also ein gesundes Frühstück. Die Schüler, die heute ohne Stulle in die Schule kommen, sind nicht nur Kinder von vielleicht ›fau-

* In langwierigen Verhandlungen mit dem Eigentümer konnte Beate Weber-Kehr durch eine monatliche Mieterhöhung um 500 Euro zumindest den Standort der Tafel sichern.

len‹ Hartz-IV-Müttern, sondern auch von Frauen, die früh-morgens 100 Kilometer zur Arbeit fahren müssen und deren Mann die ganze Woche auf Montage ist. Oder die Kinder von reichen Eltern, die jeden Tag 3 Euro in die Hand gedrückt be-kommen und sich was kaufen sollen. Kaufen! Kaufen! Kau-fen!«

In Schulen – nicht etwa außerhalb, sondern in den Schul-gebäuden – verdienen inzwischen private Kioskbetreiber mit Fritten, Schokoriegeln, Waffeln und fettigen Würsten an den Kindern. »In manchen Schulen stinkt es vom Keller bis zum Dach nach Pommes.«

Sie weiß, dass sie mit ihrem Vitaminfrühstück wie Don Quichotte gegen Reklame, Fernsehwerbung und den von den Medien suggerierten Kaufzwang kämpft. »Kaufen wird in un-serem Land zum positivsten Wert erhoben. Wir müssen mehr kaufen, um die Krise zu besiegen! Wir müssen nicht sparen, sondern kaufen, kaufen ist in dieser Gesellschaft erste Bürger-pflicht.«

Zurück nach Eisenach fahren wir schneller. Im Laderaum liegen vier große Plastesäcke mit gefrostetem Rotbarsch-filet.

Als wir ankommen, haben Micha und Herr Neumann von dem Bauern, der für rund 50 Euro im Monat den Biomüll der Tafel entsorgt, das heißt seinen Schweinen verfüttert, frisches Gehacktes mitgebracht. Das angelieferte Gemüse und Obst ist geputzt und sortiert. Die Kartons mit unseren asiatischen Suppen und Keksen werden im Lager gestapelt. Wir könnten jetzt Brötchen holen, Kaffee kochen, Gehacktes essen und danach Feierabend machen.

»Vorher sollten wir das gefrostete Fischfilet portionsweise in Beutel füllen«, schlägt der Lagerchef vor.

»Nein«, sage ich, »stell die Säcke in den Tiefkühlraum. Ich mache das morgen. Ich hab mal auf einem Fischdampfer 100 Tage lang Fische gefangen, filetiert und eingefrostet.«

Das Gehackte ist mit Knoblauch gewürzt. Und es schmeckt, obwohl das Schwein erst heute geschlachtet und zuvor wohl zentnerweise mit vergammelten Zitrusfrüchten gemästet worden ist, nicht nach Apfelsinen!

Weil mein Zug erst später fährt, räume ich mit Dieter das Geschirr weg und wische die Tische ab. In der Küche liegen lose Blätter, auf denen Dieter wie ein Modedesigner ein T-Shirt entworfen hat. »Reisekader« steht auf der Brust.

»Das ist für uns Fans, wenn wir auswärts spielen.« Dieter gehört zum Fanclub der Eisenacher Handballer.

Schon jetzt legt er monatlich etwas Geld zurück, damit er nach seinem Geburtstag für die Truppe ein oder zwei Kästen Bier ausgeben kann.

»Weshalb nicht an deinem Geburtstag?«

»Ich bin am 24. Dezember geboren.«

»Weiß ›Jesus‹ das?«

»Ja, er ruft meistens an.«

»Wie alt wirst du?«

»In diesem Jahr 40.«

»Also eine große Feier?«

»Nein, nur meine Mutter wird vorbeischauen.«

»Und danach bist du am Heiligen Abend am 40. Geburtstag allein?«

»Nein, wie oft soll ich es dir noch sagen: nicht allein, sondern mit dem Fernseher.«

Dieter hat in der DDR seine Facharbeiterprüfung als Datenverarbeiter mit »gut« bestanden. Weil er gleich mit zwei Krankheiten, wie er sagt, »gesegnet« war – Diabetes und Netzhautablösung –, musste ihn, das stand im DDR-Arbeitsgesetzbuch, der zweite Betrieb, in dem er sich beworben hatte, einstellen. Das war das Uhrenwerk Ruhla, und weil er durch seine Krankheit nicht in drei Schichten arbeiten durfte, schaffte man im Betrieb extra für ihn die Stelle der Arbeitsvorbereitung im Rechenwesen.

Nach der Wende Kurzarbeit, dann Entlassung, Umschulung. Ein Jahr saß er sogar an der Quelle und verschickte im Arbeitsamt Briefe. Für sich konnte er auch dort keinen Job organisieren, denn es war ihm nicht möglich, außerhalb von Eisenach zu arbeiten. 1997 hatte sich seine Mutter scheiden lassen und war ausgezogen. »Ich musste meinen kranken Vater allein pflegen. Ein Rückenleiden, er ging im Jahr nur dreimal aus dem Haus, um den Arzt zu besuchen.« Seitdem der Vater gestorben ist, lebt Dieter allein. 1998 bestand er seine zweite Facharbeiterprüfung: Kaufmann für Bürokommunikationstechnik. Aber er kann in den Bewerbungen, die er jeden Monat verschickt, nur »Hilfsarbeiter« angeben, denn der DDR-Facharbeiter für Datenverarbeitung wird in der BRD nicht anerkannt, und der Kaufmann für Bürokommunikationstechnik gilt nicht mehr, weil er in den 10 Jahren nach der Prüfung keine Arbeit in diesem Beruf erhalten hat.

»Außerdem darf ich wegen des Augenleidens kein Auto fahren.«

Er hat schon versucht, mit einer eigenen Teestube Geld zu verdienen. Das funktionierte nicht. »Seit 2005 habe ich ›Asyl‹ hier bei der Tafel. Zuerst als Ein-Euro-Jobber, dann ein halbes Jahr zu Hause, dann Ehrenamt, wieder Ein-Euro-Jobber … ›Jesus‹ will jetzt viele Formulare ausfüllen, um mich auf Umwegen trotz meiner zweifach bedingten Vermittlungsschwierigkeit doch noch ein Jahr hierbehalten zu können. Ob es funktioniert, weiß niemand.«

Für das Bier zum Geburtstag muss er sparen. »Ich habe in diesem Jahr schon weit über meine Verhältnisse gelebt – zwei neue Brillen und ein neues Bett.«

Im nächsten Jahr will er sich einen besseren Computer leisten.

Zahlen und Zitate (3)

6,5 Millionen arbeiten im Niedriglohnsektor. Im Osten sind das 41 Prozent der Beschäftigten, im Westen 22 Prozent.

»630 000 Vollbeschäftigte erhalten von ihrem Arbeitgeber einen so geringen Lohn, dass sie von der ARGE mit Steuergeldern auf Hartz-IV-Niveau ›aufgestockt‹ werden müssen. Diese Unternehmen ›erwirtschaften‹ sozusagen auf Staatskosten ihre privaten Gewinne.« (G. S., Tafelverantwortlicher)

Das Gastgewerbe und der Einzelhandel sparten in den letzten 10 Jahren 10 Prozent der Vollzeitstellen ein. In Deutschland gibt es 724 000 Minijobber als Lagerarbeiter, Krankenschwestern, Küchenhilfen, Kassiererinnen usw., die weniger als 400 Euro im Monat verdienen und sich einen Teil ihrer Lebensmittel an der Tafel holen müssen.

»In Deutschland herrscht immer noch die Meinung, dass einer, der strebsam und fleißig ist, in diesem Land auch eine Arbeit findet. Also wären all die Arbeitslosen nur nicht strebsam und fleißig und lediglich dadurch eine Belastung der ordentlichen Gesellschaft.« (K. M., Tafelhelfer)

»Die Tafeln sind an der Abschaffung der Armut interessiert, aber ohne Armut müssten sie sich selbst abschaffen.« (G. S., Tafelverantwortlicher)

Die oberen 50 Prozent der Gesellschaft besitzen in Deutschland 99,9 Prozent vom gesamten Reichtum. Die unteren 50 Prozent 0,1 Prozent. Und die ärmsten 10 Prozent von ihnen verfügen über minus 1,6 Prozent vom Reichtum. Sie haben lediglich Schulden.

»Die Erhöhung von Hartz IV war ein Anschub für die Tabak- und Spirituosenindustrie.« (Philipp Mißfelder, Bundesvorsitzender der Jungen Union)

»Ich habe vor kurzem einen Science-Fiction-Film gesehen, in dem es in Deutschland nur noch die Schicht der Produzenten gibt und die der Überflüssigen, die, per Gesetz geregelt, nicht mehr arbeiten dürfen, sondern alles, was sie brauchen, von den noch Produzierenden zugeteilt bekommen. Also die Mehrheit der Bevölkerung wird mit billigen Konsum- und Medienprojekten ruhiggestellt. Die Versorgung wird von Großkonzernen organisiert. Die Produzenten und die Überflüssigen leben streng voneinander getrennt.« (H. P., Tafelhelfer)

Der vierte Tafeltag

Am Donnerstag, dem Ausgabetag, scheint es, als ob »Jesus« noch schneller Kaffee nachschenkt, Dieter nur die Kurzfassung der nächtlichen Fernsehshow erzählt und der ansonsten ruhige Herr Neumann zum Aufstehen und Abfahren drängelt. Nur Udo zieht sich wie immer wortlos um, schraubt die Thermosflasche zu und geht gemächlich in den Putzraum. Heute müssen alle Arbeiten um 14 Uhr erledigt sein. Micha und Herr Neumann werden bis dahin zweimal die Abholrunde fahren (immer noch ohne Aldi, dessen Chef sich, wie »Jesus« voraussagte, nicht gemeldet hat).

Obwohl es schneit, stehen die ersten Frauen schon auf dem Hof oder drängeln sich in Sandros Büro. Sandro, der Schlankste und mit 38 Jahren Zweitjüngste der Tafelmannschaft, kontrolliert und erneuert vor der Ausgabe die Tafelausweise und überprüft die Renten- oder Hartz-IV-Bescheide. Sandro ist vom Fach. Der Katholik hat nach seiner Elektrikerlehre in Jena Sozialpädagogik studiert. Aufgewachsen ist er in dem Eichsfelder Dorf Weißenborn. Der Ort gehörte zum Kaligebiet von Bischofferode. Fast alle seine Verwandten und Bekannten arbeiteten dort im Schacht. »Bis zu dem Tag, an dem auf Betreiben der westdeutschen Kali- und Salzkonkurrenz die ostdeutschen Gruben trotz Hungerstreik und Übernahmeabsichten ausländischer Geldgeber geschlossen wurden.« Das war sein politökonomisches Studium. Das soziale absolvierte er in seinem Zivi-Jahr. Weil es im ostdeutschen Eichsfeld zu viele junge Leute gab, die den Wehrdienst verweigerten, aber zu wenige Zivi-Stellen, ging er zu einem Rettungsdienst in das nahe gelegene westdeutsche Duderstadt. Aber das war ein privater Rettungsdienst, dessen Besitzer nebenbei noch eine Kfz-Reparaturwerkstatt und einen Taxibetrieb laufen hatte. »Manchmal mussten die Rettungsdienstfahrer auf das Taxi umsteigen.« Nicht erst als das Unternehmen aufflog, lernte Sandro, dass Geldverdienen und Helfen nicht zusammengehen.

Heute muss ich nicht zu den verhassten Apfelsinen, sondern schlitze die Plastesäcke mit dem gefrosteten Fischfilet auf. Stecke für eine Person drei Filets und für Familien sechs Filets in kleine Beutel. Automatisch nehme ich, wie seinerzeit auf dem Fischdampfer, ein Messer und schneide die Hautfetzen ab.

Mindestens 250 Beutel müssten es werden, sagt Bernhard. Bei 100 habe ich den Frostbitzel in den Fingern, gehe hinaus und reibe mir die Hände mit Schnee ab, damit sie wieder warm werden. Die Abholer trampeln, die Hände in den Taschen, von einem Fuß auf den andern. Die alte Frau zerreißt wieder die Kartons und stapelt sie auf dem Auto. Heute werde ich ihr eine Schokolade extra geben können, freue ich mich.

Sie spricht Deutsch mit Akzent, hat die weißen Haare glatt nach hinten zu einem Dutt gesteckt und trägt einen auberginefarbenen Mantel mit einem Pelzkrägelchen.

Seit vielen Jahren kommt sie zur Tafel.

»Die Tafel ist sehr wichtig. Von denen« – und sie zeigt auf die Leute in der Schlange – »muss keiner im Supermarkt stehlen, denn sie bekommen hier Lebensmittel.«

Laura Neugebauer ist eine Wolgadeutsche. »In der Sowjetunion sagte man zu uns ›blöde Deutsche‹, und hier sagt man zu uns jetzt ›blöde Russen‹.«

Aufgewachsen ist sie in einem ukrainischen Dorf. 1946 wurde sie von dort mit anderen Deutschen nach Kasachstan gebracht. Sie arbeitete als Streckenläuferin bei der Eisenbahn, marschierte bei Frost und Regen, bei Sonne und Schnee täglich 20 Kilometer auf den Gleisen. 1949 deportierte die Sowjetmacht sie in den Ural, wo sie in einer Ziegelei acht Jahre lang schwer arbeiten musste.

»Ab 1957 durften wir Wolgadeutschen uns wieder frei in der Sowjetunion bewegen. Ich ging nach Kasachstan zurück, und mein alter Eisenbahnchef nahm mich wieder.«

Dort lebte sie bis 1990. Ihr jüngerer Bruder war zu der Zeit schon als Aussiedler in Deutschland. Und als ihr zweiter Bruder, der sechs Kinder hatte, mit 51 Jahren starb, fuhr sie mit seinen sechs Kindern nach Deutschland.

»Ich kam am 51. Jahrestag des Überfalls von Hitler auf die Sowjetunion in Deutschland an.«

Sie erhält 560 Euro Rente. Miete und Heizung abgezogen, bleiben keine 300 Euro zum Leben. Auch während wir uns unterhalten, stapelt sie Kartons. Als alte Frau, sagt sie, hat sie immer Arbeit. »Einem Enkel schneide ich die Hosen ab, dem anderen lasse ich sie ein Stück aus.«

Als ich sie frage, ob es in Kasachstan etwas Ähnliches wie eine Lebensmitteltafel für Bedürftige gibt, schlägt sie die Hände über dem Kopf zusammen. »Um Himmels willen! Brot und Butter, Milch und Käse fast umsonst! Das ist in Russland unvorstellbar. Solche Tafeln müssten vor den anstürmenden Armen und Hungernden durch die Polizei geschützt werden. Hunger schmerzt, und wer Schmerzen hat, wartet nicht geduldig, ob er vielleicht das letzte Brot bekommt.«

Gegen 14 Uhr sind alle Regale des Ladens gefüllt, und die Beutel mit dem Fischfilet liegen in der Kühlung. Kaffeepause und die Einweisung für die Ausgeber. »An die Familien mit Kindern könnt ihr für jedes Kind heute einen Schokoriegel austeilen. Milch gibt es nur für die ersten 20 …«

Schließlich, bevor die Tür geöffnet wird, wie immer das »Vor-der-Ausgabe-schnell-noch-eine-Zigarette«-Ritual.

Udo und ich warten inzwischen im Laden. Udo hat noch in der DDR Koch gelernt und 1990 ein Jahr bei der Armee in der Küche gestanden. Anschließend fand er trotz vieler Bewerbungen keine Stelle. Umschulung auf einen Metallberuf. Aber auch als Metaller keinen Job. Er holte das Abi nach und begann in Wuppertal ein Pädagogikstudium, bestand die Fremdsprachenprüfung nicht und gab auf. Danach Hartz IV.

Er holt seine Thermoskanne aus der Tasche. Trinkt den Tee in kleinen Schlucken und verschraubt den Deckel sehr sorgfältig. Der gelernte Koch hat sich weder nach diesem noch nach einem anderen Ein-Euro-Job gedrängt. Im Gegenteil. »Die Arbeit in der Tafel stört meinen normalen Tagesablauf. Mir fehlt die Zeit für meine Lieblingsbeschäftigungen.« Er joggt, hört Musik, liest … Er hat sich, wie er sagt, inzwischen »gut eingerichtet«. Mit den monatlich 350 Euro Hartz-IV-Geld kommt er aus. »Ich bin früher nicht zur Tafel gegangen, um mir Lebensmittel zu holen, und werde es auch in Zukunft nicht tun.«

Dem knapp 40-Jährigen, er lebt allein, fehlt, wie er sagt, nichts. Er könnte sich vorstellen, immer nur Musik zu hören, zu lesen, joggen zu gehen, Tee zu trinken, in Ruhe gelassen zu werden. »Man kann auch ohne Arbeit zufrieden sein.«

Die ersten Abholerinnen stürmen herein. Ich nehme einen leeren Karton, um für eine von ihnen die Lebensmittel hineinzupacken, lächle freundlich, aber Bernhard zieht mich am Arm zurück. »Schau dir noch einmal an, wie Micha und Theo und Jochen es machen, dann kannst du auch …«

Vom Eingang zum Ausgang bewegen sich die Abholer an den Regalen dem Uhrzeiger entgegen immer im Kreis. Die Ausgeber begleiten sie auf einem Dreiviertel des Kreises vom Joghurt bis zum Brot, gehen dann in Uhrzeigerrichtung zurück zum Nächsten und begleiten ihn auf einem Dreiviertel des Kreises.

Ich schaue jedem, den ich frage: »Das oder lieber das?«, ins Gesicht, denke, dass der Blickkontakt wichtig ist, aber sie schauen nicht mich, sondern nur die Waren im Regal an. Wahrscheinlich ist es ihnen völlig gleich, wer sie »bedient«.

Den dreiviertel Kreis zurück gehen wir im Laufschritt und hoffen, schneller zu sein, als die Schlange sich draußen verlängert. Doch wir haben keine Chance. Der Kreis der Abholer – reinkommen, einpacken, rausgehen – reißt nicht ab, und er bewegt sich auch nicht langsamer mit der Zeit, denn wir sind die Antreiber. Wir müssten nur langsamer arbeiten, dann … »Dann ständen um 18 Uhr noch 30 oder 40 Leute draußen«, sagt »Jesus«. Bei jeder Ausgabe muss man mit rund 250 Kunden rechnen. Die holen Waren für zwei bis vier Personen, also für durchschnittlich 750. Zweimal die Woche, das sind 1 500. Rechnet man für jeden Warenkorb einen Wert von nur 10 Euro sind das 15 000 Euro in der Woche.

Nein, ich will jetzt nicht rechnen. Nach zwei Stunden schaue ich auch nicht mehr in die Gesichter der Leute vor mir. Ich verpasse sogar die fleißige wolgadeutsche Kartonfalterin. Ich pendele nur hin und her. Alles scheint mir ein nicht endender Kreislauf. Das Kommen und Gehen der zuvor schlangestehenden Bedürftigen. Das Füllen der Regale und das Ausgeben. Morgen saubermachen der Räume. Dann umherfahren. Verfaultes aussortieren …

Die dritte Lebensgeschichte einer Abholerfamilie

Gisela Bader, 52, hat dunkelblondes krauses Haar, ist sehr grell geschminkt, vollschlank und von Beruf Maschinenbauzeichnerin und Datentypistin. Willi Bader, 58, trägt einen grauen Vollbart und eine randlose Brille, ist mit Weste und weißem Hemd sehr »managermäßig« gekleidet und hat an der TU Dresden 1976 als Diplom-Ingenieur für Informationsverarbeitung ab-

geschlossen. 1980 haben sie geheiratet. 2006 mussten Gisela und Willi Bader Privatinsolvenz anmelden.

Beide suchen Arbeit. Er ist 20 Stunden in der Woche bei einer Gothaer Verbrauchergenossenschaft beschäftigt. Dafür erhält er 400 Euro netto. Seine Frau steuert 200 Euro Unfallrente dazu. (Sie hatte 1993 mit dem Trabi einen LKW gerammt.) Die ARGE stockt seinen Arbeitsverdienst um 100 Euro auf, so dass sie zusammen 700 Euro haben. Davon können sie – wie er sagt – zwar existieren, aber nicht leben. Beide haben ihre Schulbildung, die berufliche Entwicklung und alle ihre Arbeitsstellen sehr genau mit dem Computer aufgeschrieben und mit Fotos ausgedruckt. In der Bewerbungsmappe der Frau liegen nur drei Seiten.

06/1975–01/1991 Datentypistin im Rechenzentrum des Automobilwerkes in Eisenach, 02/1991–12/1991 Arbeit suchend, 01/1992–07/1993 Datentypistin bei der Firma Wartburg Scan-Car in Eisenach, 08/1993–12/1993 Datentypistin bei der Firma Kausch in Stockhausen, 01/1994–01/1995 Arbeit suchend, 02/1995–11/1995 Weiterbildung in der Firma FUGEWA in Eisenach, 12/1995–01/1997 Arbeit suchend, 02/1998–11/1998 ABM im Automobilwerk in Eisenach, 12/1998–02/1999 Arbeit suchend, 03/1999–11/2004 Datentypistin und Bürokauffrau in der Firma PMC Datenverarbeitung in Waltershausen [als der Besitzer genug verdient hatte, verkaufte er die Firma – der neue Besitzer reduzierte die Beschäftigten. L. S.], 12/2004–09/2005 Arbeit suchend, 10/2005 TM Bewerbungstraining der TBZ in Stedtfeld, 11/2005 bis 12/2005 Arbeit suchend, 01/2006–07/2006 private Teilnahme im Job-Fit-Programm, 07/2006 14-tägige Teilnahme in der TÜV Akademie, Word und Excel, 08/2006 Arbeit suchend, seit 08/2008–09/2009 Integrationsmaßnahme »alterNATIV« beim Bildungswerk der Thüringer Wirtschaft e. V. Eisenach. [Dadurch sollte sie nicht verlernen, regelmäßig früh aufzustehen und pünktlich an der imaginären »Arbeitsstelle« zu sein. L. S.]

Sein Leben ist auf fünf Seiten zusammengerafft: 20 Jahre Schul- und Hochschulbildung. 15 Jahre Arbeit als Ingenieur in verschiedenen Rechenzentren. Ab 1990 Umschulungen, Arbeitslosigkeit und nebenberuflich in der Finanz- und Unternehmensberatung.

»Vielleicht war ich ein wenig zu faul, sonst hätte ich an der TU nicht nur meinen Dipl.-Ing., sondern auch den Doktor gemacht. Aber was hätte der Titel an unserem heutigen Leben geändert? Wissen Sie, wie beschissen man sich als Hochschulkader mit fast 20 Jahren Berufserfahrung fühlt, wenn man bei der ARGE im Wartezimmer regelmäßig seine Nummer ziehen muss? Dann sitzt man dort, manchmal stundenlang, bis man als Nummer 37 aufgerufen wird. Schließlich das Gespräch als Nummer 37, und Nummer 37 erfährt, dass sich irgendwann irgendeine Abteilung bei einem melden wird. Dann zerknüllt man die Nummer in der Hosentasche, geht und wartet zu Hause oft wochenlang, dass sich die Abteilung wie angekündigt meldet. Aber niemand meldet sich. Und dann geht man wieder und zieht eine neue Nummer …

Der Kanzler, der in den Zeitungen immer mit einem Birnenkopf gezeichnet worden ist, hatte lauthals prophezeit, dass es im Osten nach der Wende niemandem schlechtergehen wird. Niemandem! Also heiße ich Niemand. Ich bin dieser Herr Niemand!

Wenn uns der Teufel reitet, zieht meine Frau den guten Mantel und ich ziehe meine Seidenweste an, und wir gehen in ein Autohaus, wo die großen Wagen stehen. So ein Mitsubishi oder ein großer Seat. Für eine Probefahrt braucht man noch keinen Berechtigungsschein wie für die Tafel. Da muss man eben nur solide aussehen. Wir tanken immer für 10 Euro und machen in dem großen Auto einen schönen Ausflug, so 100 Kilometer in die Umgebung. Man belügt sich und denkt: Wir gehören ja noch dazu.

Ich bin nach der Wende nicht nur von der DDR befreit worden. Ich bin von 20 Jahren ordentlicher Bildung befreit worden.

Ich bin von 15 Jahren Berufserfahrung befreit worden. Man hat mich von Urlaubsreisen befreit, die können wir uns nicht mehr leisten. Ich bin von der Kultur, die ich nicht mehr bezahlen kann, befreit worden. Ich bin von geselligen Feiern, die zu viel kosten, befreit worden. Ich bin von meiner Gesundheit befreit worden, denn wegen all der Kümmernisse hat sich 1996 mein Diabetes extrem verschlechtert. Ich muss fünfmal am Tag spritzen. Ich bin von einer gesunden und deshalb zu teuren Ernährung befreit worden. Ja, es gibt die Tafel. Wir haben uns sehr lange geschämt, bevor auch wir dorthin gegangen sind. Wir bekommen dort Lebensmittel. Das, was gerade da ist. Eine normale deutsche Frau überlegt, was sie kochen will, und geht dann einkaufen. Meine Frau bekommt irgendetwas, was gerade gesammelt wurde, und überlegt dann, was sie daraus kochen kann.«

Die Frau unterbricht seinen langen Monolog seltener als die zwei Wellensittiche. Wenn sie zu laut werden, schimpft er. Dann verstummen sie für ein oder zwei Minuten. Zum Kaffee reicht die Frau Zucker in runden Papiertütchen: gelbe lachende Sonnen. »Die Zucker-Sonnen habe ich geschenkt bekommen«, sagt sie. Ich trinke meinen Kaffee ungesüßt, reiße die lachende Sonne nicht auf, sondern stecke sie mir in die Hosentasche.

»Ich habe in den letzten 18 Jahren intensiv Englisch gelernt, ich habe mich mit Finanzproblemen, Kreditvergaben, Bankgeschäften und Unternehmensstrategien herumgeschlagen. Ich war so mutig – heute würde ich sagen, so blöd –, mich in diesem brisanten Bereich auf eigene Beine stellen zu wollen. Ich habe viel Geld hineingesteckt und Kredite aufnehmen müssen: ein großes Auto, modernste Kommunikationsmittel, gute Klamotten – aber es ist nichts dabei herausgekommen außer Schulden. Auch jetzt bei meinem kleinen Job in der Verbrauchergenossenschaft, wenn du zu den Kunden gehst, musst du gut angezogen sein und gut riechen. Du musst dem Anschein nach noch in die Welt gehören, zu der du schon längst nicht mehr gehörst. Wir gehören zur zweiten Kategorie, zu den Ausgesonder-

ten, zu den nicht mehr Gesellschaftsfähigen, die Hartz IV bekommen und um die sich ehrenamtliche private Spender, Wohl-
fahrtsorganisationen und andere Menschenfreunde kümmern
müssen. Sie kümmern sich um uns, damit wir Ruhe geben, wenn
wir nicht wie sie bei der Volkshochschule töpfern und malen,
nicht wie sie mit der Frau im Café Torte essen können. Geschweige denn, wie es sich für einen anständigen Bürger gehört, unseren Lebensunterhalt durch Arbeit bestreiten können.
Irgendwann müssen wir, um uns von den anderen zu unterscheiden und damit die sehen, dass wir separiert sind und in
die abgeschottete zweite Klasse der Gesellschaft gehören, ein gelbes IV-Zeichen auf der Kleidung tragen. Und mit diesem Zeichen dürfen wir gesammelte Lebensmittel, gebrauchte Schränke,
getragene Schuhe, warme Suppen, gespendete Ferien und Früh-
stücksbrote für unsere Kinder und kostenloses Futter für Katzen, Wellensittiche und Hunde bekommen.«

»Futter für Hunde?«

»Ja, in den Tiertafeln«, sagt er. Und füttert seine Wellensittiche mit Sesamkörnern.

»Die Körner sind gekauft! So tief werden wir nicht sinken,
dass wir uns auch noch das Tierfutter schenken lassen. Denn indem sie uns das geben, was wir oder unsere Katzen, Hunde und
Vögel zum Leben benötigen, sondern sie uns unbewusst aus
ihrem Leben aus. Unser Armsein wird für sie dadurch zur Normalität. Einer Normalität, die man nicht mehr wahrnehmen
muss, weil sie sich außerhalb der eigenen Welt befindet. Die uns
mit Spenden ›ernähren‹, tun sie es nur aus Fürsorge oder auch,
um sich selbst von uns abzugrenzen? Um sich damit ständig zu
bestätigen: Ich gehöre doch nicht dazu! Ich gebe, also gehöre ich
nicht zu denen, die es als Bedürftige von mir nehmen.«

Die Erfurter Tiertafel hat nur sonnabends geöffnet. Sie ist in
einem Nebengelass des REWE-Supermarktes in der herunter-
gekommenen Plattenbausiedlung »Am Berliner Platz« untergebracht. Als Wegweiser hängen an den Wänden des Einkaufs-

zentrums Plakate, auf denen ein schwarz-weißer, nicht reinrassiger Münsterländer und ein schwarzhaariges Mädchen, das wie der Hund die Augen geschlossen hält, ihre Köpfe aneinanderschmiegen: »Weil auch Tierliebe durch den Magen geht.«

Drei Männer stehen draußen vor der Futterausgabe der Tafel. Nur einer von ihnen hat seinen Hund, einen schwarzen Spaniel, mitgebracht. Als ich ihn nach den Anmeldeformalitäten frage, ermutigt er mich hineinzugehen. »Die Frauen drin sind sehr freundlich. Drei bis vier Tage reicht das Futter, das man bekommt.«

Als ich eingetreten bin, beachten die Frauen mich nicht. Ein Fernsehteam des MDR will ihre Arbeit in der Tiertafel filmen. Die rote Lampe des Galgenmikrophons leuchtet noch nicht, der Kameramann fixiert die Näpfe mit dem Trockenfutter, und die Journalistin erzählt, was für eine soziale Errungenschaft die ersten Tiertafeln in Thüringen sind. Nun müssten in diesem Land auch die Tiere Bedürftiger nicht mehr hungern.

Ich zupfe eine der Frauen am Ärmel. Als sie hört, dass ich neu bin, geht sie mit mir in eine Ecke, wohin das Galgenmikrophon nicht reicht, und erklärt, dass ich meine Hartz-IV-Bescheinigung, den Rentenbescheid oder sonst ein offizielles Dokument, mit dem ich meine Bedürftigkeit nachweisen kann, vorzeigen muss. Und die Steuermarke für den Hund, und außerdem müsste ich ihr den Hund vorstellen.

Sie gibt mir noch Prospekte und freut sich, mich am nächsten Sonnabend mit dem Hund wiederzusehen. Dann erklärt sie den Fernsehleuten, dass sie im Interesse der Tiere natürlich ehrenamtlich arbeiten.

Draußen fragt der mit dem schwarzen Spaniel, ob ich Futter bekommen habe.

»Nein«, sage ich, »ich muss erst die Papiere und den Hund vorweisen.«

»Den Hund wollen sie hier alle paar Monate sehen. Das ist nicht wie beim Jugendamt. Denen brauchst du deine Kinder, auch wenn du sie nicht ordentlich fütterst, niemals vorzustellen.«

Er ist an jedem Sonnabend einer der Ersten an der Tiertafel.

»Ich bin ein Optimaner, genau wie unser ehemaliger Oberbürgermeister, der Manfred Ruge. Früher haben wir in einem der größten Erfurter Betriebe, dem VEB Optima Büromaschinenwerk, gearbeitet. Bis zur Wende waren wir Optimaner alle so ziemlich gleich. Höchstens dass die Kollegen in der Entwicklungsabteilung, in der auch Manfred Ruge arbeitete, politisch ein bisschen zuverlässiger, staatstreuer sein mussten als unsereiner in der Produktion. Ich war Einrichter. Einrichter, also Arbeiter, brauchten sie, da konntest du schon mal ne Lippe riskieren.«

Das unterschiedliche Leben der Optimaner fing mit dem Tag an, als der 6000 Mann große Betrieb geschlossen wurde. Sein Kollege Manfred Ruge ging in die Politik. »Ich wurde umgeschult, suchte einen Job, später wurde ich Zeitarbeiter. Wobei ich, wenn man das international sieht, meinem Kollegen Ruge bald überlegen war. Der wurde nur Oberbürgermeister in Erfurt, ich aber musste als Zeitarbeiter zuerst thüringenweit, später deutschlandweit und schließlich auch europaweit arbeiten gehen.«

Doch im Leben trifft man sich zweimal. So auch die zwei Optimaner aus den inzwischen unterschiedlichen Welten. »Ich bekam einen Ein-Euro-Job als Hilfshausmeister im Rathaus zu Erfurt. Dort, wo auch mein früherer Kollege Manfred Ruge saß.« Als dann die Hilfshausmeisterzeit des Ein-Euro-Jobbers vorbei war, wurde auch der 16 Jahre regierende CDU-Oberbürgermeister, weil er nach parteiinternen Auseinandersetzungen 2006 nicht mehr zur Wahl angetreten war, »entlassen«. Für ihn schuf man einen lukrativen Posten im Vorstand der Erfurter Stadtwerke. Der andere Optimaner erhielt Hartz IV.

»Die neuen Herren sorgen für sich. Und diese hier« – er

zeigt auf die zwei Frauen in der Tafel – »sorgen wenigstens für unsere Hunde.«

Auf einem der Prospekte werben die Stadtwerke für große und kleine, mit Rabatten und Steinen kunstvoll geschmückte Einzel- und bescheidene Reihengräber. Ein Reihengrab für drei Jahre kostet bis zu 300 Euro. Eine hölzerne Grabumrandung bis 70 Euro. Ein Grabschild nur 40 Euro. Dazu der Leichentransport, nach Gewicht gestaffelt. Leicht: 30 Euro. Schwer: 50 Euro. Zuschlag außerhalb der »Regelarbeitszeit« 15 Euro. Und einmalige Schlüsselgebühr für den Hundefriedhof 5 Euro. Das sind maximal nicht einmal 500 Euro für die Beerdigung eines verstorbenen Tieres auf dem Erfurter Tierfriedhof. (»Ein Dankeschön für einen treuen Freund«)

Ob man als Hartz-IV-Empfänger einen Zuschuss zur Beerdigung erhält oder das Tier besser dem Abdecker überlässt, weiß der Optimaner nicht. Sein Gegenüber allerdings glaubt, dass über kurz oder lang in Deutschland auch ein ehrenamtlicher Verein für die kostenlose würdige Beerdigung der Hunde und Katzen von Hartz-IV-Empfängern gegründet wird.

Ein Hinzugekommener, dessen Spitz den schwarzen Spaniel immerzu ankläfft, mischt sich in den ernsthafter werdenden Disput. Er bezweifelt das kostenlose Hundebegräbnis. »Ich weiß nicht einmal, wie das mit mir werden soll. Auf dem Konto habe ich keinen Euro, und der Sohn kann mein Begräbnis auch nicht bezahlen. Wenn du als Hartz-IV-Empfänger aus einer größeren in eine kleinere Wohnung ziehen musst, gibt es schon ehrenamtliche Umzugstafeln. Aber die Beerdigung?«

»Die erledigt das Sozialamt der Stadt. Das brauchste dann aber nicht mehr selber zu beantragen.«

Im Januar fahre ich noch einmal in die Eisenacher Tafel und bringe »Jesus« den Pullover aus der Kleiderkammer zurück. »Silberkettchen« ist nach seinem halben Jahr als Ein-Euro-Jobber wieder arbeitslos. Micha wurde ins Ehrenamt übernommen. »Jesus« hat von der ARGE zwei neue Ein-Euro-Jobber erhalten, einen Wolgadeutschen und einen ehemaligen Taxiunternehmer, der im Herbst Konkurs anmelden musste. Theo zeigt ihm, welche Tomaten noch brauchbar sind und welche er in die Tonne werfen muss. Dieter hat seinen 40. Geburtstag am 24. Dezember allein mit dem Fernseher gefeiert. Nur seine Mutter ist kurz vorbeigekommen. Für die Tafelrunde spendiert er heute eine große Pfanne Schinken-röllchen in Champignon-Rahmsoße, die seine Mutter gemacht hat. Sie sind genau abgezählt. Für jeden Tafelhelfer zwei Röllchen. Dieter nimmt nur eins, damit ich mitessen kann.

»Du warst heute nicht eingeplant«, sagt »Jesus«.

Zwei Versuche, mich
Tschernobyl zu nähern

Erster Versuch

Das ukrainische Wort »Tschernobyl« heißt auf Deutsch »schwarzer bitterer Wermut«.

Bei der Kernexplosion im Atomkraftwerk Tschernobyl – der größten technologischen Katastrophe im 20. Jahrhundert – wurde am 26. April 1986 die 3000 Tonnen schwere stählerne Reaktordecke angehoben. Große Mengen radioaktiver Brennstäbe und Graphitelemente wurden in die Luft geschleudert und fielen auf die Dächer der danebenstehenden Reaktoren, die Straßen, Plätze, Äcker und Wiesen der Umgebung. Durch die Explosion wurde sechstausendmal mehr Radioaktivität als durch die Hiroshima-Bombe freigesetzt. Die ersten verstrahlten Menschen starben schon nach zwölf Stunden. Tausende Männer, Frauen und Kinder, die in keiner Statistik erfasst sind, wurden seitdem in der Ukraine und Belorussland Opfer des »unsichtbaren schwarzen Todes«.

20 Jahre nach Tschernobyl fragt mich nach einer Lesung in Berlin eine große und sehr aufrecht gehende Frau verlegen, ob ich mir ihr Buch anschauen würde. Es ist ein dickes, rot-weiß kariertes Schulheft. 56 der 120 nummerierten Seiten sind in gestochener Handschrift beschrieben. Auf dem Umschlag steht, von aufgeklebten Klatschmohnblüten gerahmt: »Galina Wolina: Eine Mohnblumenliebe«.[*]

Die Ukrainerin übersetzt mir die ersten Zeilen ihres Buches.

[*] Name verändert.

»Heute ist Serjosha, der zweite Mann meiner besten Freundin Nadeshda, gestorben. Er wäre im November 46 Jahre alt geworden, also 25 Jahre älter als ihr erster Mann, den alle liebevoll ›Paschka‹ genannt hatten. Nadeshdas einziges Kind starb, als es noch nicht geboren worden war, an Lenins 117. Geburtstag am 22. April 1987.«

Unter dem Text ein Foto: Bunt gekleidete Männer, Frauen und Kinder tragen zu Girlanden gebundene Blumen über ihren Köpfen. Hinter ihnen fährt ein LKW, dessen schwarz verhängte Seitenwände heruntergeklappt sind. Auf der Ladefläche steht ein offener Sarg, der nur mit einem Strauß roter Mohnblumen geschmückt ist. Eine kleine Frau – »Das ist Nadeshda«, sagt Galina – geht gebückt und allein hinter dem Auto. Sie hält sich an der Ladefläche des LKWs fest, als wolle sie das Totenauto voranschieben oder anhalten.

Ich frage Galina: »Woran starb Nadeshdas Mann?«

»An Tschernobyl.«

»Aber Tschernobyl ist seit über 20 Jahren Geschichte«, sage ich.

»Tschernobyl wird niemals Geschichte sein. Das Plutonium 239, das damals in die Luft geschleudert wurde, hat eine Halbwertszeit von 24 000 Jahren. Und es liegt als Staub auf den Wiesen und Äckern der Ukraine und Weißrusslands. Die Kühe fressen das verstrahlte Gras, und mit dem Kuhdung bringen die Leute das gefährliche Plutonium in ihre Gärten, verzehren es mit den Kartoffeln und dem Mehl. Und im Dnepr und in den Kiewer Seen schwimmen die radioaktiven Plutoniumpartikel. Und in den heißen ukrainischen Sommern wirbeln die Autos und Traktoren den Plutoniumstaub aus den Straßengräben auf und von den Feldern. Ein Milligramm Plutonium 239 eingeatmet, kann tödlich sein. Die Strahlendosis ist heute geringer. Aber wenn man 30 oder 40 Jahre mit dem Plutonium lebt, dann … Das 1986 beim GAU (Größter Anzunehmender Unfall) freigesetzte Plutonium 239, das heute auf den Feldern der Ukraine und Belorusslands liegt und in den Seen um Kiew schwimmt, wird erst im Jahre 25986 nach Christi Geburt zur Hälfte zerfallen sein. Gleich, ob im Jahre 25986 noch Menschen auf der Erde leben oder schon ausgestorben sind.«

Nadeshdas erster Mann Paschka, ein Hydrotechniker von Beruf, angelte in der Schreckensnacht an einem kleinen klaren Fluss in der Nähe des Kraftwerkes. Kurz nach ein Uhr hörte er die Explosionen. Dann sah er die Feuersäule über dem Kraftwerk.

In dieser Nacht versuchten aus dem Schlaf gerissene, nur mit ihren Stoffuniformen bekleidete Feuerwehrleute den Atombrand zu löschen. Am Morgen kreisten Militärhubschrauber über dem offenen, immer noch mit tausend Grad glühenden Reaktor. Die Hubschrauberbesatzungen, sie hatten den Afghanistan-Krieg überlebt, mussten dem Höllenschlund bis auf den Grund schauen, wenn sie Sand und Blei zielgenau hineinschütten wollten. Noch 300 Meter über dem Reaktor wurden 1000 Röntgen gemessen (schon 400 führen in 50 Prozent der Fälle zum Tode). Die ersten Toten waren Feuerwehrleute, Anlagenfahrer und Hubschrauberpiloten.

Am zweiten Tag nach der Katastrophe beendeten Partei und Regierung die Informationssperre, und der Rundfunk meldete, dass im Atomkraftwerk Tschernobyl ein Brand ausgebrochen sei, der allerdings schon unter Kontrolle wäre. Mit 1200 Bussen und Lastkraftwagen (einer 20 Kilometer langen Karawane) wurden in nur vier Stunden die 50000 Einwohner der 10 Kilometer von Tschernobyl entfernten Stadt Pripjat evakuiert. Die Leute sollten nur das Nötigste mitnehmen. »In drei Tagen seid ihr wieder zu Hause«, versicherten die Behörden. Keiner von ihnen kehrte je zurück. Noch heute ist Pripjat eine Geisterstadt. Rund um Tschernobyl riegelte das Militär eine 30-Kilometer-Sperrzone ab, die niemand betreten darf. In den Dörfern dieser Zone hoben Baggerfahrer Löcher aus, in denen sie die Holzhäuser versenkten und die sie danach zuschütteten. Anschließend durchstreiften Jagdkollektive die leeren Dörfer und erschossen die Menschen suchenden zutraulichen hochverstrahlten Katzen und Hunde.

Und Soldaten trugen die verseuchte Erde ab.

Und begruben Erde unter Erde.

Als die Ventile für das Kühlwasser des Kernkraftwerkes geschlossen werden mussten, meldete sich Nadeshdas Mann Paschka und tauchte unter dem Todesreaktor. Er war einer der 600- bis 800 000 namenlosen »Liquidatoren«, die in und um Tschernobyl gegen die tödlichen Strahlen in der Luft, auf der Erde und im Wasser kämpften. Sie sollten den Reaktor mit der nicht mehr zu stoppenden nuklearen Kettenreaktion unter einem strahlungssicheren Sarg aus Zehntausenden Tonnen von Stahl und Beton begraben. Doch zuvor mussten vom Dach des Nachbarreaktors viele Tonnen radioaktiver Trümmer, herausgeschleuderte Brennstäbe und Graphitplatten heruntergeholt und in den zu versiegelnden brennenden Reaktor geworfen werden. Feuerwehrleute und Soldaten hievten japanische und deutsche Spezialroboter und ein sowjetisches Mondmobil auf das Dach. Doch die Elektronik der Roboter verweigerte die Arbeit wegen zu hoher Strahlenwerte. Da schickte die Einsatzleitung menschliche Roboter, die freiwilligen Liquidatoren, auf das Dach. Sie erhielten weiße Arbeitsanzüge, die in der ganzen Sowjetunion eingesammelt worden waren, vitaminreiches Essen, Wodka und Jodtabletten gegen Schilddrüsenkrebs. General Karakanow, der die Liquidatoren befehligte, ließ in den Räumen der eingeflogenen Regierungskommission die dort eiligst angebrachten Bleiverkleidungen abmontieren und für seine Leute daraus notdürftige Schutzschilde anfertigen. Mit dem Sirenenzeichen sprangen jeweils neun Liquidatoren aus ihrer Deckung und versuchten mit Schaufeln und Spaten, die Atomtrümmer vom Dach zu stoßen. Nicht länger als 90 Sekunden. Dann heulte die Sirene, und die nächsten neun Liquidatoren sprangen auf das Dach. Für diese 90 Sekunden ihres Lebens erhielten sie eine Urkunde, Prämien und die vorzeitige Entlassung aus der Armee.

Für 90 Sekunden Heldentum als menschliche Roboter gegen den Strahlentod.

Nachdem der brennende Reaktor unter dem riesigen Stahlbetonsarkophag versiegelt war, kletterte ein Armist auf den höchsten Schornstein des Kraftwerkes und hisste die rote Fahne des Sieges über Tschernobyl.

Die rote Fahne des Sieges.

Wie 1945 nach dem Sieg gegen den Hitlerfaschismus auf dem Reichstagsgebäude in Berlin.

600- bis 800 000 Männer hatten den Krieg gegen die drohende Atomkatastrophe gewonnen. Wäre er verloren worden, hätten 40 Prozent der europäischen Bevölkerung evakuiert werden müssen, und fast die Hälfte der Fläche Europas wäre landwirtschaftlich nicht mehr zu nutzen gewesen. Dass 20 Millionen Sowjetmenschen im Krieg gegen die deutschen Okkupanten gefallen sind, weiß man. Wie viele Zehntausende von den Liquidatoren inzwischen an den Spätfolgen ihrer Verstrahlungen gestorben sind, hat keine staatliche Stelle erfasst.

Nadeshdas erster Mann, der Hydrotechniker Paschka, wurde ein Dreivierteljahr nach der Katastrophe in eine Moskauer Spezialklinik gebracht. Seine Haut schälte sich ab. Später löste sich auch braun gewordenes Fleisch von den Knochen. Nadeshda schlief zwei Monate neben ihm auf dem Fußboden der Klinik. Er lag unter einer Plastefolie. Sie durfte ihn nicht streicheln, nicht küssen, nicht berühren. Sie waren erst sechs Monate verheiratet. Am Ende zerfiel Paschkas Körper, als wäre er ein vertrockneter Schwamm und knochenlos. In einem schützenden Bleisarg begrub man ihn auf einem Moskauer Friedhof. Nadeshda, der Name bedeutet auf Deutsch Hoffnung, ließ sich von einem Moskauer Arzt illegal ihr vier Monate altes Ungeborenes abtreiben. Als sie ihm sagte, woher sie kam, nahm er kein Geld von ihr.

»Vielleicht«, sagt Galina, »ist es besser, dass sie ihr Baby nicht geboren hat. Manche der Kinder, die kurz nach der Katastrophe auf die Welt kamen, sind heute noch an ihrer Narbe am Kehlkopf zu erkennen. Das Wundmalzeichen nach einer Krebsoperation.«

Sie unterbricht sich, macht eine lange Pause. »Wissen Sie, dass unsere Kindersterblichkeit trotz Tschernobyl – ich glaube erst seit der Unabhängigkeit – keinesfalls höher ist als in anderen europäischen, nicht direkt unter Tschernobyl leidenden Ländern? In der Ukraine werden die Kinder für die Statistik erst als geboren gemeldet, und die Eltern erhalten nur dann eine Geburtsurkunde, wenn das Neugeborene die ersten vier Wochen überlebt hat. Wahrscheinlich leiden Zehntausende, vielleicht auch Hunderttausende Kinder noch an den Spätfolgen von Tschernobyl.«

Diese Zahlen würden allerdings weder der ukrainische noch der weißrussische Staat bestätigen. »Kein Staat, kein System der Welt gibt bei solchen schrecklichen Katastrophen die ganze Wahrheit zu. Schonungslose Ehrlichkeit bedeutet in solch einem Falle den politischen Tod, nämlich den Verlust der Macht für die Herrschenden, Unehrlichkeit und Verharmlosung dagegen nur den Tod für die kleinen Leute.«

Ich sage, dass ich Tschernobyl sehen möchte.

Sie schüttelt den Kopf. »Milizionäre bewachen die 30-Kilometer-Sperrzone. Sie zu betreten ist noch immer verboten.«

Aber selbst wenn es mir gelänge, den Sarkophag von Tschernobyl zu sehen, würde ich doch nichts begreifen. »Denn um Tschernobyl zu begreifen, müssten Sie in die kranken Seelen der Menschen dort schauen können.«

Im Frühling 2007 will der 67-jährige Hartmut Köppler, früherer Statiklehrer an der Bauhaus-Universität Weimar und Gründer des »Tschernobyl-Vereins Weimar e. V.«, einen kleinen Transporter in die Ukraine bringen. Hartmut Köppler, von manchen spöttisch, von anderen ehrfurchtsvoll »Mutter Teresa« genannt, hat mit seinem Verein schon für über viertausend ukrainische Kinder eine dreiwöchige Erholung in

Thüringen organisiert. Er lebt, erzählt er selbst, täglich von nicht mehr als drei Euro, gönnt sich selten ein warmes Mittagessen, keine warme Dusche, trägt seit 30 Jahren wohl denselben Mantel und spart alles Geld für seine, wie er sie nennt, »Tschernobyl-Kinderchen«. Er hat von Spendengeldern einen schon 200 000 Kilometer gefahrenen VW-Bus gekauft, den er dem Waisenheim in Rakitnoje schenken will. Außerdem möchte er während dieser Reise in der hoch verstrahlten Zone um Tschernobyl mit dem weißrussischen Professor Nestorenko die gefährlichen Radionuklide in den Körpern von Kindern messen.

»Wenn du mitkommst, können wir uns zu viert beim Fahren abwechseln«, sagt Köppler erfreut.

1 600 Kilometer in rund 20 Stunden.

Außer mir werden Günter, ein Berliner Mitarbeiter vom Technischen Hilfswerk, und Eva, eine im Verhältnis zu uns drei alten Männern junge Fotografin, mitfahren.

Köppler hat die lokale Presse und das Fernsehen um 7 Uhr früh auf den Hof des Autohauses in Nora bei Weimar bestellt, um die Abfahrt und seine Aktion öffentlich zu machen. Die Seitenwände des weißen VW-Kleinbusses sind auf seine Bitte mit der Aufschrift »Weimar hilft Tschernobyl« versehen worden. Nach den Pressefotos und Interviews fahren wir, das heißt, Hartmut fährt die ersten Meter und winkt durch die Scheibe den Presseleuten zu. Auf der Autobahn löse ich ihn ab. Weil der Bus bis zum Dach mit Plüschtieren, Kleiderkartons, Süßigkeiten, Spielzeug, Kinderrucksäcken und Shampooflaschen vollgepackt ist, fehlt die Sicht durch das Heckfenster, und ich überhole die LKWs sehr vorsichtig.

Die 41-jährige Eva, die eine couragiertere Autofahrerin ist und mich in Berlin vorsorglich bei der Stadtfahrt abgelöst hat, findet vor dem Haus des Mannes vom Technischen Hilfswerk nur auf der Gegenseite der vielbefahrenen Straße eine Parklücke. Direkt vor Günters Haustür, neben dem Stapel seines Gepäcks, steht ein Handwerkerauto, und ich frage den Fahrer, ob er mit uns tauscht, damit wir, ohne über die Straße laufen zu müssen, aufladen können. Er lehnt sich aus dem Fenster und sagt sehr laut, damit es auch die Vorübergehenden hören können: »Bis nach Russland fahren, aber zu faul, um über die Straße zu gehen. Weshalb kutschiert ihr das Zeug dorthin? Ihr könnt es auch hier abladen, in Berlin gibt es genug arme Kinder.«

Also laufen wir über die Straße, und der Pensionär Günter regelt den Verkehr. Mit seinem schräg aufgesetzten Barett sieht er wie ein ehemaliger Soldat der Luftlandetruppen aus. Doch das Barett mit Kokarde gehört zur Uniform des Technischen Hilfswerkes. Unter den Sitzen unseres Kleinbusses verstaut Günter: einen Kanister mit Wasser zum Händewaschen, mehrere Rollen Toilettenpapier, Luftpumpen, einen Kanister mit Kühlwasser, einen mit Öl, Waschlappen, Taschenlampen, eine Kiste mit Salami, Käse, Äpfeln und geschnittenem Brot, Werkzeug, Handtücher und Trinkbecher aus Plaste. Auf jeweils zwei der Becher steht säuberlich mit Filzstift geschrieben »Hartmut« beziehungsweise »Günter«. Die restlichen vier Becher hat er, weil er unsere Vornamen nicht kennt und um jede Verwechslung auszuschließen, mit zwei beziehungsweise drei Kreuzen markiert.

Er fährt ohne Pause vier Stunden bis nach Polen hinein. Das weite, flache, menschenleere Land. Dann kleine Dörfer mit kleinen Häusern und hohen Kirchen. All das kenne ich. Neu für mich sind die privaten Autobahnen in Richtung Warschau, auf denen man abschnittsweise 5 bis 7 Euro bezahlen muss.

Auf dem Weg zur polnisch-ukrainischen Grenze verfahren wir uns, weil Eva keine Karten lesen kann. Dafür kutschiert sie uns bei strömendem Regen sechs Stunden über polnische Nebenstraßen bis nach Chełm. Ich meine, wir sollten endlich Rast machen und noch in Polen das polnische Nationalgericht Bigosch essen. Doch Hartmut, aus dem Schlaf aufgeschreckt, schaut verstört auf die Uhr. Es ist gleich 23 Uhr. Punkt Mitternacht will uns auf ukrainischer Seite ein, wie

Hartmut sagt, »guter Vertrauter« empfangen. Also Weiterfahrt bis zur Grenze. Komplikationslose Kontrolle bei den Polen. Weil aber das Kennzeichen des VW-Busses nicht mit dem im alten Fahrzeugbrief übereinstimmt und das Auto erst in der Ukraine zugelassen werden soll, schicken uns die Ukrainer von einem Grenzbeamten zum anderen. Zum Schluss landen wir bei einem sehr dicken und sehr laut sprechenden schnauzbärtigen Offizier. Köppler zeigt auf die Seitenwände »Weimar hilft Tschernobyl« und erklärt auf Russisch, dass wir ein Solidaritätstransport sind. Doch der dicke Ukrainer beharrt darauf, dass auch bei Solidaritätstransporten das Gesetz Gesetz ist.

»Sie zurückfahren! Papiere, sprawka, und Nummernschild neu. Dann wiederkommen!«

Wir sind 15 Stunden unterwegs und müde. Eva sucht eine Toilette, der Grenzer zeigt sie ihr. Sie geht hinein, kommt wieder heraus und pinkelt draußen neben die Rückwand. Der Offizier holt sich Verstärkung, um uns zurückzuschicken. Ich zeige dem Offizier unsere Zugbilletts, erkläre, dass wir mit der Eisenbahn von Kiew nach Hause fahren und das Auto als Geschenk für ein ukrainisches Waisenheim zurücklassen.

»Das Auto in Ukraine? Nun, Papiere, sprawka, Papiere, sprawka, Stempel!«

Eva meint, dass wir diplomatisch verhandeln sollten. Auch für Solidaritätsgeschenke würden wahrscheinlich Gesetze gelten. Da erklärt ihr Hartmut Köppler kategorisch, dass für ihn nur ein Gesetz existiert: das Gesetz des Helfens, das Gesetz der Solidarität. »Wenn man den Kinderchen helfen will, gelten keine anderen Gesetze!«

»Wir hätten anstelle von Mineralwasser einen Kasten Wodka für die Grenzer mitnehmen sollen«, sagt Günter. Als einer der Grenzsoldaten die hintere Klappe öffnet, fallen die gestapelten Teddybären, Shampooflaschen, Schokoladentafeln und Jeans heraus. Ein meterhoher Haufen liegt uns zu Füßen. Wir würden Stunden brauchen, um alles wieder akkurat einzupacken. Einer der Grenzer lacht. Die übrigen beginnen zusammen mit uns alles Herausgefallene wahllos in das Auto hineinzustopfen. Ein paar Tafeln Schokolade bleiben draußen liegen. Der dicke schnauzbärtige Offizier winkt uns durch.

Gleich nach der Grenze halten wir vor einem flachen Plattenbauhotel. Hier will uns der unbekannte Vertraute empfangen. Ich kenne die ukrainischen und russischen Empfänge. Umarmungen und Bruderküsse, manchmal Schampanskoje, aber immer Wodka und Trinksprüche. Und selbst um Mitternacht ein Buffet. Essen und Trinken als Willkommen für die Gäste. Dieses unumstößliche Gesetz traditioneller Gastfreundschaft gehört, sagen sie, zur Seele der Ukrainer und Russen. Deshalb wird es bestimmt nicht sehr schwierig sein, in die Seele der Menschen in Tschernobyl zu schauen. Denke ich.

Unser Gastgeber, ein junger Mann von vielleicht 25 Jahren, gibt uns wortlos die Hand. Er stellt sich als Sohn der Leiterin des Waisenheimes vor, in das wir den VW als Geschenk bringen wollen. Dann prüft er sehr lange die Fahrzeugpapiere.

Ich frage, ob wir in diesem Hotel schlafen werden.

»Nein«, sagt er, »ich muss am Vormittag in Kiew sein.« Wir sollten uns beeilen. Er werde in unserem Kleinbus mitfahren. Zuvor könnten wir uns im Restaurant der Grenzsoldaten natürlich etwas erholen.

Das Restaurant befindet sich in dem mit Stacheldraht abgesperrten Kasernengelände der Grenzer. Unser Vertrauter zeigt der Wache seinen Ausweis. Wir dürfen hinein, setzen uns mitten zwischen die Grenzsoldaten. Die holen sich ihren Tee, Schnaps oder das Essen an der Theke. Es ist inzwischen 1 Uhr. Der dicke schnauzbärtige Grenzoffizier erkennt uns, lacht und sagt, dass er einen Wodka auf unser Wohl trinken wird. Wir nicken verstört.

Der Vertraute fragt, ob wir einen Tee trinken möchten. Er holt uns Tee und Kekse. Kein freundliches Wort zur Begrüßung. Kein Wodka auf die Ankunft der Gäste. Ich frage ihn nach seiner Arbeit. Statt einer Antwort zeigt er mir das Foto seiner Freundin, einer sehr spärlich bekleideten Illustriertenschönheit. »Ich mache auf Business und lebe, das ist meine Arbeit.«

Ein Offizier nach dem anderen kommt an unseren Tisch. Der Vertraute spendiert. Bevor wir gehen, sagt er zu Köppler: »Hier gibt es keine Kellner. Du musst an der Theke bezahlen.« Auf der Rechnung stehen auch die Getränke und Speisen, die unser Gastgeber seinen Kumpels spendiert hat.

Köppler zahlt. Und ich verstehe die Welt nicht mehr. Frage den Vertrauten, ob er wirklich der Sohn der Waisenheimdirektorin ist. Er nickt und überreicht Hartmut mit großer Geste eine Armbanduhr. »Ein Geschenk meiner Mutter für dich, Hartmut.« Nun schon sehr betrunken, steigt er in den Kleinbus. Günter fährt. Unser Gastgeber kriecht, nachdem ich seinen Kopf einige Male barsch von meiner Schulter gestoßen habe, nach hinten, legt sich auf die Kiste mit dem Proviant. Ich zerre ihn herunter, er liegt neben den Sitzen.

Um 9 Uhr, nach 25 Stunden Fahrzeit, erreichen wir endlich das Ortsschild von Kiew. Die ersten Häuschen inmitten von Kiefern und Birken. An der Straße stehen die Leute und winken. Kinder in Schuluniform, Anzugträger, Händler, Bäuerinnen. Sie stehen einzeln oder in Gruppen und winken. Ein Empfang wie für eine Regierungsdelegation. Als der Verkehr immer dichter wird und manche Autos kurz anhalten, um ein oder zwei Winkende einsteigen zu lassen, begreife ich, dass sie trotz unserer »Weimar hilft Tschernobyl«-Aufschrift nicht zu unserem Empfang winken.

Der »Vertraute« ist wieder nüchtern, aber immer noch wortlos. In der Nähe des Stadtzentrums nimmt er dem verdutzten Köppler die Armbanduhr ab, das Geschenk der Mutter, huckt seinen Rucksack auf und springt beim Stopp an der nächsten Kreuzung aus dem Auto.

Nach einer halbe Stunde erreichen wir unser Ziel: ein ehemaliges Gebäude der Stadtverwaltung, in dem jetzt Büros an private Unternehmen vermietet werden. Im Zimmer der »Hauskommandantin«, einer Frau mit schwarzem, streng gescheiteltem Haar, hat Köppler, wie er stolz sagt, zeitweilig einen Schreibtisch und ein Telefon für den Weimarer Tschernobyl-Verein erhalten. Die Kommandantin begrüßt uns nur flüchtig. Aber eine Babuschka mit weißen Haaren unter dem bunten Kopftuch kommt aus ihrer Pförtnerbude, in der sie Kunstblumen, Stehlampe, Kalender, Heiligenbilder, Teekessel und wärmende Decken untergebracht hat, und umarmt Köppler wie ihren Sohn. Er sagt, dass er wieder Geschenke für ihre Enkel mitgebracht hat.

Im Zimmer der Hauskommandantin hängt eine große Karte der Ukraine. Kein Leninbild mehr, dafür das Kunstfoto einer Frau mit Pudel. An den Wänden Aktenschränke, am Fenster ein Gummibaum. Ich krame meine Flasche Korn aus dem Rucksack. Ein Toast zum Willkommen. Die Kommandantin holt zwar Gläser, lehnt aber dankend ab. Nur Eva und ich stoßen auf die Ankunft in Kiew an.

Als wir unsere Unterkunft sehen, trinken wir noch einmal. Allerdings gleich aus der Flasche. Normalerweise kostet ein Hotelzimmer in Kiew 30 bis 60 Euro pro Nacht. Unseres kostet 3 Euro. Es ist ein ehemaliges Studentenwohnheim der Kiewer Bauhochschule. Ich habe noch nie ein ähnliches »Hotelzimmer« gesehen. Bestimmt hätten die Moçambiquaner aus der Savanne und dem Busch von Moatize, mit denen ich am Sambesi vor vielen Jahren Häuser baute, in diesem Raum Ekelpusteln bekommen. Was einmal Schränke waren, sind nun verkeimte Sperrholzfächer, in denen alte Klamotten, Überreste von Essen und Müll lagern. Die Wand der Toilette ist aufgebrochen, um durch das Loch an die Leitungen gelangen zu können. Glitschige Ziegelsteine als Duschboden. Köppler sagt: »Ich habe es bestellt, weil es für jeden nur 3 Euro kostet. Und wir können das gesparte Geld für die Kinderchen verwenden.«

Am Abend suchen wir ohne Köppler, der die Termine unserer Fahrt in die hochverstrahlte Zone absprechen will, in Kiew ein Restaurant, in dem wir original ukrainisch essen können. Laufen an glitzernden Geschäften vorbei. Armani-Anzüge und Chevrolet-Autos. Luxus so teuer wie auf dem Ku'damm.

Ich frage zwei junge Leute nach einem typischen Kleine-Leute-Restaurant. Sie beratschlagen lange, erklären uns den Weg ausführlich, und als sie merken, dass wir es trotzdem nicht finden werden, laufen sie mit uns 20 Minuten bis zu einem ukrainischen Nationalitätenrestaurant. Selbstbedienung, aber traditionell und billig. Als wir unseren Begleitern – Studenten des Maschinenbaus – 2 Euro in die Hand drücken wollen, lehnen sie empört ab. Wir wären Gäste in der Ukraine. Und ein Gast sei so ehrfurchtsvoll wie Vater oder Mutter zu behandeln.

Wir löffeln Borschtsch, die ukrainische Rote-Bete-Suppe, essen gefülltes Kiewer Kotelett und trinken Kwass. Die Welt ist wieder in Ordnung. Die Moral der jungen Leute im Lande auch noch. Vermute ich.

Am Morgen überwinde ich mich, lege Plastebeutel auf die versifften Ziegelsteine und dusche.

Weil es in unserem »Hotel« weder einen Wasserkochtopf noch gar ein Buffet gibt, serviert Köppler das Frühstück im Büro der Kommandantin. Er hat die Reste von unserem Proviant zwischen Akten und Papieren aufgebaut.

Während wir essen, rasiert sich Hartmut mit einem ratternden elektrischen Ungetüm. »Einer der ersten Apparate, die in der DDR hergestellt wurden«, sagt er stolz. Nach der Rasur offenbart er kleinlaut, dass die Messungen in den höchst verstrahlten Gebieten um Tschernobyl ausfallen müssen. Das ukrainische Gesundheitsministerium möchte nicht, dass Professor Nestorenko, ein Belorusse, also Ausländer, Strahlungen an ukrainischen Kindern misst.

Ich erkläre, dass ich trotzdem in die Nähe des eingesargten Atomkadavers fahren will, um mit den Leuten, die immer noch bei Tschernobyl leben, zu sprechen, in ihre »Seelen zu schauen«.

Da öffnet Hartmut Köppler einen Bananenkarton, der bis zum Rand mit ukrainischen und deutschen Zeitungsartikeln über seine Hilfsaktionen gefüllt ist. »Du wirst auch in Kiew interessante Leute kennenlernen. Zum Beispiel eines von drei früher gehörlosen ukrainischen Kinderchen, denen ich für jeweils 20000 Euro ein Implantat einsetzen ließ. Oder Stanislaw Besljudko, dessen Vater, ein sowjetischer Offizier, in Potsdam beerdigt ist und für dessen Grabstein wir mit den ukrainischen Kinderchen Granitblöcke nach Berlin transportiert haben. Oder den 85-jährigen ukrainischen Juden Emil Alperin, für den ich 1998 eine lebensnotwendige Herzoperation in Bad Berka organisiert habe. Emil kommt heute Morgen mit dem Nachtzug aus Charkow an.«

Als er ihn uns eine Stunde später vorstellt, erschrecke ich vor dem müden Gesicht des alten Mannes, der in einer viel zu großen schwarzen Anzugjacke steckt. Es sieht aus, als ob die Orden die Jacke von seinen schmalen Schultern nach unten ziehen. Er versucht ein Lächeln. Seine dunklen Augen schauen dabei gütig, aber traurig wie bei E. T., wenn er »E. T. nach Hause telefonieren« sagt. Das einzig Strahlende an Emil Alperin ist der silberne Schlips mit den roten Punkten.

Ich frage ihn nach seinen Orden.

»Alle aus dem Vaterländischen Krieg.« Aber Orden, er winkt ab, Orden wären die eine Sache. Orden hätten alle bekommen. Die damals an der Front und die später in Tschernobyl. Orden würden nichts über die Geschichte eines Landes erzählen. Er würde manchmal in Schulen aus seinem kleinen Buch, das er geschrieben hat, über den Faschismus und den Krieg und die Verfolgung der Juden vorlesen.

»Aber keiner möchte heute so wie vor 20 Jahren noch wissen, wie es wirklich war. Wie Sowjetsoldaten, wie Partisanen, Frauen, Kinder und Kommunisten den Sieg mit ihrem Leben bezahlten. Ohne diese vielen Opfer hätte Hitler gesiegt! Heute redet man nur noch über Stalins Verbrechen vor und nach dem Krieg. Die kommunistische Idee nur noch als Verbrechen, kein Wort vom Sieg über den Faschismus, kein Wort über unser Leben früher in der Sowjetunion.« Er trage die alten Orden zwar noch, aber heute würden neue Orden an diejenigen vergeben, die ihre alten Orden längst verkauft hätten.

Günter unterbricht und erklärt, dass die Deutschen die Geschichte besser aufarbeiteten. In Berlin sei ein Denkmal für die toten Juden eingeweiht worden.

»Denkmäler sprechen so wenig wie Orden«, sagt Emil.

Bevor wir in die Sozialabteilung der Stadtverwaltung gehen, hole ich Wasser. Zwei überdachte Hydranten am Straßenrand. Drum herum stehen Bänke. Ein alter Mann und eine Frau, deren Kind in den Pfützen plantscht, sitzen am Brunnen. Vor dem Hydranten warten sechs Männer mit großen Wasserkanistern. Sie lassen mir, der ich nur eine leere Flasche in der Hand halte, den Vortritt. Ich frage, ob es ein besonderes Wasser ist.

»Schistaja – sauberes.« Der Brunnen wurde nach dem Unglück in Tschernobyl sehr tief gebohrt, so tief, dass weder das verstrahlte Kiewer Flusswasser noch andere radioaktiv verseuchte Sickerwässer in das Grundwasser gelangen konnten.

»Ist das Trinkwasser in Kiew wieder sauber?«, frage ich.

»Man weiß nie, wo die Strahlen sich noch versteckt halten«, sagt der alte Mann. »Das Brunnenwasser schmeckt besser. Es kommt tief aus der Erde. Und Erde, das ist Heimat.«

Er holt eine Flasche »Wässerchen« aus der Jackentasche, mit Brunnenwasser selbstgebrannten Wodka. »Auf meine verlorene Heimat«, sagt Nikolai. Er stammt aus einem Dorf nahe bei Tschernobyl.

»Nachdem wir am dritten Tag nach der Katastrophe von dort abgeholt und nach Kiew gebracht worden waren, erhielten meine Alte und ich drei Monate später eine Neubauwohnung, auf die andere sieben oder acht oder zehn Jahre warten mussten! Da spuckten uns Leute an, die uns Tschernobyl-Opfer zuvor mitleidig in ihren Bungalows aufgenommen und uns alte Möbel und Mäntel geschenkt hatten. Wir bekamen auch sofort Arbeit. Aber später, als es die Sowjetunion nicht mehr gab, wurden viele von uns arbeitslos. Auch ich verlor meine Arbeit als Kohlefahrer und meine Alte ihre auf den Feldern der Kolchose. Wir hockten den lieben langen Tag in unserer Neubauwohnung. Die Alte putzte jeden Tag die Fenster. Jeden Tag. Und vor drei Jahren sagte sie: ›Entweder, Nikolai, du kommst mit, oder ich gehe allein zurück!‹ Wir durften nur einmal im Jahr in unser Dorf in der 30-Kilometer-Zone fahren und Blumen auf das Grab der Eltern legen. Die Toten sind im Dorf geblieben. Unser Häuschen steht noch. Das Dach ist dicht. Ich hatte seinerzeit reichlich Teerpappe daraufgelegt. Jedes Mal, wenn wir im Dorf waren, begann die Alte, den Garten umzugraben, die kleinen Birken und das Unkraut herauszureißen. Einmal legte sie sogar Kartoffeln in das Gemüsebeet vor dem Haus. Und dann ging sie, wie sie angedroht hatte, wahrhaftig wieder zurück. Nun wohnt meine Alte allein in unserem verstrahlten Dorf. Auch in andere Dörfer sind alte Menschen zurückgekehrt, weil sie nicht mehr in der Stadt leben wollten. Die Behörden dürfen sie nicht mit Gewalt wegbringen, diese samosselzy, diese von selbst Zurückgekehrten. Man kann sie auch Selbstmörder nennen. Sie hat inzwischen eine Kuh, meine Alte. Und sie läuft einmal in der Woche 12 Kilometer, um außerhalb der 30-Kilometer-Zone ihre Rente zu holen und Salz und Mehl und Zucker zu kaufen. Manchmal kommen die Soldaten vorbei und trinken bei ihr einen Wodka. In dem kleinen Fluss neben unserem Haus fängt sie Fische. Die sind jetzt so groß, wie ich sie nie zuvor gesehen habe. Auch die Rüben sind größer als früher. Die Strahlen, sagt man, die Strahlen fördern das Wachstum. Aber meine Alte meint, ihr könnten die Strahlen nichts mehr anhaben. Ihre Haut sei schon wie Leder. Und Leder schütze vor den Strahlen.«

Er ist 78, und die Frau wird in diesem Jahr 80.

Auf dem Weg zur Stadtverwaltung, einem monströsen neuen Glaspalast, geht Emil Alperin immer langsamer. Aber er wird nicht müde, Hartmut zu erklären, dass es unmöglich ist, dass der weißrussische Professor Nestorenko sich in die medizinische Betreuung der ukrainischen Kinder einmischt und deren Strahlenbelastung misst. »Wir haben nicht mehr die Sojus, sondern unabhängige Staaten.«

Ihr Disput interessiert mich nicht. Ich will endlich nach Tschernobyl.

Die mollige Dame in der Sozialabteilung der Stadtverwaltung behauptet, dass es sehr schwierig ist, nach Tschernobyl zu fahren. Nicht einmal sie, die die Transporte (im Deutschen und Russischen gleichlautend!!!) der erholungsbedürftigen Kinder nach Deutschland zusammenstellt, käme in die offiziell unbewohnten hochverstrahlten Gebiete.

Ich frage, nach welchen Kriterien sie die Kinder für die Erholung in Deutschland aussucht.

Sie antwortet nicht. Erst als wir später an der Selbstbedienungsschlange der Kantine stehen und sie sich freut, dass ich mir als Einziger unserer Delegation begeistert Kascha, Brei aus Buchweizengrütze, auf den Teller löffle, sagt sie: »Es sind nicht mehr unbedingt die bedürftigen Kinder, die nach Deutschland fahren. Man kennt sich untereinander in Kiew, man hat Fürsprecher in der Stadtverwaltung, und schon gehört das Kind dazu, ob es gesund oder krank ist, ob es in Kiew lebt oder auf dem Dorf, ob die Eltern reich oder arm sind.« Sie selbst sei nur in einem Kiewer Stadtteil für diese Kindererholungsreisen verantwortlich, und außer dem Weimarer Tschernobyl-Verein gäbe es in Deutschland Dutzende anderer, die jährlich Kinder aus Tschernobyl mit großem Bahnhof in ihren Städten empfangen wollen.

»Habt ihr in der Ukraine keine Sanatorien, in denen sich strahlenbelastete Kinder erholen können?«, frage ich.

Sie lächelt und sagt nur: »Ihre Kascha wird kalt.«

Für den Nachmittag organisiert sie eine Fahrt in das Kindersanatorium von Puschtscha-Wodiza. Der dreigeschossige Bau aus Sowjetzeiten steht in einem parkähnlichen Mischwald. Der Direktor, ein schwarzhaariger, kräftiger, sehr laut sprechender Mann, führt uns mit dem Chefarzt durch das Haus, zeigt uns die Küche mit den großen Kochherden und Kesseln, die Behandlungszimmer und Aufenthaltsräume und das Labor, in dem medizinische Geräte, die an DDR-Polikliniken erinnern, stehen. Aber außer zwei weißbekittelten Laborschwestern, die eine halbe Stunde später die weißen Kittel gegen Strickjacken und Pullover getauscht haben, treffen wir keinen Menschen im Haus.

»Von Dezember bis März sind keine Kinder hier«, erzählt der Direktor.

In den 15 Stuhlreihen des Konferenzraums sitzen wir vier Besucher verloren wie in einem leeren Kino. Vor uns auf einer dreieckigen Tribüne thronen der Direktor, der Chefarzt und ein zweiter Arzt. Sie halten drei Kurzreferate. 150 Kinder im Alter von 6 bis 16 Jahren können sich pro Durchgang im Sanatorium erholen. Nach Tschernobyl haben vor allen Dingen die Schilddrüsenkrebserkrankungen zugenommen. Außerdem gibt es Anämie und eine Schwächung des Immunsystems durch die Radionuklide. Der ukrainische Staat stellt jährlich Mittel zur Verfügung, damit sich strahlengeschädigte ukrainische Kinder erholen können. Sie erhalten hier neben ärztlicher Betreuung zusätzlich Vitamine und natürlich strahlenfreie Lebensmittel. Pro Tag kosten der Aufenthalt und die Behandlung 25 Dollar. Leider würden sie nach den medizinischen Erfolgen, also der Verringerung der Radionuklide in ihrem Körper, zu Hause aus Not wieder verstrahltes Gemüse und Pilze und Beeren aus dem Wald essen müssen. In wenigen Wochen hätten sie die frühere Anzahl an Radionukliden im Körper.

Emil hat bei den Kurzvorträgen den Arm auf die vordere Sitzlehne gelegt, den Kopf darauf gebettet und ist wie ein kleines Kind eingeschlafen. Seine Orden aus dem Krieg baumeln in der Luft.

Eva fragt den Direktor, weshalb im April immer noch keine Kinder im Heim sind.

Nun ja, es werde ein bisschen renoviert, sagt der Direktor.

Nach den drei Kurzreferaten bittet er uns zu einem Umtrunk. Der Chefarzt und der Arzt verabschieden sich. Der Direktor schenkt den Wodka im Schnellverfahren ein. Nach dem vierten Glas erzählt er, dass er als Offizier lange Zeit in Dresden gedient hat. Nach dem fünften Wodka meint er lachend, deutsche Frauen seien sehr gut und vielleicht würden in Dresden ein oder zwei Kinder von ihm herumlaufen. Nach dem sechsten Wodka sagt er: »Im Heim sind keine Kinder, weil der ukrainische Staat uns in diesem Jahr kein Geld für die Behandlung von strahlengeschädigten Kindern überweist.« Deshalb vermietet er die Zimmer für Übernachtungen und behandelt Privatpatienten. »Es ist besser, als das Kindersanatorium schließen zu müssen.«

Ich will noch fragen, ob sich die »Tschernobyl«-Kinder nicht kostengünstiger hier in der Ukraine anstatt teuer in Deutschland erholen sollten. Aber nach dem siebten Glas gibt es possoschok, den traditionell letzten Schluck.

»Unser Kindersanatorium ist nicht das einzige in der Ukraine, das, weil niemand die Behandlung der verstrahlten Kinder bezahlt, leer steht«, sagt der Direktor. Er schlägt Eva beim Einsteigen zum Abschied auf den Hintern und wiederholt, dass die deutschen Frauen doch die besten seien.

Wieder in Kiew angekommen, ruht sich Emil Alperin vor der Stadtverwaltung auf einer Bank aus. Doch als ich mich zu ihm setze, richtet sich der kleine Mann kerzengerade auf, lächelt und sagt in gutem Deutsch: »Entschuldigen Sie bitte meine Müdigkeit, aber ich bin seit meiner Abreise aus Charkow 20 Stunden unterwegs und schon ein sehr alter und schwacher Mann.«

Zum Abendessen bei dem Unternehmer Stanislaw Alexandrowitsch Besljudko werden wir mit einem weißen VW-Bus abgeholt. Bis auf die Tschernobyl-Hilfe-Aufschrift gleicht er unserem Bus wie ein Ei dem anderen. Köppler hat ihn in Weimar beim selben Autohändler für den ukrainischen Freund erstanden.

Stanislaw Besljudko begrüßt uns vor seinem Einfamilienhaus am Rand von Kiew in einem Trainingsanzug, dessen Hose pludrig ist wie früher die Sportanzüge von »Dynamo«. Aber heute steht »Adidas« darauf. Ukrainer empfangen Gäste nur dann so leger, wenn sie altbekannte Freunde zum Essen und Trinken eingeladen haben. Stanislaw zeigt uns zuerst das zweigeschossige Haus. Die Räume sind sehr groß und entweder marmorkalt oder holzgetäfelt warm. Kunstblumen hängen an den Wänden und stehen auf Tischen und Schränken. Im offenen Kamin, der wohl noch nie gebrannt hat, liegen zwei ausgestopfte Hunde. Vor jedem ein dicker Plastikknochen. »Die zwei Hunde waren unsere Lieblinge«, sagt Stanislaw.

In der Küche stellt uns der Hausherr seine Frau vor. Sie nickt flüchtig und steckt sofort wieder Fleisch, Zwiebeln und Speck auf lange Schaschlikspieße. Gefeiert wird in einem Bungalow, der an das große Haus angebaut ist. Drei seiner Wände sind mit Brettern und Balken verkleidet und so üppig mit Kitsch dekoriert, wie ich es weder in Russland noch der Ukraine bisher gesehen habe. Auf Birkenholz gemalte tanzende Ukrainerinnen, aus Ton geformte Fische, künstliche Sonnenblumen, ein Wagenrad als Lampe an der Decke, an der Betonwand hängen getrocknete Maiskolben, ein Stück Fell von einem Wildschwein. In einer Nische ein alter Samowar. Die freien Stellen sind mit ukrainischen rot-weißen Tüchern geschmückt. Neben der Wagenradlampe hängt an der Decke ein Fernsehapparat. Das Nachrichtenprogramm läuft, und keiner von uns kann den Sprecher übertönen. Zu Füßen von Stanislaw liegt ein verängstigter Hund unter dem Tisch. Sobald Stanislaw den Raum verlässt, heult der Hund.

Nur der Hausherr, der sich in seiner Wohlbeleibtheit rekelt wie ein Mann, der mit seinem Leben rundum zufrieden ist, sitzt mit uns an dem langen Tisch, der unter der Last der Speisen fast zusammenbricht. Braten und geräucherter Stör, saure Gurken und Käse, eingelegte Pilze und Tomaten, Kaviar und dicke saure Sahne. Salate von Fisch und Reis, Rote-Bete-Suppe. Gebratene Würstchen, Schaschlik, Hühnerschenkel. Schampanskoje, Wodka und Cognac …

Der Hausherr spricht den ersten Toast auf seinen Freund Hartmut und dessen Freunde.

Emil nippt nur am Glas, dann nimmt er sich eine Scheibe Schwarzbrot, bricht sie in kleine Brocken und atmet den Brotgeruch ein. Isst sehr langsam. Auf der Fahrt hatte ich ihn gefragt, wie viel Rente er im Monat erhält. Umgerechnet 180 Euro. Das sei so viel, sagte er wie entschuldigend, weil er Frontsoldat war.

Den zweiten Toast bringt Stanislaw auf die Freundschaft zu den Deutschen aus. Sie hätten ihm gestattet, seinem Vater die Ehre zu erweisen und ein Grabmal auf dem Friedhof in Potsdam zu errichten. Günter erzählt, dass Stanislaw, Besitzer einer Förderbandfabrik, zufällig erfahren hatte, dass Hartmut Köppler einige Male im Jahr mit ukrainischen Kindern aus Kiew über Berlin nach Weimar fährt. Und weil sein Vater, ein Offizier des Vaterländischen Krieges, in Potsdam ohne ein in Granit gemeißeltes Porträt auf dem Grabstein beerdigt war, hatte er Köppler gefragt, ob er solch ein Denkmal, in kleine Blöcke zerteilt, mit den Kindern nach Berlin bringen könnte. Köppler sagte »im Namen der Solidarität« zu. Und so luden die Leute des Unternehmers Stanislaw Besljudko mit den Koffern und Kartons der Kinder auch Granitblöcke in die Abteile. In Berlin stand das Technische Hilfswerk bereit, lud die Blöcke aus und fügte sie auf dem Potsdamer Friedhof zusammen. Günter bestätigt, dass der Vater auf dem Grabstein dem Sohn Stanislaw zum Verwechseln ähnelt.

Stanislaw Besljudko war Bergmann, einer der ehrenvollsten Berufe im Steinkohleland Ukraine. Später stieg er im Ministerium bis zum verantwortlichen Abteilungsleiter für Bergbau auf. Damals, also zu Sowjetzeiten, hat er sein Haus gebaut. »Wenn alles, was darin Staatseigentum ist, aus diesem Haus herausmüsste, würde es zusammenfallen«, sagt er lachend. Nach der Wende vertrat er die Ukraine in Luxemburg bei Verhandlungen mit der EU. Das Land erhielt damals finanzielle Unterstützung, damit es wegen sogenannter Markt- und Kapazitätsbegrenzung der EU mehrere ukrainische Bergwerke dichtmachte.

Emil legt das Brot auf den Teller, und obwohl er sehr leise spricht, hören alle ihm zu, weil er bisher noch kein Wort gesagt hat. »Es war eine Schande, die ukrainischen Bergwerke zu schließen.« Er zeigt auf eines seiner Abzeichen an der Brust: das Treptower Ehrenmal und darunter der Schriftzug »Frontowiki 1941–1945«. »Wir haben den Reichtum unseres Landes, das Korn und die Kohle, im Krieg gegen die Eroberer verteidigt. Und heute verzichtet unsere Regierung für ein paar Millionen Dollar darauf.«

Wir sollten essen und trinken, fordert uns der Hausherr auf. Und obwohl nun alle Speisen aufgetragen sind und wir nach der Hausfrau fragen, sitzt sie nicht mit am Tisch.

Stanislaw hat die Fabrik für Förderbänder nach der orangenen Revolution günstig gekauft. Inzwischen ist sie zehnmal mehr wert. Außerdem besitzt er in der Nähe von Tschernobyl Turbinen, die von einem gestauten Fluss angetrieben werden. »Anstelle der Atomenergie gibt es nun saubere Wasserkraftenergie«, sagt er stolz und bietet uns an, uns mit 2000 Dollar pro Turbine an der neuen Firma »Turbo-Tom« zu beteiligen. Wir brauchten nur 32 Prozent Steuern zu zahlen und bekämen 10 Prozent Förderung. Er meint es ernst. »Nur 2000 Dollar.« Er blickt fragend in die Runde.

Wir schütteln lachend den Kopf. Nur Emil schaut den Hausherrn lange mit seinen müden Augen an und sagt: »Ich möchte kein Unternehmer werden. Man muss wohl dazu geboren sein, sich von einem Kohlekumpel in einen Unternehmer zu verwandeln und Profit zu machen. Denn wegen des Profits führen die Menschen Kriege, damals die Deutschen und heute die Amerikaner ...« Er war in der Sowjetunion kein Kommunist. »Ich war nur ein Jude und ein Sowjetmensch, der seine Heimat geliebt hat.« Und schweigt, bis wir uns vom neuen Unternehmer Stanislaw verabschieden.

Im Auto schläft er nicht. »Ich kann nicht mit Freunden feiern, ohne dass auch meine Frau am Tisch sitzt«, sagt er.

Ich frage Emil, wo er Deutsch gelernt hat. »Auf der Mittelschule in Odessa. Ich kannte Gedichte von Goethe und Schiller auswendig, zum Beispiel das ›Heideröslein‹: ›Sah ein Knab ein Röslein stehn, Röslein auf der Heiden ...‹«

Lange Pause. Dann sehr leise: »Aber das beste Deutsch habe ich in Buchenwald gelernt.«

Der Jude Emil Grigorjewitsch Alperin war über ein Jahr in Buchenwald und hat die Selbstbefreiung im April 1945 mitorganisiert. »Unsere Häftlinge, die in den Gustloff-Werken arbeiteten, hatten Waffen in das Lager geschmuggelt. Als die ersten amerikanischen Panzer in das Lager rollten, gab es dort keinen einzigen deutschen Wachmann mehr. Nicht die Amerikaner haben Buchenwald befreit.«

Danach schweigt der kleine Mann wieder.

Erst als ich hartnäckig weiterfrage, erzählt er sehr schnell im Stenogrammstil die Stationen seines Lebens. In Odessa als Kind eines bekannten Verdienten Schauspielers des Volkes aufgewachsen. Mit 18 an die Front. In der Schlacht bei Minsk explodierte sein Panzer. Gefangenschaft. Von deutschen Soldaten in Erdlöchern bewacht. »Wenn ein Gefangener floh, mussten wir vor den Löchern antreten. Jeder Zehnte wurde erschossen.« Zusammen mit 175 anderen Kriegsgefangenen von SS-Leuten nach Deutschland gebracht. »Zuerst in ein Zwischenlager, es hieß Stockebrück oder so ähnlich, und von dort in ein Lager, über dessen Tor ›Jedem das Seine‹ stand.

Buchenwald. Erst nach der Befreiung, als wir hinunter in die Stadt liefen, sagte man mir, dass ich in Weimar bin. In Weimar, der Stadt meiner Lieblingsdichter Goethe und Schiller.«

Er erzählt nicht von den Genickschussanlagen, nicht von den Verbrennungsöfen und auch nicht von ausgeschlagenen Goldzähnen. Stattdessen sagt er, dass es für ihn das Schlimmste gewesen ist, als er ukrainische Landsleute in SS-Uniform unter den KZ-Aufsehern erkannte. Es gab eine ukrainische SS-Division, die auf Seiten der deutschen Faschisten gegen die Rote Armee kämpfte. Sie töteten ukrainische Partisanen, brannten ukrainische Dörfer nieder.

»Ich habe sie tiefer gehasst als die deutschen Faschisten, diese ukrainischen Verbrecher. Aber heute werden diese Mörder an Tausenden Ukrainern und Sowjetsoldaten im Geschichtsunterricht zu Helden gemacht. Es waren ukrainische Helden, die gegen Stalins Sowjetmacht und für eine freie Ukraine gekämpft haben, sagen die neuen Machthaber. Damals Verbrecher – heute Helden. Die gleichen Taten und die gleichen Menschen. O Gott, auch die Geschichte ist käuflich.«

Als müsste er sich für das KZ-Thema entschuldigen, erzählt Emil danach von seiner Liebe zu deutschen Filmen. Vor dem Krieg hat er den Film »Der große Walzer« gesehen. Alle Lieder dieses Filmes konnte er pfeifen. »Und als ich im Zwischenlager vor der Strafbaracke Nummer 9 saß, pfiff ich einem Mitgefangenen die Lieder vor. Plötzlich hörte ich, wie der deutsche Wachmann vor dem Zaun die Melodien mitpfiff. Als er abgelöst wurde, sagte er: ›In zwei Stunden bin ich wieder dran, dann können wir zusammen weiterpfeifen!‹ Am nächsten Tag warf er ein Päckchen über den Zaun. Ich hatte Angst, bin aber zum Zaun gekrochen. In dem Päckchen lag Brot. Getrocknetes Brot, das nur die deutschen Soldaten erhielten. Es war der glücklichste Tag meiner Gefangenschaft. Wegen des Brotes und weil ich einen Augenblick in die Seele dieses Deutschen geschaut hatte.«

Gegen 22 Uhr bringen wir Emil zu seinem Zug. Hartmut Köppler verrät mir, dass Emil Alperin der Vizepräsident des Internationalen Buchenwaldkomitees ist. Im Zug hat er sich lediglich einen Sitzplatz reservieren lassen. Eine Schlafwagenkarte ist ihm zu teuer. Frühmorgens um 5 Uhr wird er wieder in seiner Heimatstadt Charkow sein. Der 85-Jährige war dann über 30 Stunden, ohne zu schlafen, unterwegs, um Hartmut Köppler wie jedes Mal, wenn er in Kiew ist, einen Tag lang zu begleiten. Köppler hatte ihm 1998 eine von der Thüringer Landesregierung finanzierte lebenserhaltende Herzoperation in Bad Berka organisiert.

»Man muss seiner Gesinnung, seinen Freunden und sich selbst treu bleiben«, sagt er, als wir uns zum Abschied umarmen.[*]

Am nächsten Morgen – wir fahren in die verstrahlte Gegend um Tschernobyl, nach Naroditschi – frage ich Köppler, weshalb der Unternehmer Stanislaw die Granitsteine nicht mit einer Spedition nach Deutschland bringen ließ.

»Er konnte auf diese Art mindestens 500 Dollar sparen. Und wir hatten eine ukrainisch-deutsche Solidaritätsaktion, an der viele beteiligt waren: der Tschernobyl-Verein, die Kinderchen, das THW. Es wurde ein in der Öffentlichkeit vielbeachtetes Symbol für die Solidarität.«

Auf der verstopften dreispurigen Ausfallstraße von Kiew rasen links und rechts Autos an uns vorbei. Man sagt: Wer in Kiew ein guter Autofahrer ist, macht, wenn es drei Spuren gibt und man schon auf fünfen fährt, noch eine sechste auf. Der ehemalige Fahrlehrer Günter flucht unentwegt. Und ich bin vor Entsetzen stumm, als wir auf der äußersten linken Spur fahren und ich neben uns auf der siebenten Spur, die es gar nicht gibt, Krüppel auf »Rollstühlen« sehe. Mit den Händen auf den Boden schlagend, treiben sie ihr Gefährt aus Boh-

[*] Emil Alperin starb am 26.9.2008.

len und vier Rädern voran. Wenn die Autos im Schritt fahren oder an Kreuzungen halten müssen, heben die Krüppel ihre oft verbundenen Hände und hoffen auf eine Münze. Eine Frau schiebt ihren Mann im Rollstuhl neben den Autos hin und her. Die Dolmetscherin sagt: »Es sind Kriegsversehrte oder Tschernobyl-Opfer.« Einer streift unsere Seitenwand. Er hinterlässt einen Kratzer in unserer schönen »Weimar hilft Tschernobyl«-Lackaufschrift.

Als wir nach einer Stunde die Vier-Millionen-Stadt hinter uns gelassen haben, wird der smoggraue Himmel blau. Die Birken rechts und links der Fernverkehrsstraße schmückt neues Grün, aber fast auf jeder wachsen Misteln, diese Schmarotzer. Kilometerweit nur Felder und Wiesen. Nach einer weiteren Stunde sehen wir die ersten wie von einem Fluch verwunschenen Holzhäuschen. Aus ihren Dächern wachsen Bäume. Vor den glaslosen Fenstern wehen Gardinenfetzen wie Schleier im Wind. Auf der Fernverkehrsstraße warnt das Schild: »Vorsicht, Fußgänger«, aber kein Autofahrer muss vorsichtig sein. Hier lebt niemand mehr. Inmitten der Häuschen, deren Farbe abgeplatzt ist, fällt mit ihrer Buntheit nur noch die Kirche auf. Davor steht ein Schild: »Auch Gott hat uns verlassen.«

»Trotzdem«, sagt die Dolmetscherin, »trotzdem sind nach der Katastrophe viele Betroffene wieder gottgläubig geworden, denn etwas Überirdisches, Unfassbares war geschehen. Immer hatte der Mensch die Katastrophen, ob Feuersbrünste, Seuchen, Kriege, Überschwemmungen oder Hungersnöte, durch seine Sinne wahrnehmen können.« Aber mit Tschernobyl sei ein geheimnisvolles, nie vorher gekanntes Sterben über die Menschen gekommen, dessen Ursache man nicht sehen, nicht fühlen und nicht hören konnte. »Dem Strahlentod von Hiroshima und Tschernobyl steht der Mensch ohnmächtig gegenüber. In dieser Ohnmacht beginnen viele wieder zu Gott zu beten. Die Fische sind nach der Katastrophe durch die Strahlen des Todes größer geworden als sonst irgendwo, der

Klatschmohn röter, das Gras grüner und der Mensch ohn-
mächtiger.«

Im zentral gelegenen Naroditschi wohnten 17000 Menschen. Der Staat hatte nach der Katastrophe zwar für die
Betroffenen Häuser außerhalb der strahlungsgefährdeten Gebiete gebaut, aber manche blieben in den verstrahlten Orten
oder kamen, weil es keine Arbeit gab, wieder zurück. 4000
Menschen leben jetzt in Naroditschi.

In den langen Gängen der Kinderklinik sitzen dicht-
gedrängt Mütter mit ihren Kindern. Trotz der weiß gekalk-
ten Wände ist es dunkel in diesen Gängen, die Türen und
Fensterrahmen sind dunkelbraun gestrichen. Jelena Missjuk,
eine 38-jährige Ärztin, erklärt, dass sie nicht genau sagen
kann, ob die Halsentzündung, der Durchfall, der Kopf-
schmerz der Kinder, die hier sitzen, Folgeerscheinungen von
Tschernobyl sind. »Nur dass die Zahl der Schilddrüsenerkran-
kungen bei Kindern im Ort fast um das Hundertfache gestie-
gen ist, das ist garantiert eine Folge von Tschernobyl.«

An den Wänden hängen Plakate und Anweisungen, wie
man die Konzentration der Radionuklide im Körper der Kinder senken kann. Bunte Bilder von Roter Bete und Karotten,
die Radionuklide binden sollen. Zink- und Chromtabletten
werden angepriesen. Und auf einem gedruckten Flugblatt stehen 20 Jahre nach der Katastrophe die aktuellsten Ratschläge:
Fischköpfe nie auskochen, weil sich im Kopf die Radionuklide konzentrieren. In von Strontium verseuchten Gebieten
keine Fleischbrühe trinken, weil sich das Strontium in den
Tierknochen eingelagert hat. Wildfleisch, das hochverstrahlt
ist, darf man essen, wenn man es einige Tage in Marinade ein-
legt, die Marinade nimmt die Radionuklide auf. Butter ist weniger kontaminiert als die Milch, aus der sie hergestellt wird.
Kartoffeln müssen immer geschält werden, weil sich 80 Prozent der Radionuklide in der Schale sammeln.

Die Ärztin versucht die Wirkungsweise der seinerzeit in die
Atmosphäre geschleuderten radioaktiven Atome zu erklären.

»Man unterscheidet zwischen der externen Strahlung, also der von außen kommenden, und der viel gefährlicheren inneren Strahlung, die wirkt, wenn der Mensch Radionuklide eingeatmet, gegessen oder getrunken hat. Außerdem haben die Strahlungen unterschiedliche Wirkungen. Lebt der Mensch in einem von Gammastrahlern wie Cäsium 137 verseuchten Gebiet, ist es, als ob er jahrelang in einem Röntgenapparat steht. Die Betastrahler, also beispielsweise Strontium, dringen dagegen ins Gewebe ein. Sie zerstören die Zellen, lagern sich in Knochen ab, zerstören die roten Blutkörperchen, so dass es zu Leukämie oder Knochenkrebs kommen kann. Plutonium als Alphastrahler dringt von außen nicht in die Haut ein, aber wenn man es einatmet oder mit der Nahrung aufnimmt, kann es, weil es sich in Leber, Knochen und Nieren einnistet, tödlich sein.«

199 Tonnen Urandioxyd haben bei der Katastrophe im Reaktor gelegen. Davon gelangten 4 Tonnen in die Atmosphäre. Schon zwei Jahre nach der Katastrophe gab es in Naroditschi viele Missgeburten. Schweine mit zwei Köpfen und Kälber mit sechs Beinen. Und das Lymphgewebe der Kinder veränderte sich krankhaft. 1985 mussten nach Reihenuntersuchungen lediglich vier Kinder wegen Lymphveränderungen behandelt werden. 1987 schon 220. Auch die Zahl der alten Menschen, die an Krebs sterben, ist größer geworden.

Das könnte man allerdings nicht immer auf Tschernobyl zurückführen, sagt die Ärztin. »Zu Sowjetzeiten wurden alle krebskranken Menschen aus dem Umland in einer Spezialklinik in Kiew behandelt. Heute haben viele Krebskranke nicht einmal das Geld, um eine Fahrkarte nach Kiew zu kaufen, geschweige denn den Bestechungsobolus zu bezahlen, damit die Ärzte sie operieren. Sie sterben hier sehr leise.«

Tschernobyl sei längst kein medizinisches Thema mehr. Es wären politische und soziale Veränderungen im Land nötig.

Sie zeigt auf einen an der Wand hängenden Kalender mit Bildern von Julia Timoschenko, der früheren Premierministerin. Ein Kranz aus Ähren und Mohnblumen schmückt ihr blondes Haar und ihr lachendes Gesicht. »Aber es ist gleich, ob wir Janukowitsch, der Russland unterstützt, oder Julia Timoschenko und Juschtschenko, die uns enger an die USA binden wollen, wählen. Alle interessiert nur, wie sie an der Macht bleiben oder an die Macht kommen. Das Schicksal des ukrainischen Volkes, der kleinen Leute um Tschernobyl, der verstrahlten Kinder dagegen …«

Die Ärztin winkt ab. Und sagt, dass sie trotzdem in der Klinik für die Kinder alles tun, was möglich ist. »In unserem Kreis leben 1700 Kinder. Zweimal im Jahr werden sie auf einem speziellen Strahlungsmessstuhl untersucht, um festzustellen, wie hoch die Zahl der Radionuklide ist, die sich, je nachdem was sie gegessen oder wo sie sich aufgehalten haben, sehr schnell verändern kann.«

Der große, mit Leder gepolsterte Stuhl ähnelt einem elektrischen Stuhl. Nur dass hier durch die Kabel und Gurte kein Starkstrom zugeführt, sondern Schwachstromsignale abgeleitet werden.

Ab 200 Maßeinheiten sind die Radionuklide gefährlich, sagt die Ärztin. Da könne es bei Kindern Dauerschäden geben. »Manche in Naroditschi haben bis zu 500 Maßeinheiten.«

Ich frage die Ärztin, die seit 13 Jahren hier arbeitet, ob sie ihre eigenen Strahlenwerte misst.

»Ja, ich habe 15 Einheiten.«

»Und Ihre Kinder?«

»Bei meinem 7-jährigen Sohn und meiner 12-jährigen Tochter liegen die Werte praktisch bei null.« Als müsste sie sich entschuldigen, erklärt sie: »Mein Mann verdient gut, und wir können uns teure Lebensmittel, Kartoffeln, Gemüse, Fleisch und Milch, aus den unverstrahlten Gebieten kaufen.«

Weil wir strahlengeschädigte Kinder kennenlernen wollen, fährt sie mit uns in die Stadt.

Wir steigen an einem flachen Holzhaus aus. Im Garten wachsen Kohl und Salat. Swetlana Diduch, eine schlanke Frau mit kurzem schwarzem Haar und schmalem Gesicht, öffnet uns. Ihre zwei Söhne, der 13-jährige Maxim und der 12-jährige Artjom, stehen, während wir in den Sesseln sitzen, wie brave Soldaten an der Zimmertür.

Eva bittet die Frau um ein Glas Wasser. Die Frau schüttelt den Kopf und dreht den Hahn auf. Das Wasser ist braun wie nach einer Überschwemmung.

»Vielleicht einen Kaffee. Da sieht man die Farbe nicht, und das Wasser ist abgekocht«, sagt die Frau.

Beide Kinder leiden seit Jahren an chronischer Gastritis. »Die Mutter kann ihnen nichts anderes dagegen kaufen als Kohletabletten«, sagt die Ärztin.

Swetlana Diduch war Lehrerin. Später arbeitete sie in der Gemeindeverwaltung. Aber weil sie sich politisch für Janukowitsch und nicht für den amerikafreundlichen regierenden Juschtschenko engagierte, wurde sie entlassen.

»Wir leben seit zwei Jahren nur von der Hilfe meiner Eltern. Sie geben uns die Hälfte ihrer geringen Rente. Manchmal bringen auch Verwandte oder die Geschwister etwas Essen vorbei. Einen Mann habe ich nicht und auch sonst niemanden, der für die Kinder zahlt.«

Ich sage, dass sie trotzdem ein schönes Haus hat.

»Der Besitzer ist nach der Tschernobyl-Katastrophe wie Tausende andere, die das Geld hatten, von hier weggegangen. Die leerstehenden Häuser wurden unter denen, die zu arm waren, um sich vor den Strahlen in Sicherheit zu bringen, verlost. Eine Lotterie der Todesstrahlen. Wir haben dieses verstrahlte Haus und den verstrahlten Garten gewonnen. Im Garten werden die Radionuklide gemessen. An manchen Stellen ist die Erde schon wieder gesund. Aber wenn die Kinder Hunger haben, und sie haben oft Hunger, gehen sie in den Wald und essen Beeren.«

Ich frage die Kinder, was sie werden möchten.

»Kinderarzt«, sagt Maxim.

»Auch ein Arzt«, sagt Artjom.

Eva dreht den Hahn noch einmal auf. Das Wasser bleibt braun.

»In der Tiefe ist das Wasser klar«, sagt Swetlana Diduch. »Manche Leute im Ort haben schon sauberes Wasser, aber einen Brunnen zu bohren kostet 200 Euro.«

Eva fragt nach: »200 Euro?«, und rechnet aus, dass für 7000 Euro, also beispielsweise das Geld, das der alte VW-Bus ge-kostet hat, 35 Familien einen Brunnen und sauberes Wasser bekommen könnten.

Von der »wohlhabenden Gegend«, in der die Hauptstraße geteert ist, fahren wir in die »arme Gegend«, in der die Lehm-piste ausgespült ist und die Häuser noch geduckter sind. Im Haus Swelowa 89 will die Ärztin uns ein Kind mit Strahlen-werten von über 400 vorstellen. Es ist niemand zu Hause. Die Nachbarn sagen, dass viele Familien, wie es in dieser Woche vor Ostern Tradition ist, in der Ukraine oder der ehemaligen Sowjetunion unterwegs sind, um die in der Fremde begrabe-nen Verwandten zu ehren.

Auf der Fahrt ins Neubaugebiet erzählt die Ärztin, wie sie, damals 17 Jahre alt, die Katastrophe erlebt hat. »Wir wohn-ten 60 Kilometer vom Kraftwerk entfernt. Der 28. April war ein sonniger Tag. Wir gingen wie immer in die Schule. Zwei Tage darauf erfuhren wir von dem Unglück in Tschernobyl. Aber erst einen Monat später erklärte man uns, dass es nach dem Unfall gefährliche Strahlen gibt. Und beim letzten Klin-gelzeichen vor den Ferien verkündete der Schuldirektor: ›In zwei Stunden werden alle Kinder evakuiert.‹ Man brachte uns nach Moskau. Als die Ferien zu Ende waren, kamen wir alle hierher zurück.«

Die vierstöckigen Häuser im »Neubaugebiet« von Naro-ditschi sind nicht aus Großplatten mit dem Kran errichtet, sondern Stein auf Stein gemauert. Bei einem der immer noch unverputzten Häuser haben die Maurer die Ziegel Fuge auf Fuge gesetzt. Ein Kind versucht, eine alte betrunkene Frau, die neben dem Haus liegt, aufzuheben.

Wir gehen in eines der Häuser. Der Treppenflur ist dunkel, es gibt keine Beleuchtung. Die meisten Wohnungstüren sind nackte Eisentüren, nur einige von außen mit Kunstleder gepolstert. Die Ärztin bittet uns, vor der Wohnungstür zu warten. Sie weiß nicht, ob die Familie möchte, dass wir die Wohnung betreten.

Ein Mann mit schon gelichtetem Haar öffnet. Hinter ihm versteckt sich ein vielleicht 12-jähriger Junge. Der Mann ruft die Frau. Sie trägt eine rote Bluse mit chinesischen Schriftzeichen, Lotosblüten und dem Bild einer jungen Chinesin. Als wir uns vorstellen, senkt sie die Augen, sagt, ohne aufzublicken, »Galina Malai«, und bittet uns herein. In dem kleinen Wohnzimmer liegt ein fünf Jahre altes Mädchen auf dem Sofa. Seine Hände sind gekrümmt, es schlägt den Kopf hin und her. Der Mann nimmt es behutsam hoch und trägt es umher. Die Ärztin sagt, man könne nicht wissen, ob es Spätfolgen von Tschernobyl seien.

Bei dem Jungen hat sie zuletzt über 400 Maßeinheiten festgestellt. Vater und Mutter Malai sind arbeitslos. Sie, früher Melkerin, schon seit fünf Jahren. Er arbeitete im Wald, wo die Strahlung noch am höchsten ist. Vor zwei Jahren machte das Holzkombinat dicht. Beide erhalten keine Arbeitslosenhilfe.

»Sie bekommen lediglich umgerechnet 25 Euro für die Betreuung ihrer behinderten Tochter«, sagt die Ärztin.

Mit diesen 25 Euro bezahlen sie die Miete.

Und zum Leben?

»Serjosha, der 12-Jährige, holt Beeren und Pilze aus dem Wald, und manchmal findet der Mann für einen Tag eine Gelegenheitsarbeit. Gärten gibt es vor den Neubaublocks nicht.«

Die Augen des Jungen sehen müde aus wie die eines alten Mannes.

Hinter dem Sofa hängt ein bunter Wandteppich mit einem schlossähnlichen Haus am Meer. Rote Rosen blühen davor.

»Jalta auf der Krim?«, frage ich.

Sie wissen es nicht. »Wir waren noch nie am Meer. Aber schön ist das Bild«, sagt der Mann.

Eva geht nach unten und holt Süßigkeiten und Kleidungsstücke aus dem Bus. Verstohlen, um die Eltern nicht zu beleidigen, lege ich, was ich noch nie in meinem Leben getan habe, heimlich Geld unter die Geschenke.

Ich frage die Ärztin, ob sie die Kinder für die Erholungsreisen nach Deutschland aussucht.

»Nein, von meinen Patienten war noch kein Kind in Deutschland.«

Ich habe mir die Adresse von Maxim, Artjom und Serjosha aufgeschrieben. Als ich sie Köppler gebe, sagt der: »Wer nach Deutschland zur Erholung fährt, das wird in Kiew entschieden.«

Am übernächsten Tag wollen wir im Waisenheim von Rakitnoje den Bus übergeben.

Und dann fahren wir mit dem Zug und einer Kinderkulturgruppe zurück nach Deutschland.

Mein erster Versuch, mich Tschernobyl zu nähern, ist gescheitert.

Und auch für Kiew bleiben Eva und mir nur wenige Stunden. Wir zählen die großen und kleinen goldglänzenden Kirchenkuppeln der Stadt. Und geben es bei zehn auf. Das Innere der Kirchen sparen wir uns und gehen die Prachtstraßen entlang, vorbei an Geschäften mit westlichen Markenklamotten und amerikanischen Limousinen, leisten uns in einem Restaurant einen Eiskaffee für 5 Euro (ein Fünftel dessen, was die Familie mit dem behinderten Kind im Monat zum Leben hat), finden die Markthallen, in denen sehr dicke Käseverkäuferinnen nebeneinander hinter den Ladentischen hocken wie Hühner auf der Stange und Fleischer blutige, an Haken baumelnde Kalbsköpfe verkaufen. Wir staunen immer wieder über das Bezahlsystem in den Kleinbussen, bei denen man hinten einsteigt, dem vor einem Stehenden einen Schein gibt und mit den Fingern die Anzahl der Billetts anzeigt. Geld und Zeichen werden weitergegeben, bis sie beim Fahrer anlangen und irgendwann auf dem gleichen Weg Wechselgeld und Billett zurückkommen.

Am Kiewer Opernhaus verkündet ein Plakat, dass heute »Aida« gespielt wird. Ich schlage Eva vor: »Wenn schon nicht die moderne Tschernobyl-Katastrophe, dann wenigstens die klassische ägyptische Tragödie.« Die Vorfreude ist kurz. Die Frau an der Kasse sagt nicht auf Ukrainisch, sondern auf Russisch: »Biletow bolsche net – es gibt keine Karten mehr.«

Zwei Meter neben der Kasse steht ein junger Mann. Schwarze Haare, schwarzes Hemd, schwarze Hose und schwarzes Jackett. Aus dem schwarzen Jackett holt er eine dicke Brieftasche mit einem dicken Bündel Eintrittskarten. Auf Russisch fragt er: »Bilety chotite – möchten Sie Karten?« und nickt der Frau an der Kasse zu. Wir könnten noch aussuchen, Parkett, erster Rang, zweiter Rang, Loge oder Loge letzte Reihe. »Loge letzte Reihe«, sagen wir. Die Karten sind dreimal so teuer wie an der Kasse, kosten aber trotzdem zusammen nur 12 Euro. Verdis »Aida« in der Loge des Kiewer Opernhauses für 6 Euro!

Am Abend ist das Theater bis auf den letzten Platz gefüllt. Der schwarz gekleidete Mann hat alle Karten verkauft. Als »Logenplatz letzte Reihe« finden wir zwei Holzstühle, die noch hinter die abgetrennten Logen gestellt sind. Weil der Fußboden an dieser Stelle schon schräg ist, kippeln die Stühle. Doch nach jedem Akt der Oper, die traditionell mit altägyptischen Kostümen ausgestattet ist, gibt es eine Pause. Wir können dann die nach vorn gerückten Stühle nach hinten rücken und uns, möglichst still sitzend, wieder dem kulturellen Vergnügen hingeben.

Am letzten Tag fahren wir zum eigentlichen Ziel unserer Tschernobyl-Hilfsaktionsreise, in das Waisenheim von Rakitnoje. Vor dem Waisenheim, das wie ein Sanatorium in einer Parklandschaft steht, wartet schon die Direktorin Swetlana Adamowna Krjatschok, die Mutter des jungen Mannes, der uns an der ukrainischen Grenze empfangen hat. Als sie das

Auto mit Hartmut am Steuer sieht, trommelt sie die Kinder aus dem Haus. Sie entrollen ein Spruchband: »Djakujem, Hartmut – danke, Hartmut« und überreichen dem strahlenden Mann auf einem weiß-roten Tuch das symbolische Willkommensbrot. Die Direktorin hält eine kleine Rede. Sie hätte die Bitte nur einmal ausgesprochen, sagt sie, und sofort sei sie von Hartmut erfüllt worden, wie so viele andere Wünsche des Waisenheimes. Der Bürgermeister erscheint, dankt ebenfalls und verspricht, dass er aus der Gemeindeverwaltung einen Fahrer für den Bus bestimmen wird.

Ich versuche die Direktorin allein zu sprechen und sie nach ihrem Sohn zu fragen. Aber sie geht mit uns von Zimmer zu Zimmer, zeigt als Erstes die Wandzeitung mit Farbfotos von den Kindern auf einer Exkursion in Kiew, in einem ukrainischen Erholungsgebiet und in einem Freizeitcenter.

»Wie kommen sie dort hin?«, frage ich.

»Mit dem Zug oder dem Bus. Wir haben hier gute Verkehrsanbindungen.«

In den Klassenzimmern stehen alte Computer, in der Küche moderne Großraumherde, in den Schlafräumen stabile Betten.

»Im Heim gibt es keine Kinder mit Spätfolgen von Tschernobyl«, sagt die Leiterin. »Rakitnoje ist von Tschernobyl einhundert Kilometer weiter entfernt als Kiew von Tschernobyl.«

Die Kinder tragen die Kartons vom Auto ins Heim. Packen sie aus. Es sind Plüschtiere und Klamotten darin. »Keine neuen Fernseher, Hartmut?«, fragen sie enttäuscht.

»Viele von ihnen waren durch die Fürsprache von Hartmut schon zur Erholung in Deutschland«, sagt die Direktorin.

Die älteren Mädchen streiten sich um die modischen Sachen, die Eva von ihren 15- und 21-jährigen Töchtern mitgebracht hat.

Später gehe ich mit der Direktorin in den Garten. Ich frage endlich nach ihrem Sohn.

Sie schweigt. Ich erzähle, dass wir das Begrüßungsessen in

der Kaserne der Grenzsoldaten bezahlen mussten. Und dass der betrunkene Sohn, nachdem er Köppler die von ihr geschenkte Uhr weggenommen hat, wortlos in Kiew ausgestiegen ist.

Da beginnt sie zu weinen. Und ich entschuldige mich verlegen.

Doch sie sagt laut, als beträfe es nicht den eigenen Sohn: »Wissen Sie, der russische Mensch, gleich, wie schlecht es ihm ging, hat immer gesagt: ›Wir müssen die Zähne zusammenbeißen, wir müssen entbehren und arbeiten, damit es unseren Kindern, damit es der neue Generation einmal bessergeht.‹ Aber nun, wo die Menschen zu Raubtieren werden, sagen viele junge Leute: ›Wir wollen nicht dafür arbeiten, dass es unseren Kindern vielleicht einmal bessergehen wird! Wir wollen dafür leben, dass es uns jetzt gutgeht.‹ Mein Sohn hat keine Skrupel mehr. Und er missachtet sogar das Heiligste, das es für einen Ukrainer gibt: die Gastfreundschaft gegenüber einem Fremden.«

Am nächsten Morgen fahren wir zurück nach Deutschland. Niemand verabschiedet uns. Günter, der Mann vom THW, räumt das Zimmer auf. Er setzt zum Schluss das Kopfkissen aufs Bett und kantet es akkurat in der Mitte.

Der Abschied von Kiew fällt mir leicht. Zum ersten Mal nach einer Reise in die Sowjetunion oder die nun unabhängigen Länder der ehemaligen Sowjetunion lasse ich nur einen neugewonnenen Freund zurück. Und im Toilettenwaschraum des Schlafwagens, in den am Morgen Frauen in Trainingsanzügen mit Tränensäcken unter den Augen hineingehen und geschminkt in kurzen Röcken wieder herauskommen, liegt sogar ein Teppich.

Die 21 ukrainischen Kinder, die mit uns in das Erholungslager des Weimarer Tschernobyl-Vereins, eine alte Schule in Mattstedt bei Apolda, fahren, sind gut gekleidet. Sie zeigen sich ihre Fotoapparate, ihre Handys und Computerspiele.

Hartmut geht von Abteil zu Abteil und lernt ihre Namen auswendig. »Damit ich meine Kinderchen mit ihren Vornamen ansprechen kann.«

Eine schier endlose Fahrt durch die Weite der Ukraine in Richtung Polen. Wenn der Zug hält, laufen Frauen durch die Gänge und bieten Pelmeni, Eis und saure Gurken an. In unserem Abteil sitzt ein junger Ukrainer, der seine Eltern besucht hat und nach Los Angeles zurückfliegen will, wo er Geschäfte macht. Seine Mutter hat ihm weißes Brot und ein gebratenes Huhn mitgegeben. Er teilt es mit uns.

Auf dem Bahnhof in Brest, der Grenzstation zu Polen, stehen die Räder und Achsen für den Spurwechsel neben dem hydraulischen Wagenheber. Von der weiten russischen Spur (1,52 Meter) wechseln wir in die enge europäische (1,435 Meter). Reporter wie Weiskopf und Fučík haben in den vierziger Jahren diesen technischen Spurwechsel euphorisch als optimistischen welthistorischen Spurwechsel beschrieben: aus der Enge des europäischen kapitalistischen Schienenstrangs kommend, in die Weite der sowjetischen kommunistischen Spur fahrend.

Ich sehe ohne symbolische Deutung aus dem Fenster. Beobachte lediglich das technische Wunder, wie ein Waggon in die Höhe gehievt und nach dem Rad- und Achsenwechsel von der weiten auf die schmale Spur gestellt wird.

In Berlin verabschieden wir Günter, der auf der Reise nicht nur ein ausdauernder Chauffeur war, sondern an den Kiewer Bushaltestellen vorsorglich weggeworfene Schnapsflaschen von der Straße aufgelesen hat, damit keine Autos zu Schaden kämen, und der in den Schlafwagenabteilen mit seinem THW-Vierkant die verschlossenen Müllbehälter öffnen konnte.

Die ukrainischen Kinder, Köppler, Eva und ich fahren weiter in Richtung Erfurt. Kurz vor Apolda sagt Hartmut Köppler dem mit bayrischem Akzent sprechenden ICE-Schaffner, dass der Zug heute außerplanmäßig in Apolda halte. Das hätte er mit der Direktion der Deutschen Bahn vereinbart. »Immer, wenn ich mit einer Gruppe Tschernobyl-Kinder aus Berlin komme, hält der ICE in Apolda, damit die Kinderchen leichter in das nur 8 Kilometer von Apolda entfernte Mattstedt kommen.«

Der Schaffner lacht nur. Als Hartmut hartnäckig bei seiner Behauptung bleibt, verspricht der Bayer, dass er den Fahrdienstleiter anrufen werde. »Der ICE hält nie in Apolda. Nie, sage ich.«

10 Minuten später eine Ansage: »Außerplanmäßig hält der Zug heute in Apolda.«

Die lokale Presse hat Hartmut schon für den Empfang auf dem Bahnhof bestellt.

Zwei Tage später rufe ich Galina Wolina an, die ukrainische Tagebuchschreiberin, die von Paschka erzählt hatte, der, ein Jahr nachdem er unter dem brennenden Reaktor getaucht war, gestorben ist.

»Haben Sie den Atomsarg von Tschernobyl gesehen?«, fragt sie.

»Nein«, sage ich.

»Und haben Sie in die Seele der Menschen in der hochverstrahlten verbotenen 30-Kilometer-Zone um Tschernobyl schauen können?«

»Nein«, sage ich. »Ich habe es nicht einmal geschafft, in die Seelen der deutschen Tschernobyl-Helfer zu schauen.«

Das sei doch einfach, sagt sie. »Wer still hilft, hilft anderen. Wer laut hilft, hilft auch sich.«

Zweiter Versuch

In Galinas Tagebuch fand ich auch das Foto eines Mädchens, dessen blonde, mit roten Schleifen geschmückte lange Zöpfe dicker als ihre Ärmchen waren.

»Lesen Sie ihre Geschichte«, sagte Galina. »Sie ist kurz. Danach können Sie zwar noch nicht in die Seelen der Menschen von Tschernobyl schauen, sie vielleicht aber besser verstehen.«

Olga Danilschenko ist 15 Jahre alt, sieht aber wie 10 aus und wohnt in einem Dorf 100 Kilometer von Kiew und 40 Kilometer von Tschernobyl entfernt. Ihre Mutter Soja lebt seit dem frühen Tod des Mannes, eines Liquidators, mit Olga und der Babuschka in zwei winzigen Zimmern. Weil Soja seit drei Jahren arbeitslos ist, müssen sie sich zu dritt von 840 Griwna (umgerechnet 120 Euro) Sonderrente, welche die Großmutter erhält, weil ihr Mann beim Sturm auf Hitlers Führerbunker in Berlin gefallen ist, durchschlagen.

»Als die 14-jährige Olga im Herbst 2006 an einer Unterleibsentzündung erkrankte und tagelang mit hohem Fieber und Schmerzen im Bett lag, machte die Mutter kalte nasse Umschläge und kochte Tee von getrockneten weißen Taubnesselblüten. Doch nichts half. Der Arzt riet, das Kind auf dem schnellsten Weg nach Kiew zu bringen. Die Nachbarn borgten Soja das Geld für die Busfahrt. In der Klinik behaupteten die Ärzte, wenn man Olga eine Woche lang Antibiotika gebe und danach sofort operiere, könne sie später problemlos Kinder bekommen. Wenn nicht, dann …«

Die Medizin koste allerdings 840 Griwna, und für den operativen Eingriff müssten die Ärzte mindestens 2 500 Griwna erhalten.

Soja hängte sich ein Pappschild »Ich bitte um eine Spende für Medikamente und eine lebensnotwendige Operation meiner Tochter Olga« um den Hals und stellte sich mit einem leeren Schuhkarton in der Tolstowo, der Kiewer Luxus-Ladenstraße, neben eine Bankfiliale. Am ersten Abend lagen 340 Griwna in dem Schuhkarton. Da schrieb sie (bis zu ihrer Entlassung hatte Soja Fremdsprachen unterrichtet) den Betteltext auf Englisch und setzte sich mit dem Schuhkarton vor das Kiewer Touristenwahrzeichen, das historische »Goldene Tor«. Sie erhielt 670 Griwna. Am nächsten Morgen wurde sie von einer Polizeistreife festgenommen. Soja gab dem Vorgesetzten 100 Griwna. Unter der Bedingung, sich nicht mehr im Stadtzentrum aufzuhalten, ließ man sie laufen. Das übriggebliebene Geld reichte für die Medikamente und ein Telefonat mit der Großmutter.

»Töchterchen, wir werden sammeln«, versprach die Großmutter. Und die Leute im Dorf gaben von ihrem Letzten.

Aber das Geld langte nicht.

Die Ärzte versorgten Olga nur notdürftig. Sie wird keine Kinder bekommen können.

»Diese schreckliche Geschichte geschah zur gleichen Zeit, als eine Zeitung meldete, dass in unserer Hauptstadt und ihrer Umgebung zwei Milliardäre und fast ein Dutzend neue Millionäre leben. Einer von ihnen hat an der türkischen Adria ein Hotel gekauft, es räumen und die 48 Zimmer für seine Geliebte und deren Freunde als Wintersitz umbauen lassen. Nicht nur die strahlenverseuchte Erde bleibt das große Unglück für unser Land. Das aktuelle Tschernobyl ist die unersättliche, skrupellose Raffgier der wenigen neuen kapitalistischen Reichen und die hoffnungslose Wehrlosigkeit der vielen Armen.«

Auf dem Berliner Flughafen sind für die ukrainische Airline nach Kiew zwei Eincheck-Schalter geöffnet. Einer für die Business-Klasse. Dahinter sitzt ein junger, ständig lächelnder Mann, dessen langes, genau in der Mitte gescheiteltes Haar zu beiden Seiten glatt herunterfällt. Er könnte Lackschuhe tragen, denke ich. Aber seine Füße sieht man nicht. Hinter dem Schalter für gewöhnliche Passagiere sitzt ein kräftiger bartstoppliger Mann mit kantigem Schädel. Er könnte bayerische Nagelstiefel tragen. Auf seiner Anzeigetafel steht nur die Flugnummer. Auf der Anzeigetafel der Business-Einchencker dagegen »Willkommen!«. Davor wartet eine Familie mit drei vollgepackten Kofferwagen; ihre beiden Kinder tragen Original-Adidas-Turnschuhe, Original-Jeans und Original-Armani-T-Shirts. Hinter ihnen steht ein glatzköpfiger Mann in Folklore-Jacke, der Arien summt und sich dabei, er hat kein Gepäck, beidarmig selbst dirigiert. Und eine Gruppe von Golfspielern.

Die Aktenkoffer- und Laptopträger stehen am Schalter nebenan und sprechen Deutsch. Nach der Abfertigung gehen sie, ohne nach links oder rechts zu sehen, geradewegs zum Warteraum vor dem Abflugschalter. Einige grüßen sich mit einem angedeuteten Kopfnicken. Danach kommunizieren sie. Mit ihrem Laptop. Wahrscheinlich sind sie es nicht gewohnt, dass man sie anspricht, und antworten deshalb einsilbig, als ich frage, wie oft sie schon in Kiew waren und ob sie die hochverstrahlten Gebiete um Tschernobyl kennen. Sie fliegen seit vielen Jahren regelmäßig in die ukrainische Hauptstadt. Sie machen Geschäfte mit Stahl und Beton und Lebensmitteln. Tschernobyl interessiert sie nicht. »In dieser Gegend kann man nicht investieren.« Nur einer, der mit Beton handelt, will sich erkundigen, ob er eine Chance als Zulieferer erhält, wenn der nun schon brüchige Sarkophag über dem Reaktor ab dem nächsten Jahr für viele Millionen Dollar noch einmal eingesargt werden soll.

Im Flugzeug sitzt eine Ukrainerin neben uns. Sie wird an die 50 sein, und obwohl nicht mehr schlank, trägt sie eine bauchfreie, mit bunten Blumen bedruckte Bluse. Darüber ein schwarzes Netzteil, das den Bauch, der über einer engen Jeans herausquillt, ebenfalls nicht verbirgt. Aber sie hat freundliche Augen. Und sie spricht gut deutsch. Sie lebt seit zwei Jahren jeweils für einen halben Monat bei ihrem Sohn in Berlin und danach für einen halben Monat bei ihrem Mann in Kiew. Beide handeln mit Autos.

»Es sind sehr gute Autohändler«, sagt sie stolz. »Sie kaufen deutsche Autos billig in den USA, verladen sie auf Schiffe, die in Bremerhaven anlanden, und von dort bringen sie die Autos auf Spezialtransportern nach Kiew.« Trotz des langen Weges wären die Mercedes und Opel in Kiew immer noch preiswerter als direkt aus Deutschland eingeführte.

Nein, Millionär sei ihr Mann noch nicht, aber er gehöre dank der Zusammenarbeit mit dem Sohn in Berlin zu den neuen Business-Männern der Ukraine. Ich frage, ob wir seinen Autosalon in Kiew besuchen können. Sie nickt. Eine Visitenkarte hat sie nicht, aber sie zeichnet uns die Filiale auf dem Kiewer Stadtplan ein und betont: »Nummer 52.«

Der neue Vorsitzende des Tschernobyl-Vereins Weimar holt uns vom Flughafen in Kiew ab. Ingo Röhler gehört zum Typ: dick, aber gemütlich. Gleich bei der Begrüßung sage ich, was ich später im Auto, danach im Hotel und schließlich beim Begrüßungswodka wiederhole, dass ich unbedingt den eingesargten Tschernobyl-Reaktor und die wahrscheinlich für immer verlassene ehemalige 50 000-Einwohner-Stadt Pripjat sehen will. Und dass ich mit Ukrainern sprechen möchte, die von der Atomkatastrophe betroffen sind. Jedes Mal antwortet Ingo Röhler, der in Deutschland in einer Firma für Autoersatzteile arbeitet, mit tröstender, alles und nichts versprechender russischer Gelassenheit: »Wsjo budet – Es wird schon werden.« Gleich am nächsten Morgen könne ich meine Bitte der Kiewer Stellvertretenden Bürgermeisterin Tatjana Slyschik vortragen. Sie werde es für mich organisieren.

»Und wenn nicht?«

»Dann vielleicht die deutsche Botschaft. Oder dieser reiche Autohändler, dessen Frau im Flugzeug neben dir saß, oder sonst irgendjemand.«

Am Morgen sind wir pünktlich bei der Stellvertretenden Bürgermeisterin. Sie lässt sich entschuldigen. Sie käme zehn Minuten später. Der Schreibtisch, die Schränke und der Konferenztisch in ihrem großen Arbeitszimmer täuschen Marmor vor, aber es sind nur mit marmorierter Strukturfolie beklebte Holzplatten. Nach 15 Minuten vergeblichen Wartens beginne ich die »Marmorlinien« in Bilder zu verwandeln. Zuerst in Gesichter. Danach in Monster. Und in Atompilze. Dann zwinge ich mich, anstelle der Marmorbilder die sorgfältig gespitzten Stifte und die Kugelschreiber, die in einem mit greller Blumenlackmalerei verzierten Holzbecher auf dem Schreibtisch stehen, zu zählen und mich mit einem kleinen Sparschwein, einem silbernen Hund und einem Elefanten aus Elfenbein anzufreunden. Die Palmen und Grünpflanzen wuchern, je länger ich sie anschaue, zu einem Urwald. Hinter einer Vase mit getrocknetem Zittergras stehen, so platziert, dass man sie beim Hereinkommen sofort sehen muss, zwei gerahmte Fotografien. Auf einer ist eine Gruppe – eine delegazija – zu sehen. Und vor dieser delegazija Papst Wojtyła. Auf dem zweiten Foto eine Frau. Schön, schwarzhaarig und braungebrannt. Leicht gebeugt, während der Papst ihr die Hand reicht.

Nach einer knappen Stunde erscheint Tatjana Slyschik. Schön, schwarzhaarig und braungebrannt. Entschuldigt sich für die Verspätung. Ich frage wegen der Ähnlichkeit auf dem Foto. Sie rückt den Trockenstrauß zur Seite, so dass die Fotos besser zu sehen sind. »Ja, Seine Heiligkeit hat uns empfangen und gesegnet. Vielleicht auch wegen Tschernobyl. Er wusste als Pole, dass Tschernobyl in der Ukraine liegt.« Sie stockt. »Die Atomstrahlen von Tschernobyl waren die Gottesstrafe für unsere Ungläubigkeit in der Sowjetunion.«

Ich würde sie gern fragen, weshalb die Tschernobyl-Strahlen auch die Gläubigen trafen und weshalb sie heute immer noch die nun nicht mehr gottlosen Ukrainer töten, erkenne aber die Nutzlosigkeit einer Diskussion und sage nur: »Seine Heiligkeit schaut Sie sehr liebevoll an.« Sie nickt glücklich. Und ich füge hinzu, dass ich Tschernobyl sehen möchte.

Sie meint, dass es schwierig wäre, aber sie würde versuchen, eine Fahrt nach Tschernobyl zu organisieren.

Zuvor aber sollten wir das Tschernobyl-Museum in Kiew besichtigen.

Am Eingang und über der Treppe zu den Ausstellungshallen hängen an die hundert Ortseingangsschilder. Die Ortsnamen sind schwarz durchgestrichen. Diese Dörfer und Städte existieren nur noch auf den Landkarten. Das Atomzeichen, schwarze Propellerflügel auf giftig gelbem Hintergrund, klebt auf vielen der Kinderporträts an den Wänden, Kinder aus den hochverstrahlten Gebieten, die inzwischen gestorben sind. Alle Räume sind fensterlos, dunkel. Goldglänzende Heiligenbilder und leise russisch-orthodoxe Kirchengesänge. Süßlicher Weihrauchduft. Fotos von verlassenen Häusern in Pripjat. Spinngewebe über Kuchenresten. Puppenköpfe, von Gras überwuchert. Ein Film über die festliche Einweihung des Atomkraftwerkes Tschernobyl. Der Lenin-Spruch: »Kommunismus, das ist Sowjetmacht plus Elektrifizierung.« Aufnahmen der Maidemonstration im schon seit vier Tagen strahlenverseuchten Kiew: mit roten Fähnchen winkende, lachende Kinder. In einer Vitrine der strahlengeschädigte Embryo eines Schweines. Rückgrat und Beine plattgedrückt wie bei einem überfahrenen und in der Sonne getrockneten Frosch. An der Wand das letzte Kalenderblatt aus einem nach der Katastrophe verlassenen Haus: Ein russischer Reiter kommt nach heldenhaftem Kampf nach Hause und wird liebevoll von seiner Frau empfangen. »Sonnenaufgang 6.30 Uhr, Sonnenuntergang 21.20 Uhr«.

Schließlich Filmaufnahmen von weinenden Männern in weißen Kitteln. Ingenieure und Arbeiter des Atomkraftwerkes. Ein letzter Zug aus der Zigarette. Am 15. Dezember 2000 um 13.17 Uhr werden die Reaktoren von Tschernobyl für immer abgeschaltet.

Als ich die Treppe hinuntergehe, sehe ich auf den Rückseiten der schwarzen Ortsschilder in roter Schrift die Namen der in 30 bis 50 Kilometer Entfernung neuaufgebauten Dörfer. Tot: »Salessja«. Lebend: »Nowi Salessja«.

Ingo Röhler sagt, dass er einen alten Mann aus dem ehemaligen Salessja kennt, der nun in Nowi Salessja lebt.

Am Tag darauf fahren wir nach Nowi Salessja.

Irina, eine 34-jährige Deutschlehrerin, begleitet uns. Wir versuchen, so schnell wie möglich mit dem Auto aus der schon am Morgen glutheißen, nach Abgasen, Müll und Schweiß stinkenden Millionenstadt herauszukommen. Irina kennt Schleichwege, aber die kennen wohl auch andere. An einer Kreuzung warten wir fast eine Viertelstunde. Direkt neben uns sitzt ein alter Mann am Rand des Straßengrabens. Er trägt einen abgewetzten, aber sauberen dunklen Anzug und ein gelbes Hemd. Der Knoten seines grün-braun karierten Schlipses ist ordentlich, doch wohl zu eng gebunden, denn wenn er schluckt, hüpft sein Adamsapfel, als wäre der Hals zugeschnürt, in die Höhe. Sein hageres Gesicht ist glattrasiert. Er hat dunkle Augen. Und diese Augen blicken uns, nur uns an. Neben ihm liegt ein schwarzes, mit roten Mohnblumen bedrucktes Kopftuch. Auch auf Irinas weißem Seidenkleid leuchten rote Mohnblumen. Vielleicht sieht uns der Mann deshalb unentwegt an, denke ich.

»Wir Ukrainer lieben Mohnblumen«, sagt Irina.

Ich muss an das Foto von Nadeshda denken. Wie sie sich beim Gehen an die Ladefläche des schwarz verhängten LKWs klammerte. Auf dem Auto der Sarg mit ihrem zweiten, von den Strahlen getöteten Mann. Und auf dem Sarg lagen ihre Hochzeitsblumen. Ein Strauß wilder Mohn.

Neben dem Kopftuch des uns still anblickenden Mannes steht ein Schild. Irina übersetzt. »Ich bitte nicht um Wodka, sondern um Medizin für meine kranke Frau.«

Der Mann blickt nicht fordernd, sondern sehr müde. Als er hört, dass wir Deutsch sprechen, steht er auf und geht einige Schritte zur Seite.

Nach einer Ewigkeit fahren wir endlich weiter.

Irina versucht zu erklären, dass dieser Mann kein Bettler ist, sondern wahrscheinlich ein fleißiger, intelligenter Mensch. »Oder haben Sie schon einen Bettler mit Schlips gesehen?«

Ein ukrainischer Arzt verdiene maximal 1400 Griwna (200 Euro), und um seine Familie zu ernähren, müsste er gegen seinen hippokratischen Eid von den Patienten zusätzlich Geld kassieren.

»Heute sterben Menschen, weil sie kein Geld für Medizin oder eine Operation aufbringen können. Nur wer sich skrupellos nach oben kämpft, also genug Geld für den Arzt hat, kann überleben.«

Nach einer Stunde sind wir heraus aus Kiew. Eine dunkle Wolke ähnlich einer Gewitterfront liegt über der Stadt. Aber es sind keine Gewitterwolken, sondern die Abgase.

Irina unterrichtet nicht nur als Lehrerin, sondern studiert, »um später gleichzeitig in drei Berufen den Lebensunterhalt verdienen zu können«, zusätzlich Jura und Volkskunde. In ihrer Diplomarbeit vergleicht sie die unterschiedlichen Typen der Stiefmütter in russischen und europäischen Märchen.

»Und haben Sie einen Unterschied gefunden?«

»Ja, die europäischen Stiefmütter sind oft aus mythischen Hexen oder verfluchten Frauen entstanden. Die russischen Stiefmütter dagegen sind böse geworden, weil sie früher arm oder ungeliebt waren.«

Bevor wir in Nowi Salessja die vor 20 Jahren umgesiedelten Leute (die Dolmetscherin nennt sie »vom Atomfeuer Vertriebene«) suchen, fahren wir in das Dorf Filipowitschi.

»Vielleicht kannst du hier in die Seele der ukrainischen Leute schauen«, sagt Ingo Röhler. Wir halten vor einem braun gestrichenen Bretterzaun. Ein Blick dahinter ist unmöglich, denn auch sehr große Leute könnten, selbst wenn sie sich auf Zehenspitzen stellten, nicht über die Bretterwand sehen. Die Tür lässt sich allerdings ohne Mühe öffnen. An ihrer Innenseite – nicht außen (!) – steht auf einem Schild: »Der Eingang ist Personen, die nicht hier drin leben, verboten!«

Hier leben die 65-jährige Großmutter Ljudmila mit ihrem 67-jährigen Mann und ihren vier Enkelkindern. Der grauhaarige Mann mit sehr eng stehenden kleinen Augen sitzt in einem abgetragenen rotkarierten Hemd, das ihm wie eine Kutte über die schmalen Schultern fällt, auf einer blauen Bank zwischen einem Holzschuppen und dem niedrigen Haus. An das ursprünglich gemauerte Geviert des Hauses, das inzwischen grün gestrichen ist, hat man mit Holz oder Betonsteinen zusätzliche Zimmer, einen Flur, den Schweinestall und eine Vorratskammer angebaut. Aus dem unterschiedlich hohen Dach, das teilweise geteert, teilweise mit Blechplatten oder Ziegeln gedeckt ist, ragen silbern umwickelt die Abgasrohre. Ein aufgetauchtes U-Boot.

Der Mann stellt den Blechnapf, aus dem er Brei löffelt, auf die blaue Bank, geht zur Haustür, ruft: »Ljuda, Gäste!«, setzt sich wieder und löffelt weiter.

Eine dicke Frau kommt aus dem Haus, schlägt die Hände über dem Kopf zusammen, schreit und umarmt Ingo. Dann schüttelt sie uns die Hand. Ich schaue in lachende blaue Augen. Das runde Gesicht ist wie bei Fleckfieber mit roten Pusteln übersät. Ihre grauen kurzen Haare liegen ungekämmt und strähnig. Die oberen Vorderzähne fehlen, aber sie macht den Mund trotzdem weit auf, wenn sie lacht. Ein graues Unterhemd mit weißen Punkten umspannt ihren fülligen Bauch und den tiefhängenden massigen Busen. Aber sie sieht nicht an sich herunter und versucht auch nicht, die großen Schweißflecke unter den Achseln zu verbergen. Sie lacht nur glücklich und holt die Enkel aus dem Haus. Zuerst begrüßt uns Ira, ein kleines Mädchen mit langen, dicken, sorgfältig geflochtenen Zöpfen und einem modischen »Blumarine«-T-Shirt. Dann zwei halbwüchsige Jungen.

Der vierte Enkel, sagt sie, der vierte Enkel sei nicht zu Hause. »Noch so jung, der Serjosha, aber schon ein Säufer wie sein Vater.«

Der alte Mann löffelt im Schatten eines Baumes auf der blauen Bank weiter seinen Brei. Ich entschuldige mich wegen des unangemeldeten Besuches. Er sagt: »Gäste sind wie Regentropfen in der Dürre, sie schickt einem der Himmel.« Und er versucht, die Mundwinkel in seinem faltigen Gesicht nach oben zu ziehen. Schafft es auch. Doch seine Augen blicken traurig.

Die Babuschka, von den Enkeln liebevoll »Baba Ljuda« genannt, dankt Ingo für seine Hilfe. Iras Kieferoperation wäre ohne sein Geld nicht möglich gewesen.

Jeden Quadratmeter nutzbare Ackerfläche rings um das Haus haben die beiden Alten bestellt. Kartoffeln und Getreide sind bereits geerntet. Die Rüben stehen gut. Die Weintrauben am Schuppen sind noch sauer. Der Nussbaum trägt überreichlich. Salat- und Krautköpfe schießen schon. Am Weg blühen Margeriten, und am Zaun ranken weiße Wicken und rote Prunkbohnen. Inmitten eines Beetes von Studentenblumen liegen steinbeschwerte Zeitungsseiten, auf denen Apfelringe in der Sonne trocknen. Ich schiebe die dürren Apfelringe zusammen. Darunter kann man in der Zeitung »Das ukrainische Dorf« lesen: »Mehr Lebensfreude für alle ukrainischen Menschen«, »Das ukrainische Dorf blüht auf«, »Die Regierung sorgt sich um die Armen und Kranken«.

Trotz der mittäglichen Gluthitze, in der man keinen Meter aus dem Schatten treten möchte, schiebt die alte Frau ihr Fahrrad auf die staubige Straße, steigt mühsam auf und kommt nach zehn Minuten schweißüberströmt zurück. Am Fahrradlenker baumeln zwei Beutel mit Bier, Brot, Wurst, Käse und sauren Gurken.

Hastig, als wären wir am Verhungern, schneidet sie das Brot, die Wurst und den Käse und bittet uns zu Tisch. Nur uns, die Gäste. Sie lacht und sagt, es gebe ein gutes ukrainisches Sprichwort, das da heißt: »Füttere erst den satten Gaul deines Gastes, und wenn etwas übrigbleibt, die eigenen hungrigen Kühe.«

Der alte Mann sitzt weiter draußen auf der blauen Bank und löffelt seinen Brei. Die Enkel liegen im fensterlosen dunklen Zimmer nebenan und sehen sich in dem mit Heiligenbildern geschmückten Fernsehapparat einen amerikanischen Monsterfilm an. Und die alte Frau steht an der Wand und schaut glücklich zu, wie wir essen und trinken.

Auch an ihren nackten Armen sind hässliche rote Flecken zu sehen. Ihre Beine sind geschwollen. Endlich setzt sie sich zu uns. Isst aber nichts, schenkt uns nur Bier nach. An der Wand hängen, von Girlanden umkränzt, drei goldgerahmte Fotografien. Zwei junge Männer und eine junge Frau. Unter den Bildern dick gemalten roten Herzen. Als ich die alte Frau nach den drei Fotos frage, sagt sie leise:»Das sind meine drei toten Kinder.«

Baba Ljuda beendet die plötzlich bedrückte Stille mit einer energischen Handbewegung und einem Lächeln. Wir sollten essen, der Tag sei noch lang.

Dann erzählt sie: »Vor 17 Jahren, am 4. Mai, fuhr Ljudmila, mein Töchterchen, wie immer zur Arbeit in das Medizinische Institut von Kiew. Am nächsten Tag wollte sie freinehmen, um mit ihrem 4-jährigen Söhnchen Spielzeug zu kaufen. Es war ihr erstes Kind, und das erste Kind liebt man so, dass man es zugleich an beide Brüste legen möchte. Für sie gab es nur ihren Sohn. Der Mann, ein Hallodri, der anschließend noch fünf- oder sechsmal heiratete, hatte sich scheiden lassen. Abends kam sie nicht nach Hause. Auch am nächsten Tag kam sie nicht. Sie war, sagte man im Medizinischen Institut, wie immer pünktlich gegangen. Die Polizei suchte sie. Niemand hat sie jemals wieder gesehen oder gefunden. Manchmal entdeckt man die Mörder erst in der Hölle. Seitdem sind wir beiden Alten Mutter und Vater für ihr Söhnchen.«

Baba Ljudas jüngster Sohn kam bei einem Starkstromunfall ums Leben. Seine zwei Kinder nahm die Frau mit. »Mein ältester Sohn Juram« – sie zeigt auf das Foto mit dem am dicksten gemalten roten Herzen – »war ein Säufer. Er musste, es war unsere größte Schande, sogar einmal im Gefängnis sitzen. Als er gestorben ist, sollten seine drei Kinder, weil auch die Mutter eine Alkoholikerin war, in ein Kinderheim eingeliefert werden. Aber man lässt die Kinder seines Sohnes nicht in ein Heim bringen. Mag unser Juram gewesen sein, wie er will, Kinder dürfen doch wegen der Sünden, die ihre Eltern begangen haben, nicht bestraft werden. Wir haben die drei noch mit zu uns genommen.«

Manchmal sei es sehr schwer gewesen, alle vier Enkel satt zu bekommen. »Viele Kinder machen den Brei dünn.« Aber der Älteste, der Aljoscha, der nun schon arbeite, lohne alle Mühen. »Er wird nicht weggehen von hier, er will uns zwei Alten und die drei Enkel mit dem Geld, das er verdient, unterstützen. Wir sechs haben zusammen doch nur 1500 Griwna. Und dazu die Kartoffeln, das Korn, die Hühner, den Kohl, die Rüben.«

Baba Ljuda ist in Woronesh geboren. Als ihr Vater beim Pflügen von einer Mine zerrissen wurde, ging die Mutter mit der Tochter in ihren alten Heimatort, nach Filipowitsch.

»Nun lebe ich schon 43 Jahre in Filipowitsch, und mehr als 30 Jahre haben mein Mann und ich in dieser Gegend Eisenbahngleise gelegt. Das war unsere Arbeit. Mit bloßen Händen schleppten wir Schwellen und verschraubten die Schienen. Eine schwere Arbeit für eine Frau. Außerdem mussten wir die Kartoffeln legen, das Getreide mähen, die Rüben hacken, damit die vier Enkel etwas zu essen hatten.«

30 Jahre Gleise gelegt. Aber sie selbst sind auf diesen Gleisen niemals in den Urlaub gefahren, nie weiter als bis Kiew gekommen.

Sie lächelt und schenkt uns Bier nach.

Ich frage, ob ich ihrem Mann, der immer noch still auf der blauen Bank sitzt, ein Bier und Brot und Wurst bringen soll.

»Nein«, sagt sie. »Er darf nur Brei essen. Sein Magen ist operiert. Aber wenn es nicht gutgeht … Für eine zweite Operation haben wir kein Geld mehr.«

Und sie weint einen Augenauswischmoment lang.

Was sie sich vom Leben noch wünscht, möchte ich wissen. Vom Leben, das bisher nur Arbeit für sie war. »Sind Sie zufrieden?«

»Ja. Ich war und bin zufrieden mit meinem Leben. Ich habe drei Kinder großgezogen und dann die vier Enkel. Und ich habe viele hundert Kilometer Gleise gelegt. Wir leben hier so: Gibt es etwas Besseres zu essen, dann essen wir Besseres. Gibt es nur trocken Brot, dann essen wir, ohne zu klagen, trocken Brot.«

Ich hatte, als sie uns begrüßte, ihr rotfleckiges Gesicht, die Zahnlücken und die fettigen, strähnigen Haare gesehen. Jetzt, uns gegenübersitzend, entdecke ich, dass sie einen Ohrschmuck trägt: zwei kleine goldene Kugeln.

Sie und die Enkel bringen uns zum hohen Brettertor.

»Der Eingang ist Personen, die nicht hier drin leben, verboten.«

Als die Enkel schon längst im Haus sind, winkt Baba Ljuda unserem Auto immer noch hinterher.

Die Fernverkehrsstraße teilt Nowi Salessja in zwei ungleiche Hälften. Sie schneidet der kleinen Stadt den mit der blau-gelben ukrainischen Fahne geschmückten Kopf ab. Der Kopf, das sind zwei Birken und zwei riesengroße Gebäude. In dem einen, auf dem wie bei einer Armeekommandozentrale ein Turm steht, befindet sich die Post, die wahrscheinlich für die Größe einer Stadt von 100 000 Einwohnern konzipiert war. Das zweite, ein hallenförmiges Gebäude, ist nicht zu Ende gebaut worden. Aus dem Dachgeschoss und den fensterlosen Maueröffnungen wachsen wie aus den Holzhäusern der verstrahlten Todeszone Birken und Erlen. An der Vorderwand der Bauruine haben sich die Schulabgänger von 2005 dick mit schwarzer Farbe verewigt.

Ingo erzählt, dass dieses Bauwerk 1986 das Kulturhaus werden sollte. Eine Allee verbindet den Post- und »Kulturhaus«-Kopf mit dem Stadtkörper: etwa 600 sich wie ein Ei dem anderen ähnelnden kleinen Häusern. Neben der Allee steht ein mannshoher Betonwürfel, dessen Inschrift bezeugt, dass Nowi Salessja im Sommer 1986 in nur drei Monaten von den hierherdelegierten Bauarbeitern der Krim errichtet worden ist. Neben dem Gedenkstein ein Bushäuschen. Ohne Fahrplan, aber mit handgeschriebenen Biete- und Suche-Zetteln. Geboten werden unter anderem einige Zentner Hühnermist.

Gesucht werden »Männer bis vierzig für eine in der Stadt wechselnde Arbeit« (Zusatz: »Alkoholiker bitten wir, sich nicht zu melden!«).

Am Ende der Allee steht das Kinderheim. Wir hören keinen Kinderlärm. Die Türen sind unverschlossen. In der Küche stehen Tiegel, Tassen und Teller in Reih und Glied, aber kein Topf auf dem Herd. In den Schlafzimmern der Kinder sind die Bettdecken ordentlich auf Kante zusammengelegt. Wir klopfen an die Tür des Direktors. Sie wird geöffnet, und zwei Frauen fragen erstaunt, was wir hier wollen.

Wir erklären umständlich, dass wir im neuen Salessja die Einwohner des alten Salessja suchen.

Fast alle, die jetzt hier leben, haben früher im alten Salessja gewohnt, erklärt eine der beiden. »Wir zwei auch.« Die eine Frau ist die Direktorin des Kindergartens und 50 Jahre alt, die zweite, die Köchin vom Kinderheim, 42.

Ich frage, ob Nowi Salessja wirklich in nur drei Monaten – von Juni bis August – erbaut worden ist.

»Ja«, sagt die Direktorin. »Die Architekten konnten vorher nicht ahnen, dass sie so schnell einen neuen Ort entwerfen müssen. Die Zeichner nicht, die Technologen nicht, die Maurer nicht. Niemand hat damit gerechnet, dass in unserem Land ein Atomkraftwerk explodieren kann. Und es gab auch keinen Plan, wie man hundert Städte und Dörfer evakuiert und in drei Monaten, noch bevor der Winter gekommen ist, an einer anderen Stelle wieder aufbaut.«

Beide schweigen, als sei unser Gespräch damit beendet. Dann sagt die Direktorin sehr nachdenklich: »Vielleicht konnte nur in der Sowjetunion so eine schreckliche Katastrophe wie Tschernobyl geschehen. Aber nirgendwo in der Welt außer in der Sowjetunion wäre es auch möglich gewesen, in drei Monaten ein neues Zuhause für Zehntausende Menschen zu bauen.«

Wir fragen nach den Kindern im Heim.

»Sie haben Ferien.«

»Gibt es im Heim noch Kinder mit Strahlenschäden?«

»Die Tschernobyl-Katastrophe hat einen langen Atem. Aber die meisten der Kinder sind Waisen oder haben Eltern, die im Gefängnis sitzen oder Säufer sind und sich nicht mehr um ihre Kinder kümmern.«

Ich erzähle von Baba Ljuda, die ihre vier Enkelkinder zu sich nahm, damit sie nicht in ein Kinderheim mussten.

Das sei nicht selten, sagt die Direktorin. »Die russischen und ukrainischen Frauen sind glücklich, wenn sie die Familie zusammenhalten können.«

»Zu wem fahren die Waisenkinder in den Ferien?«

»Wir organisieren gemeinsame Ausflüge. Ausländische Hilfsorganisationen laden auch Kinder ein. Und die Kinder von Eltern, die zum Beispiel wegen Mord lebenslang im Gefängnis sitzen, können auch von Ausländern adoptiert werden. Diese Kinder gehen dann nach Spanien oder Deutschland.« Eine Hälfte des Geldes, die die ausländischen Adoptiveltern für die Kinder bezahlen müssen, behalte der Staat, die andere Hälfte erhalte das Heim. Und wenn …

Sie bricht mitten im Satz ab, wechselt das Thema.

»Als wir 1986 hier in die neuen Häuser eingezogen waren, durften wir noch einmal in das alte Salessja fahren. Wir konnten persönliche Gegenstände holen und uns auf dem Friedhof von den Toten verabschieden. Ich nahm damals Briefe und Fotos mit. Und auch die Lieblingspuppe meiner Tochter. Sie hatte sehr lange blonde Echthaarzöpfe. An der militärischen Sperre der 30-Kilometer-Zone wurden die Strahlen der Sachen gemessen. Die Puppe war, wohl wegen der Haare, hochverstrahlt. Die Soldaten wollten sie in die ausgehobene Grube für den Atommüll werfen. Ich gab ihnen eine Flasche Wodka und durfte die Puppe behalten. Aber ich habe sie danach in unserer Wohnung in eine verschlossene Vitrine gestellt.«

Im alten Salessja hat sie als Sekretärin in der Ortsverwaltung gearbeitet und fünf Jahre vor der Katastrophe mit ihrem Mann ein Haus gebaut.

»Nach der Katastrophe musste ich, damit kein Bewohner

vergessen wurde, eine genaue Evakuierungsliste für die Transporte zusammenstellen.«

Für die »Transporte«.

Einige Monate zuvor hatte sie einen Film gesehen, in dem die Faschisten Listen für die Konzentrationslager zusammenstellten. Es sei natürlich kein Vergleich möglich. »Die Faschisten schickten die Leute in den Tod, wir brachten sie in ein zwar fremdes, aber in ein neues Leben. Doch die Bilder, die Gefühle, wenn man plötzlich wegmuss. Auch bei uns bewachten Soldaten die Busse. Sie hatten nicht einmal die Motoren abgestellt, als wir mit unserem wenigen Hab und Gut einsteigen mussten. Und die Toten blieben zurück. Nur unser Denkmal des Sieges über die Faschisten, die Figur der Mutter Heimat, haben wir hier als Kopie wieder aufgestellt.«

Sie wünscht uns Glück bei dem Versuch, Tschernobyl zu sehen.

Wir suchen Ingos Bekannten, Ilja Petrowitsch, der über Schleichwege in die Sperrzone fährt. Mit ihm war er vor einigen Jahren schon im alten Salessja.

Weil die Architekten in der Schnelle nur zwei oder drei verschiedene Typen entworfen hatten, haben die Besitzer ihre Holzhäuser wenigstens verschiedenfarbig angemalt. Je mehr wir uns dem Haus des Alten nähern, umso bunter wird die Stadt, denn auch die Bretterwandumzäunungen sind rot oder braun, meistens aber grün oder lila gestrichen. Die Hoftür von Ilja Petrowitsch ist verschlossen. Keine Klingel an der Bretterwand. Also rufen wir erst zaghaft einzeln, dann lauter im Chor: »Ilja Petrowitsch!« Immer wieder und immer lauter, bis die Hunde in den Häusern ringsum bellen. Eine sehr alte kleine Frau humpelt barfüßig von ihrem Haus über die Straße. Sie geht gebückt und hält, als müsste sie verhindern, dass sie vornüberfällt, eine Hand auf dem Rücken. Ihre weißen Haare lugen nur an den Ohren unter einem weiß-blauen Kopftuch hervor. Ihr zahnloser Mund ist eingefallen. Sie trägt eine helle, mit blauen Blümchen gemusterte Bluse. An den nackten Unterarmen umspannt nur noch Haut die Knochen. Sie nimmt eine über der Bretterwand hängende Eisenkette und schlägt damit so kräftig an die Bretterwand, dass ich Angst bekomme, sie könnte dabei umfallen.

»Ilja Petrowitsch schläft. Er schläft immer, wenn er nach dem Mittagessen noch Wodka getrunken hat. Und seine Leute sind wohl auf dem Kartoffelacker«, sagt die alte Frau, als er auch das Kettenschlagen nicht hört.

Sie könnte uns zwar keinen Tee kochen, weil sie ihren Haustürschlüssel verlegt hat, aber von ihren Äpfeln im Hof sollten wir kosten. Und sie humpelt vor uns, die Hand wieder auf dem Rücken, zu ihrem Haus zurück und schlüpft vor der Hoftür in ihre dort stehenden Pantoffeln.

In ihrem Hof riecht es wie überall in Nowi Salessja nach vergorenen Äpfeln. Holz- und Blechwannen sind bis zum Rand mit teilweise schon angefaulten Äpfeln gefüllt. Sie sucht die besten für uns heraus, wäscht sie in einem Wassereimer und stellt die Schüssel mit geschälten Apfelscheiben und die Bretter, auf denen Apfelscheiben trocknen, zur Seite, damit wir uns auf die wacklige Holzbank setzen können.

Dann rückt Maria Samoilowna Wadirez ihren Schemel sehr nahe zu uns, erklärt, dass sie zahnlos und schwerhörig ist, sich aber weder Zahnersatz noch ein Hörgerät kaufen kann. Sie lacht. Und ich beuge mich vor, um ihr die Fragen ins Ohr zu schreien.

Ja, sie sei im alten Salessja geboren.

»1926, genau zum sowjetischen Neujahr bin ich gekommen.«

»Zum sowjetischen Neujahr?«

»Nach dem alten religiösen Kalender wechselt das Jahr bei uns am 7. Januar. Aber das sowjetische Neujahr feiern wir immer schon am 1. Januar.«

Zur Schule konnte Maria wegen einer Krankheit nur bis zur 6. Klasse gehen. »Und als unser Vater schwerverwundet aus dem Krieg zurückkehrte und bald darauf gestorben ist, musste ich der Mutter helfen. Wir waren sieben Kinder.«

Auf der Dorfstraße hält ein LKW. Der Fahrer steigt aus, klappt die hintere Wand herunter und rafft die Plane hoch. Auf der Ladefläche befindet sich ein mobiler ukrainischer Tante-Emma-Laden. Am Gestänge der Plane hängen Blusen, Jacken und Mäntel. Darunter liegen Säcke mit Erbsen, Reis und Zucker. Daneben stehen Kartons mit Ariel-Waschpulver, Fischkonserven, Bonbontüten, Ölflaschen. Auf den Bierkästen sind bunte Stoffe und Bettwäsche gestapelt, und darauf stehen Turnschuhe und Badelatschen.

Maria humpelt nach draußen. Sie sagt dem Fahrer, der regelmäßig alle drei Tage kommt, dass sie ihren Schlüssel verlegt hat und nicht in das Haus kann, um Geld zu holen. Doch sie braucht den Zucker dringend, um die Äpfel anzusetzen und daraus Samogon, Schnaps, zu brennen. Wenn er in drei Tagen wiederkommt, wird sie den Zucker bezahlen. Der Fahrer schüttelt, ohne die Frau lange anzusehen, den Kopf. Da humpelt Maria Samoilowna noch gebückter als sonst über die Straße zurück und zieht vor der Hoftür die Pantoffeln an.

Eva geht zum LKW und kauft fünf Kilo Zucker für die Frau.

»Gott möge es euch danken, ihr guten Menschen«, sagt die alte Frau. Und danach: »Ihr müsst etwas essen, Kinderchen.« Immer wieder sagt sie: »Ihr müsst etwas essen, und ich müsste euch etwas kochen.« Sie sucht, wie blind umhertapsend, den Hausschlüssel unter Bänken und neben den Schüsseln. Sie ist verzweifelt. Wir trösten sie mit der Lüge, dass wir bestimmt im nächsten Jahr noch einmal nach Nowi Salessja kommen.

»Wann sind Sie hierhergezogen?«

»Im August 1986. Damals standen zwischen den Häusern noch keine Bäume, und im Haus roch es nach Holz und Farbe. Bevor ich in das Haus gegangen bin, habe ich zuerst im Garten die Erde in die Hand genommen. Sie war sandig und nicht

114

so fruchtbar wie in unserem alten Salessja. Die Kartoffeln und das Gemüse wachsen auf dem Sandboden schlechter. Ich lebe zwar hier, aber die Traurigkeit hat sich – wie die Nässe in einem Federbett – sehr lange in mir gehalten.«

Ihre Schwester und ein Bruder sind nach der Katastrophe nach Leningrad gezogen. »Ich bin allein hierhergekommen. Vier Monate vor meinem 60. Geburtstag.«

»Und Ihr Mann?«

Sie lacht. Strahlt wie ein junges Mädchen.

»Ich habe mit 16 Jahren geheiratet. Einen 26-jährigen hübschen schwarzhaarigen Harmonikaspieler. Er spielte in den Dörfern zum Tanz auf. Er hatte viele Frauen. Und er begriff nicht, als ich ihm sagte: ›Du bist nun verheiratet, du kannst nicht immer auf der Straße herumstrolchen, du musst auch im Haus helfen.‹ Wir waren nur einen Monat verheiratet. Dann ist er zu einer anderen gegangen. Der Musikant!« Sie lacht.

Sie hat nie wieder geheiratet. Sich immer allein durchgeschlagen. In einer kleinen Näherei gearbeitet. Hühner und Schweine gehalten.

Einmal fuhr man sie noch in das alte Salessja.

»Das war der schrecklichste Tag meines Lebens. Die Tür meines Hauses stand offen. Zuerst sah ich, dass die Dielenbretter fehlten. Dann, dass die Ölbilder nicht mehr an den Wänden hingen. Danach, dass die Kochtöpfe in den Schränken fehlten und … Sogar mein Bett hatten sie gestohlen. Ich hätte es gern mitgenommen.«

Sie steht auf und beginnt wieder, nach dem Hausschlüssel zu suchen.

»Ihr müsst doch etwas essen, Kinderchen. Ich könnte euch eine Suppe kochen.« Sie findet den Schlüssel nicht.

»Nur der Gasherd stand noch in der Küche. Den habe ich mitgenommen. Was sind das nur für Unmenschen, die so etwas Böses tun? Sie stehlen in den verlassenen Häusern der Evakuierten. Was sind das nur für Menschen, die sich am Unglück anderer bereichern können?«

Nach einer Pause sagt sie sehr laut: »Aber die Strahlen werden sie verraten. Überall in der Welt werden die Strahlen sie verraten. Die Strahlen in den Fußbodendielen, in den Töpfen, in der Wäsche. Egal, ob sie all das Gestohlene in Moskau oder in Kiew verkauft haben, diese Gottlosen.«

Als wir gehen, weint sie. Maria Samoilowna Wadirez umarmt uns und wünscht, dass Gott uns immer hilft.

Vielleicht könnte Gott helfen, aber die Stellvertretende Bürgermeisterin von Kiew nicht. Schon im Vorzimmer teilt sie uns mit, dass es ihr leider unmöglich ist, eine behördliche Fahrt nach Tschernobyl zu organisieren. Aber vielleicht, tröstet sie, vielleicht könnten wir es mit Hilfe einer reichen Kiewer Persönlichkeit auf eigene Faust versuchen. Mit Geld sei allemal was zu machen.

Mir fällt der Autohändler ein. Zu den neuen Reichen von Kiew gehört er doch wohl. Ich krame den Stadtplan heraus, auf dem mir seine Frau im Flugzeug den Autosalon eingezeichnet hat.

Irina, die freundliche, immer hilfsbereite Dolmetscherin in dem weißen, mit roten Mohnblumen geschmückten Kleid, fährt uns fast eine Stunde lang durch Kiew. Am anderen Ufer des Dnepr finden wir endlich in der Neubausiedlung den Autosalon. Die Nummer 52 allerdings gehört nicht zu dem neugebauten glas- und chromglänzenden Autosalon, sondern zu einer Werkstatt und einem verschlossenen Hof. Hinter der Tür des hohen Bretterzaunes steht ein Wachturm. In dem Wachturm sitzt ein Wachmann, zwar ohne Uniform, aber wahrscheinlich darf auch er seinen Platz nicht verlassen. Er öffnet lediglich das Fenster, und wir schreien hinauf, dass wir den Autohändler suchen, dessen Sohn in Berlin Autos aus den USA über Deutschland nach Kiew bringt und hier verkauft. Daraufhin klappt Irina ihre Sonnenbrille, die sie sonst immer auf dem rotbraunen Haarschopf trägt, herunter. Das sei nicht klug gewesen, sagt sie, denn wer hier Geschäfte mit deutschen

Autos aus den USA macht, der möchte nicht, dass sich in Kiew Deutsche – wer auch immer – dafür interessieren.

Die Reaktion des Wachmannes bestätigt Irinas Vermutung. Er ruft uns nur zu: »Solch einen Autohändler gibt es hier nicht.« Und schließt das Fenster.

Ich rüttele so lange an dem verschlossenen Tor, bis er aus dem Wachturm heruntersteigt und die Pforte einen Spaltbreit öffnet. Ich erzähle ihm von der Einladung der Frau im Flugzeug, zeige ihm die Karte, auf der sie den Autosalon eingezeichnet hat. Unsicher geworden, fragt er nach dem Namen des Autohändlers, um zu telefonieren. Aber als ich ihm sage, dass ich nur die Adresse, aber keinen Namen kenne (»Seine Frau sagte nur, dass er hier der Chef ist.«), lächelt er erleichtert. Er schickt uns in den Autosalon. Dort würde man uns weiterhelfen. Bevor wir gehen, sehe ich, dass in dem Hof sehr viele neue Mercedes und Volkswagen ohne Nummernschilder stehen. Wieder oben im Turm, telefoniert der Wachmann eifrig.

Auch in dem Salon kann man uns leider nicht weiterhelfen. »Ein Chef, dessen Sohn in Berlin Autos aus den USA ...«, überall bedauerndes Kopfschütteln. Irina hat die Brille nun wieder hochgesteckt und versucht, die jungen smarten Autoverkäufer mit ihren blitzenden Augen zu bezirzen. Doch wieder nur ein höfliches, wohl schon vorbereitetes Nein. Lediglich die beschlipsten Männer vom Škoda-Stand sind über unsere Frage zu Tode erschrocken. Sie hatten sich auf ihrem Computer gerade einen Pornofilm angesehen ...

Man hat, sagt Irina, in der Ukraine nichts gegen Deutsche. Aber woher soll man wissen, wer wir sind und was wir wollen. »Die neuen Reichen in unserem Land lassen sich nicht in die Karten schauen. Schon gar nicht von Fremden.«

Wir waren vier Stunden erfolglos unterwegs.

Vor einer Tankstelle warten wir auf Irinas Mann. Neben der Tür einer Konditorei sitzt ein Bettler mit zwei eingegipsten Armen. Vor ihm steht ein Korb mit der Bitte: »Geben Sie mir Brot.«

Irina sagt verlegen: »Einem Hungrigen geht Brot vor Kuchen.«

Ich frage, wie er sich mit zwei vergipsten Armen das Brot in den Mund stecken kann.

»Er hat an der linken Hand doch Daumen und Zeigefinger freigelassen«, sagt Irina lachend. Und übergangslos: »Die Spekulanten saugen alles Blut aus unserem Land, bis dass es fast dem Tode nahe ist. Und das halbtote Land überlassen sie dann dem Staat zur Pflege. Anschließend bestechen sie den Staat mit ihrem ergaunerten Geld, damit er keine Gesetze erlässt, die ihnen das Blutsaugen unmöglich machen.« Dann tröstet sie uns: »Wer weiß, ob dieser reiche Autohändler Ihnen geholfen hätte, Tschernobyl zu sehen.« Sie hat einen anderen, sehr interessanten Vorschlag für eine Reise. »Tschernobyl ist zwar eine furchtbare Katastrophe gewesen, aber 44 Jahre zuvor wurden Hunderte ukrainische Dörfer niedergebrannt und dem Erdboden gleichgemacht, haben die Faschisten hier Menschen erhängt oder erschossen.« Nach dem Krieg sind die Überlebenden in ihre niedergebrannten Dörfer zurückgegangen und haben sie wieder aufgebaut.

Ingo Röhler kennt eines dieser Dörfer: Peremoga. In dem Dorf wohnt die 12-jährige Anna mit vier Geschwistern. Seit sie vor vier Jahren zur Erholung in Mattstedt war, hilft er der Familie. Er ruft Annas Mutter, die 33-jährige Swetlana, an. Morgen, am Staatsfeiertag, dem 16. Jahrestag der Unabhängigkeit der Ukraine, wird sie nicht zu Hause sein. Sie hat Dienst als Pflegerin im Altenheim. Wir könnten trotzdem zu Besuch kommen, die Kinder würden für uns kochen. Und sie hätte, damit Ingo sich nicht wie beim letzten Besuch über das Abtrittsloch hocken muss, sondern bequem sitzen kann, von ihrem Mann ein Toilettenhäuschen bauen lassen … Sie werde auch den Direktor der Schule bitten, dass er uns das Museum zeigt, in dem über die Vernichtung des Dorfes durch die Faschisten berichtet wird.

Swetlana hat fünf Kinder von drei Männern. Aufgewachsen

ist sie in Moldawien. Ihr ukrainischer Mann nahm sie mit nach Peremoga. Als Swetlana 19 Jahre alt war, wurde ihre Tochter Natasha geboren, zwei Jahre später Anna, und bevor wiederum nach zwei Jahren Olga zur Welt kam, starb ihr Mann. Sie blieb allein, arbeitete als Melkerin und versuchte sich und die drei Kinder durchzubringen. Vor acht Jahren lernte sie einen anderen Mann kennen, bekam mit 26 ihr viertes Kind und jagte den Mann kurz danach, weil er Tag und Nacht nur soff, zum Teufel. Inzwischen lebt sie mit dem dritten Mann, einem sehr kleinen, sehr stillen und sehr fürsorglichen, zusammen. Vor vier Jahren wurde ihr Jüngstes geboren.

Erst 2005 erhielt Swetlana, die Moldawierin, die seit 14 Jahren in der Ukraine lebt, den ukrainischen Pass. Als »Ausländerin« hatte sie bis dahin weder einen Anspruch auf Kindergeld noch auf eine andere staatliche Unterstützung.

Pünktlich um 9 Uhr stehen wir vor unserem Quartier und warten auf das Auto, das uns nach Peremoga bringen soll. Mit der neuen, sehr beleibten Dolmetscherin sind wir zu fünft. Und hoffen, dass das Auto groß und der Fahrer schmächtig ist. Das Auto ist klein und der Fahrer dick. Außerdem hat er einen Bekannten mitgebracht, der an dem Ausflug zum Feiertag teilnehmen muss. Wir versuchen uns zu verteilen. Drei vorn, vier hinten. Doch wir bekommen die Türen nicht mehr zu. Als Ingo ein Taxi rufen will, protestiert der Fahrer. Er streicht seinen schwarzen Schnurrbart glatt und sagt in gutem Deutsch: »Wenn ihr ein Taxi ruft, kränkt ihr meine Ehre.« Er, Oleg, sei schließlich Soldat in Deutschland gewesen. »Auch mein Vater war als Offizier in Deutschland. In Rostock.« Dort ist er vor 42 Jahren, also 1965, geboren. Er selbst diente später als Verpflegungsoffizier in Potsdam. »Und vor 13 Jahren, 1994, kam meine Tochter dort wohl als letztes Kind einer sowjetischen Offiziersfamilie in Deutschland zur Welt.« Er selbst fuhr als Oberleutnant mit dem »letzten Zug der nun schon russischen Soldaten« nach Hause.

Inzwischen hat er ein Fuhrunternehmen gegründet. Auch deshalb kränkt es ihn, wenn wir ein fremdes Taxi bestellen würden. Er ruft seinen Bruder an, der sofort mit einem zweiten Auto kommen soll. »In fünf Minuten ist er hier, dann fahren wir los.«

Oleg sagt, dass er in Deutschland vor allem Pünktlichkeit gelernt hat.

»In Deutschland?«, frage ich. »Sie haben doch in der DDR gedient.«

»Ja, aber ich kenne doch nur die DDR. Also ist sie für mich Deutschland.«

Als der Bruder nach einer Stunde immer noch nicht mit dem zweiten Auto erschienen ist, flucht Oleg. »Wissen Sie, das ist so ein … ein Tunichtgut. Ich habe mir die Lizenz für drei Marschrouttaxis, die in Kiew nur durch Bestechung erhältlich ist, besorgt. Außerdem besitze ich zwei Häuser. Aber er, er hat lediglich zwei Frauen, mehr nicht.«

Nach 90 Minuten kommt der Bruder mit einer seiner zwei Frauen. Feiertagsausflug. Die Straßen von Kiew sind wie durch ein Wunder leergefegt. »Alle feiern heute den Tag der ukrainischen Unabhängigkeit von der Sowjetunion«, sagt Oleg. »Aber wovon sind wir denn unabhängig geworden? Wovon denn? Von dem Geld, das die meisten Ukrainer nun nicht mehr haben und das ein paar Ukrainer oder Russen zu viel haben.«

Ohne Stopp fahren wir aus der Stadt hinaus. Disziplinierte Schlangen stehen an den Bushaltestellen. Man will heute trinken, nicht Auto fahren. An den Ausfallstraßen sind die Händler hinter ihren meterhohen Melonenbergen kaum noch zu sehen.

In aller Ruhe können wir heute das Denkmal des Sieges über den Hitlerfaschismus, die über dem Dnepr thronende, über 60 Meter hohe, aus Titan gegossene schwerttragende Mutter Heimat bewundern. Oleg erzählt, dass der Künstler im Antlitz von Mutter Heimat das Gesicht von Breshnews Mutter nachgebildet habe.

Weit draußen am Ende der Stadt stehen die Ställe einer »Hühnerfabrik«. Dahinter, fast genauso gebaut, die flachen Reihenhäuser für die aus Deutschland zurückgekehrten ukrainischen Militärangehörigen.

Vor Olegs Lenkrad baumeln ein Jesusbild, zwei gelbe Duftbäume mit Zitronengeruch und ein Wimpel der Deutsch-Sowjetischen Freundschaft aus Potsdam.

Nach einer Stunde sind wir in Peremoga, dem Dorf, von dem nach dem »Partisaneneinsatz« der deutschen Faschisten nur noch die Kirche stand. Auf Deutsch heißt es »Sieg«.

Das sehr breite Metalltor in dem hohen Bretterzaun vor Swetlanas Haus ist hellblau gestrichen. Dahinter steht im Garten das speziell für Ingo Röhler gebaute Toilettenhäuschen. Ohne ausgesägtes Herz in der Tür, aber von außen sind auf den alten Brettern, aus denen es schnell zusammengenagelt worden ist, noch Tapetenreste zu sehen: Blümchen und zarte Gräser. Innen ist der Donnerbalken mit einem orangefarbigen – weshalb denke ich dabei an die ukrainische Revolution? – Schaumstoff gepolstert. Und für die männlichen Benutzer hat Swetlanas Mann vorn ein Dreieck in den Schaumstoff geschnitten …

Die Kinder entschuldigen sich noch einmal, dass die Mutter arbeiten muss. Sie decken den Tisch unter schattenspendenden Bäumen. Und weil es 40 Grad heiß ist, lassen wir am Brunnen, der vor dem Haus steht, immer wieder den Eimer am Seil in die Tiefe scheppern und trinken das sehr kalte und saubere Wasser literweise.

In der Veranda braten in einem elektrischen Backofen, der nicht größer als eine Mikrowelle ist, zwei mit Knoblauch gespickte Hühnchen. Dazu gibt es Rote-Bete-Salat, gebratenen Fisch, eingelegte saure Tomaten und Pilze, schwarzes und weißes Brot … Als ich während des über eine Stunde dauernden Essens auf die Uhr schaue, sagt die älteste Tochter, wir müssten uns nicht beeilen. »Der Herr Schuldirektor, der euch im Museum die Geschichte des von den Deutschen niedergebrannten Dorfes erklären will, wartet nach dem Mittagessen in der Schule auf euch.«

Er wartet nicht.

»Vielleicht hat er den Termin vergessen. Heute ist doch Feiertag«, sagt die Dolmetscherin.

»Wir sollten ihn zu Hause aufsuchen«, sage ich.

Die kleine Anna druckst. Sie wisse nicht genau, wo ihr Schuldirektor wohnt. Aber dann geht sie mit uns doch die staubige Straße entlang. Es ist so heiß, dass nicht einmal die Hunde bellen. Wir laufen bestimmt einen Kilometer, bis wir – Anna fragt unterwegs immer wieder Mitschüler nach der Wohnung vom Herrn Schuldirektor – vor seinem Haus stehen. Wir rufen. Niemand hört. Statt eines Bretterzaunes eine Lattenpforte. Wir sehen, dass die Haustür offen steht. Anna soll hineingehen. Aber sie steht wie zu einer Salzsäule erstarrt.

Nein, in das Haus vom Herrn Schuldirektor wird sie nicht gehen. Sie als Schülerin in das Haus des Herrn Direktors? Nein!

Nach einigen Minuten kommt die Frau des Direktors aus dem Haus. Ihr Mann sei nicht anwesend, sagt sie barsch. Und verschwindet wieder. Als wir schon gehen wollen, torkelt ein Mann aus dem Haus.

Anna flüstert: »Der Herr Direktor.«

Ich erschrecke. Sein Gesicht ist rosa aufgedunsen. Die Nase dick und dunkelrot wie die Pappnase eines Clowns. Dazu trägt er eine dunkle Brille, wie sie die Bergsteiger aufsetzen müssen, um im Hochgebirge nicht schneeblind zu werden. Das Hemd hängt ihm über die schmutzige Hose. Er stinkt nach Alkohol. Reißt sich dann zusammen und fragt, ob wir morgen noch einmal wiederkommen können. – Nein, wir sind nur heute hier.

Weil Ingo wusste, dass der Direktor gern trinkt, haben wir ihm eine Flasche Wodka mitgenommen. Als er sie sieht, sagt er, dass er sich nur noch, wie es an diesem Feiertag angemessen ist, eine schwarze Hose, ein weißes Hemd und ein schwarzes Jackett samt Schlips anziehen wird. Pünktlich um 15 Uhr wird er in der Schule sein, um uns das Museum zu öffnen.

Er ist auch um 15.30 Uhr noch nicht in der Schule. Wir sitzen auf dem Hof, und ich zähle die zerschlagenen Glasbausteine in den Mauern der Schule. Anna zeigt uns die von den Schülern ordentlich in Reih und Glied angelegten Blumenbeete. Sie hat mit ihrer Klasse Studentenblumen gepflanzt. Der Schulhof ist mit weißen Linien in zehn Felder aufgeteilt. Zwischen diesen Linien müssen die Kinder sich in der großen Pause klassenweise zur gemeinsamen Gymnastik aufstellen.

»Die Lehrer und unser Herr Direktor sind sehr streng. Sie achten immer auf Disziplin«, sagt Anna.

Nach einer Stunde vergeblichen Wartens sagt die dicke Dolmetscherin, dass der Direktor sich vielleicht wieder hingelegt hat. »Er ist doch schon sehr alt.«

Das Geschichtsmuseum bleibt uns verschlossen. Und Swetlanas Kinder wissen zwar, dass es im Dorf noch Leute gibt, die schon vor dem Krieg hier gelebt haben, aber sie kennen keinen von ihnen. Ich will mich nicht damit abfinden, dass wir, nur um gut zu essen, literweise sauberes Brunnenwasser zu trinken und einen alten besoffenen Schuldirektor zu treffen, nach Peremoga gefahren sind. Also laufe ich von Haus zu Haus, rufe und poche an Türen und Tore. Die Nachricht, dass ein Deutscher wissen will, wer schon vor dem Krieg hier gelebt hat, ist bei den Leuten, bei denen ich klopfe, immer schon vor mir angekommen, denn als eine alte Frau mir öffnet, sagt sie lächelnd: »Damals kamen die Deutschen in der Nacht. Und sie hatten schwarze Uniformen an. Schwarze Uniformen mit einem Totenkopf.«

Ich stammele: »Iswinite – Entschuldigung.«

Doch sie strahlt über das ganze, sehr runde Gesicht. Ihre Brauen über den Augen sind noch dunkel, die Haare unter einem grünen, mit ukrainischen Mustern bedruckten Kopftuch schon weiß.

»Söhnchen, du musst dich nicht entschuldigen. Du warst damals ja noch 10 Jahre jünger als ich.«

Sie bittet uns nicht in ihre wahrscheinlich kühle Wohnung, sondern setzt sich mit uns auf der schattenlosen heißen Straße auf eine Holzbank. (Trotz der trennenden hohen Bretterwände steht vor jedem Haus eine Bank zum Schwatz mit den Nachbarn.)

Sie nimmt meine Hand in ihre Hände und drückt sie sehr lange. Sagt nichts. Lacht nur ihr stilles Großmutterlachen. Einige Äderchen auf ihrer Wange sind geplatzt.

Als sie meine Hand wieder loslässt, murmelt sie: »Dass ich nach 60 Jahren noch einmal mit einem Deutschen sprechen kann!«

Die Geschichte, die mir Katarina Ponamerenko sehr sprunghaft, etwas wirr, sehr leise und dabei weiter lächelnd, auf der schattenlosen heißen Straße erzählt:

»Ich war, als alles geschah, noch nicht einmal 12 Jahre alt. Meine Mutter zerrte mich aus dem Bett und wollte mich im Stall verstecken. Aber da hatten sie schon die Tür eingeschlagen, die deutschen Männer mit den schwarzen Uniformen …

Vier Tage fuhren meine Mutter und ich, eingepfercht in Viehwaggons, nach Deutschland. Meine Mutter tröstete mich, wir sollten froh sein, dass Gott uns nicht verlassen hat und wir nicht erschossen worden sind. In Deutschland arbeitete ich genau wie die Erwachsenen von 6 Uhr früh bis 6 Uhr abends in einer Glühbirnenfabrik. Der Ort hieß Eberswalde oder Fürstenwalde, ich weiß es nicht mehr genau. Wir hungerten oft und durften auch keine Tiere halten. Wenn es etwas zu essen gab, hatten die Deutschen zuvor alles getrennt. An einem Tag ein paar Möhren. An dem anderen ein Stück Kraut oder eine Kartoffel. Am nächsten Tag dann rote Rüben. Alles, was wir zu Hause zusammen zu Borschtsch, zu unserer Suppe, kochen, bekamen wir hier getrennt. Und alles ohne Fleisch. Manchmal gab es auch getrocknete Rüben oder getrocknete Kohlrabi.

Das Schlimmste aber: Ich hatte kein einziges Kleid, nur die Arbeitshosen. Kein Kleidchen, verstehst du das, Söhnchen: ein Mädchen, ein Kind und kein Kleid!

Dass sie unser Dorf niederbrannten, war, wie sie sagten, die Strafe dafür, dass in der Ukraine immer noch Partisanen gegen die Deutschen kämpften. Insgesamt hat man in unserer Umgebung vier Dörfer verbrannt. Man hat die Leute gefesselt und in die brennenden Häuser geworfen …

Als ich nach dem Krieg in unser Dorf zurückkam, stand hier nur noch die Kirche. Im Nachbardorf gab es nicht einmal mehr eine Kirche. Dort hatte man die Menschen in das Gotteshaus getrieben, es abgeschlossen und angezündet.

Nach dem Krieg aus Deutschland zurück, war meine Kindheit zu Ende. Ich war ohne Kindheit, verstehst du, Söhnchen, ohne Kindheit eine Erwachsene geworden. Mit der Mutter, der Vater kam nicht mehr aus dem Krieg, haben wir unser Haus wieder aufgebaut. Als ich 19 wurde, habe ich geheiratet. Ich hatte zur Hochzeit ein Kleid an, ein weißes Kleid mit roten Blumen. Endlich ein Kleid …

Die Schule konnte ich nur bis zur dritten Klasse besuchen. Meine Kindheit, das war die Zwangsarbeit in Deutschland. Die Deutschen haben mir nicht nur den Vater und die Verwandten getötet, sondern mir auch die Kindheit gestohlen. Meinen Lehrer haben sie erschossen, auch den Direktor, den Arzt. 40 Leute aus unserem Dorf haben sie an Bäumen aufgehängt oder erschossen.«

Ich frage, woher die Deutschen wussten, wer im Dorf der Lehrer, der Direktor, der Arzt war.

Sie schweigt. Dann sagt sie sehr ernst, sehr laut und sehr vorwurfsvoll: »In den schwarzen Uniformen steckten auch Ukrainer. Unsere eigenen Leute, die mit Hitler zusammen ihre Landsleute aufgehängt und erschossen haben … Hitler war so grausam zu uns, weil ihm der Wahrsager Nostradamus offenbart hatte, dass ein Mann aus Georgien kommen und ihn besiegen wird. Und Hitlers Flugzeuge waren, bevor die

Deutschen ins Dorf kamen, immer oben am Himmel. Unsere aber konnten nicht fliegen ...

Ja, die Kirche stand noch, als der Krieg zu Ende war. Aber später trafen sich die jungen Leute dort zum Tanz. Schlimm, nicht ...

Ich rede zu viel, Söhnchen! Ich komme noch ins Gefängnis, wenn ich zu viel rede. Musst nicht erschrecken, das war früher nur so eine Redewendung, verstehst du.

Weshalb sollte ich weinen, wenn ich dir all das Grausame, was geschehen ist, erzähle? Lachen bringt Gesundheit.

Heute kommen viele aus deinem Land zu uns. Wie glücklich wäre ich als Kind gewesen, hätten die Deutschen mir damals ein Kleid geschenkt. Nur ein Kleidchen für den Sonntag. Doch sie gaben uns nicht ein einziges Kleid damals, diese Deutschen. Heute kommen sie hierher und bringen uns säckeweise Kleider und Blusen und Anzüge, diese Deutschen. Ich verstehe nicht, weshalb sie heute das tun, was sie damals nicht getan haben. Sie bringen uns jetzt Kleider zum Tanzen. Aber wie soll ich mit meinem Stock noch tanzen?

Ich habe zwei gute Söhne und eine gute Tochter und fünf Enkelkinder. Und meine Mädchen haben immer Kleider tragen können. Und meinen Enkeln sage ich, wenn sie mich fragen, was wichtig im Leben ist: Bleibt bei dem, was ihr tut, immer ehrlich! Denn Gott sieht jeden Betrug. Er sieht alles.

Ja, Söhnchen, als alter Mensch fühlt man sich zwar manchmal nicht mehr gesund, aber man ist weiser geworden.«

Ich frage sie, was sie gedacht hat, als ich, ein Deutscher, heute vor ihrer Tür stand.

»Sie sind damals nachts gekommen, die Männer in den schwarzen Uniformen. Und sie haben die Tür eingetreten. Du, mein Söhnchen, bist am Tag gekommen und hast angeklopft.«

Oleg holt uns pünktlich wieder ab. Diesmal fährt er vorsorglich einen Kleinbus. Über dem Lenkrad baumeln das obligatorische Jesusbild, die zwei Zitronenduftbäume und der Wimpel der Deutsch-Sowjetischen Freundschaft aus Potsdam. Ich steige neben ihm ein. Obwohl er die höchste Stufe der Klimaanlage eingestellt hat, dösen oder schlafen die hinter uns Sitzenden. Als ich nach einer Viertelstunde immer noch nichts zu ihm gesagt habe, fragt er: »War es ein anstrengender Tag für dich?«

»Ja«, sage ich. Und schweige.

Er meint, dass er nach dem Umschwung im Land nichts geschenkt bekommen hat. »Die Autos nicht und die Häuser nicht. Weißt du, nur zu zählen vermehrt nicht das Geld. Würde ich sonst heute noch als Fahrer im eigenen Unternehmen arbeiten? Man darf den Kohlkopf nicht zerschneiden, bevor man ihn geerntet hat. Oder wie wir Ukrainer sagen: Auf dem Pferd sitzen heißt noch nicht, auf dem Pferd reiten.«

Er schüttelt seinen schwarzen Lockenkopf und erzählt stolz, dass er einen guten Freund hat, der eine Pelztierfarm besitzt. »Und wenn du dich mit ihm triffst, kannst du dir bei ihm fast alle deine Wünsche erfüllen. Sauna. Alte Frauen, die Essen kochen. Junge Frauen, die … auch Märchen erzählen. Golf spielen. Sogar mit dem Hubschrauber fliegen. Ich lade euch am Wochenende ein, da fahren wir zu ihm.«

»Danke, aber am Wochenende werden wir schon wieder in Deutschland sein.«

Er wiederholt, dass er gern mit uns fliegen würde. Doch vielleicht könnten wir seine Kinder … Also eines sei jetzt zum Ferienaufenthalt in den USA, das andere in den Karpaten. »Vielleicht könntet ihr organisieren, dass meine Tochter im Sommer mit den Tschernobyl-Kindern nach Weimar fahren kann. Nicht von den Spendengeldern, ich werde es bezahlen.«

Mich reitet der Teufel, und ich sage, dass ich bei den Verantwortlichen nachfragen werde. Aber dafür müsste er mir helfen, dass ich morgen, am letzten Tag, doch noch den Sarkophag von Tschernobyl, also das, weshalb ich eigentlich hierhergekommen bin, sehen kann.

Er nickt. »Ja, ja. Der Anfang ist missraten, wenn das Ende

fehlschlägt.« Und verspricht, dass er morgen einen Fahrer schickt, der den Weg nach Tschernobyl, auch durch die Kontrollstellen, sehr gut kennt. Ich sollte eine Flasche Wodka mitnehmen.

Am nächsten Morgen, die Feiertagsruhe in Kiew ist vorbei, brauchen wir wieder sehr lange, um aus der von Autos verstopften Hauptstadt herauszukommen. Auch auf der staubigen Straße in Richtung Tschernobyl wird es nicht kühler. Der Fahrer sagt: »In dieser Hitze sind die Strahlenwerte am höchsten.«

Er war schon dreimal am Katastrophenort. »Aber immer im Winter. Und immer mit offizieller Genehmigung.«

Ich sage nichts und halte die Flasche Wodka mit beiden Händen fest, damit sie in den Kurven nicht vom Sitz fällt. Wir fahren fast zwei Stunden. Etwa 40 Kilometer vor Tschernobyl, ich glaube es ist Ditjaki, werden wir vor einer Kontrollstelle angehalten. Der Uniformierte schaut meinen Pass an. Schüttelt den Kopf. Ich erzähle hilflos etwas von Tschernobyl-Hilfe. Er sagt nur: »Net! Ne wosmoshno – Nein! Nicht möglich.« Ich erkläre, was ich sonst nicht sage: dass ich Autor bin und über Tschernobyl schreiben möchte. Da kommandiert er noch energischer: »Net! Nasad! Nein! Zurück!«

Ich hole die Flasche Wodka aus dem Auto, gebe sie ihm und sage: »Ein Geschenk aus Deutschland.«

Er prüft, ob der Schraubverschluss noch versiegelt ist, und meint dann, dass die Fahrt vielleicht möglich wäre. Nicht mit unserem Auto, aber mit einem kleinen Bus, mit einer Gruppe, die in fünf Minuten hier sein wird.

Ich verstehe nichts. Rein gar nichts. Aber ich warte.

Kurze Zeit später kommt aus Richtung Tschernobyl ein Landrover. An seinen Türen die bunte Reklame eines Kiewer Reiseunternehmens. Drei junge Amerikaner steigen aus, stellen sich neben den Uniformierten, und ein vierter Mann, ein Deutscher mit schweren Bergstiefeln, fotografiert sie. Der kleinste der drei Amerikaner hält einen Geigerzähler in der

Hand, hebt ihn über den Kopf, damit man ihn gut erkennen kann, und bittet, noch einmal auf den Auslöser zu drücken. Danach fragt der deutsche Fotograf den noch im Auto sitzenden Russen: »Müssen wir unsere Schuhe wechseln?«

»Nein«, sagt der, »Sie hatten doch Galoschen über Ihre Stiefel gezogen.« Er nimmt den Geigerzähler und hält ihn an die Bergsteigerstiefel des Mannes. «Nicht einmal 30 Mikroröntgen. Das ist o. k.«

Ich frage den Bergsteiger, wo sie herkommen.

»Aus Tschernobyl.« Und ohne dass ich weiter fragen muss, erzählt er begeistert, dass sie von einer Aussichtsplattform direkt auf den Sarkophag sehen konnten. »Und dort kletterte der Zeiger unseres Dosimeters immer höher. Wahnsinn! Der Reaktor, die 180 Tonnen strahlende Masse und das kontaminierte Wasser, das sind 1000 Röntgen. 1000 Röntgen, wenn der Sarkophag beispielsweise bei einem Erdbeben einstürzt. Und 500 Röntgen sind tödlich.«

Er will mir die Fotos auf seiner Digitalkamera zeigen. Die Aufnahmen von Pripjat, der verstrahlten Stadt, in der nie mehr Menschen leben können. »Eine Geisterstadt, alles menschenleer und nur wir dort. Nur wir! Wahnsinn!«

Und Fotos vom Abschiedsessen in Tschernobyl. »Sauberes, von weit her geholtes Gemüse, Brot, Knoblauch, Fleisch. Wahnsinn!«

Ich schaue mir die Fotos nicht an. Aber seinen Geigerzähler. »Den bekommt jeder vor der Erlebnisexpedition und kann ihn zur Erinnerung an das einmalige Atomabenteuer mit nach Hause nehmen. Er ist im Preis inbegriffen.«

»In welchem Preis?«, frage ich.

»Man bezahlt 150 bis 250 Euro, je nachdem wie groß die Gruppe ist, die das Reisebüro in Kiew zusammenstellen kann. Manche Unternehmen bieten es billiger an, aber ohne Essen und ohne Geigerzähler.«

Er fragt, ob ich das russische Computerspiel »Stalker – Der Schatten von Tschernobyl« kenne. Das sei in Deutschland sofort auf den Top Ten gelandet. »Aber ich habe es nicht auf dem Computer, ich habe es in Wirklichkeit erlebt. Wahnsinn!«

Der Uniformierte kontrolliert inzwischen die Fahrgäste eines Kleinbusses, auf dessen Motorhaube ein Reklameschild »Einmaliger Extremtourismus! Die bizarrsten Tagestouren der Welt!« verspricht. Er fährt Touristen von Kiew nach Tschernobyl.

»Es sind noch drei Plätze frei. Für 130 Euro nehmen wir Sie mit«, sagt der ukrainische Reiseleiter.

Aber ich will plötzlich nicht mehr. Ich schüttele den Kopf. »Njet.« Steige in unser Auto und fahre zurück nach Kiew.

Am Abend rufe ich die Tagebuchschreiberin Galina an und sage ihr: »Ich habe Tschernobyl wieder nicht gesehen.«

Letzte Helden

Die gesunkene Elbschute
ODER
Ich suche Burkhard Oelze, »Held der Arbeit« 1983,
Baumaschinist am Zentralen Jugendobjekt »Erdgastrasse«,
1987 Baumaschinist in der Meliorations-
genossenschaft Tangerhütte

Ohne dass ich einem Menschen begegnet bin, laufe ich schon eine Viertelstunde ziellos durch das Neubaugebiet von Tangerhütte. Es ist Pfingstsonntag, mittags um zwölf. Kein Mann kommt vom Frühschoppen aus der Kneipe, und keine Oma sitzt auf einem der vor jeder Wohneinheit angebrachten Balkone. Ich sehe niemand, den ich fragen kann, wo der Bagger-fahrer Burkhard Oelze wohnt, der vor 25 Jahren in der Me-liorationsgenossenschaft Tangerhütte als »Held der Arbeit« ausgezeichnet worden ist. Wahrscheinlich ist der Pfingst-sonntag, mittags um zwölf, keine gute Zeit, um in einer frem-den Stadt einen mir unbekannten Mann zu finden.

Die Idee für die kriminalistische »Helden«suche hatte aller-dings nicht ich. Vor zwei Jahren schickte mir Rainer Bischoff aus Oppershausen (Niedersachsen) die Kopie einer Seite des »Neuen Deutschland« vom 26./27. August 1987. Unter der Überschrift »Höchstleistungsschichten zum Weltfriedenstag 1987« war ein langer Brief an Erich Honecker veröffentlicht, in dem ihm 51 »Helden der Arbeit« versprachen, zu Ehren des Weltfriedenstages (1. September – Jahrestag des Über-falls von Hitlerdeutschland auf Polen) neue vorbildliche Pro-duktionstaten zu vollbringen. Die 51 »Helden der Arbeit« – jährlich erhielten diese Auszeichnung weniger als hundert Bürger der DDR – waren, weil vom Zentralrat der Freien

Deutschen Jugend (FDJ) vorgeschlagen, damals nicht älter als 35 Jahre.

»Sie werden heute noch keine Rentner sein, und es wäre interessant, zu erfahren, was aus diesen Helden der sozialistischen Arbeit im Kapitalismus geworden ist«, meinte der Briefschreiber.

Mich reizte diese gleichermaßen kriminalistische wie soziale Erkundung, und als ich zufällig in der Nähe von Tangerhütte bin, beginne ich spontan und unvorbereitet nach Burkhard Oelze zu suchen.

Ich vermute, dass ein »Held der Arbeit« in der DDR privilegiert war und nicht wie andere Bürger jahrelang auf eine fernbeheizte Neubauwohnung warten musste. Und vielleicht wohnt er noch hier in der Plattenbausiedlung.

Das Neubaugebiet ist in die Jahre gekommen und hat sich durch Fliederbüsche und Bäume in eine grüne Oase verwandelt. In der Mitte des Häusergevierts wachsen auf der gepflegten Rasenfläche Rosenbüsche und Ziersträucher. Auf den Balkonen blühen die letzten Tulpen und die ersten Geranien. Fast alle Bewohner haben in Eigeninitiative ihre früher einsehbaren gleichförmigen Balkone rechts und links mit mehr oder weniger geschmackvollen individuellen Sichtblenden von den Nachbarn abgegrenzt. Sozialistische Hausgemeinschaft war einmal.

Neben den Kinderspielplätzen, den Teppichklopfstangen und Wäschepfählen stehen Bänke. Aber auf ihnen sitzt heute niemand.

Nach einer Viertelstunde entdecke ich, nur durch die Rasenfläche von mir getrennt, einen Radfahrer. Es ist ein älterer Mann mit weißer Weste und einer weißen Kappe. Ich rufe und winke, und er fährt über den frischgemähten Rasen zu mir herüber.

Als er vom Rad steigt, sage ich, dass er wegen mir doch nicht über den Rasen …

»Oh, ich darf das!«, antwortet er selbstbewusst.

Ich sage unsicher, dass ich ehemalige Beschäftigte der Meliorationsgenossenschaft Tangerhütte suche, und frage, ob er weiß, wo der Baggerfahrer Burkhard Oelze wohnt. Er schweigt einen Moment – ich bemerke, dass auf seiner Weste viele Patronentaschen ähnelnde Fächer aufgenäht sind –, dann sagt er im Brustton der Überzeugung, dass er – Horst Herrmann – hier fast alles weiß.

»Ich war zu DDR-Zeiten der Polizeichef von Tangerhütte.«

Burkhard Oelze hätte nicht hier im Neubaugebiet, sondern in einem Dorf an der Elbe gewohnt. Doch den früheren Leiter der Meliorationsgenossenschaft, Walter Nahrstedt, würde ich am Ende der Straße finden. Er berichtigt sich: »Nein, heute können Sie ihn nicht sprechen. Er ist verreist. Aber meine Frau hat dort als Buchhalterin gearbeitet.«

Als ich ungläubig über so viele Zufälle den Kopf schüttele, sagt er, ich müsste nicht staunen, dass hier so viele Meliorationsarbeiter wohnen.

»Das ist der Sauenstallblock!« Im Nachbarort hätte die LPG damals eine 100 000er Sauenanlage errichtet. »Die Häuser hier waren für die Mitarbeiter der LPG gebaut worden. Doch weil die Meliorationsleute beim Entwässern und Bewässern halfen, bekamen sie ein paar Wohnungen ab.«

Nach der Wende kaufte ein Holländer die Anlage. »Der füttert zwar weniger Säue, aber weil er keine Filter eingebaut hat, stinkt es, als ob er noch 100 000 Schweine mästete.« Der ehemalige Polizeichef schnuppert. Der Wind stehe gut. »Heute stinken nur die Müllkübel.«

Er würde gern länger mit mir sprechen, aber sie sind zum Pfingstbesuch eingeladen. Er wolle nur noch das Auto aus der Garage holen. In fünf Minuten sei er zurück, dann käme seine Frau aus dem Haus. Vielleicht dass sie noch drei, vier Minuten Zeit für mich haben würde.

Weil ich keine andere Ablage für mein Notizbuch als die gemauerte, in allen Neubaugebieten der DDR gleich aussehende Müllplatzumrandung finde, stelle ich mich neben die übelriechenden Kübel, lege das Buch auf die Mauer und beginne mir Notizen zu machen.

Eine Frau und ein Mann, beide wohl um die 50, steigen aus einem Auto und tragen Beutel und Körbe mit Flaschen und eine anscheinend sehr schwere Kühltasche zum Eingang des »Sauenstallblocks«. Als der Mann mich bemerkt, stellt er die Kühltasche ab, schaut mich prüfend an und fragt barsch, was ich hier aufzuschreiben hätte. »Sind Sie von der Stadtverwaltung? Sollen die Häuser abgerissen werden?«

Ob er schon Mitarbeiter der Stadtverwaltung gesehen hat, die am Pfingstsonntag arbeiten, könnte ich entgegnen, doch ich sage nur, dass ich in Tangerhütte nach Burkhard Oelze suche, der früher in der Meliorationsgenossenschaft gearbeitet hat.

Da grinst der Mann unverschämt. »Burkhard war mein Kollege. Als er 1986 von der Erdgastrasse aus der Sowjetunion zurückgekommen ist, bin ich zur Trasse gegangen.«

Nachdem ich die Sprache wiedergefunden habe, frage ich: »Weshalb ist Burkhard Oelze ›Held der Arbeit‹ geworden?«

»Der hat auch Sonnabend und Sonntag geschuftet. War auch in der Partei, hat aber vor allem ordentlich rangeklotzt. Burkhard wollte an der Trasse seine 3000 Ostmark monatlich auf die Hand. Das war damals verdammt viel. Und die hat er auch verdient mit seiner Schufterei. Ansonsten passierte das mit dem ›Helden‹, als ob du beim Skat zufällig einen Grand mit vieren auf die Hand bekommst.«

»Und weshalb sind Sie an die Trasse gegangen?«

»Ich hatte mir gedacht: Fred, du schaffst fünf Jahre in der Sowjetunion, kommst 91 wieder zurück und hast in der Zeit das Geld für einen Lada zusammen. Meine Autobestellung wäre 1991 fällig gewesen. Danach hätte ich den Lada für, sagen wir mal, 80000 DDR-Mark weiterverkaufen können … Ist eben alles anders gekommen. 1990, als es für uns an der Trasse zu Ende ging, zahlte man Westgeld für die Arbeit in der Sowjetunion! Und ich habe mir einen VW gekauft. Mein

134

Vater hatte sich in den 30er Jahren immer einen Volkswagen gewünscht, sich aber nie einen leisten können.«

Nach der Rückkehr von der Trasse hat die Meliorationsgenossenschaft Fred Pingel nicht mehr gebraucht. Seitdem ist er Brunnenbauer. Und seine Frau Monika die Chefin der Volkssolidarität in der Altmark.

Das könnte ich gern aufschreiben. Und es wäre allemal besser, als wenn ich zum Abriss vorgesehene Neubaublocks notieren würde, sagt er lachend.

Schon an der Haustür stehend, ruft er: »Der ›Held‹, der Burkhard Oelze, wohnt in Grieben.«

Als die Frau des ehemaligen Polizeichefs aus dem Haus kommt, gehen wir in den Schatten eines Drogeriemarkts. Zur Wende hat sie noch als Buchhalterin in der Genossenschaft gearbeitet. »Da stimmten die Bilanzen. Während der sieben Jahre, in denen ich die Bücher führte, hatten wir keine Schulden.«

Als nach der Wende niemand wusste, ob die Landwirtschaftlichen Produktionsgenossenschaften erhalten bleiben würden oder die Erben der früheren Gutsbesitzer den Grund und Boden zurückbekämen, sei auch in der Meliorationsgenossenschaft alles drunter und drüber gegangen. »Aber da war ich schon nicht mehr dabei. Aus der Genossenschaft ist inzwischen eine Gesellschaft mit beschränkter Haftung geworden.«

Lisa und Horst Herrmann haben es sehr eilig. »Wenigstens zu Pfingsten muss man als Gast pünktlich sein«, sagt die Frau.

Ich frage, ob die Häuser des Neustädter Rings abgerissen werden. Davon weiß nicht einmal der ehemalige Polizeichef etwas. »Der Block, in dem wir wohnen, ist schon renoviert.« Ich sehe es. Die rechteckigen Balkone sind jetzt rund.

In Grieben steht auf einer Anhöhe mitten im Dorf eine restaurierte Bockwindmühle.

»Sie dreht sich noch«, sagt eine Frau, die daneben auf der Bank sitzt und ihr blumengemustertes Kopftuch, das von den weißen Haaren heruntergerutscht ist, neu verknotet. Ich frage, ob sie wisse, wo Herr Oelze wohnt.

»Meinen Sie den Baggerfahrer Burkhard oder seinen Bruder, den Ingenieur Walter?« – »Den Baggerfahrer.«

Sie zeigt mir den Weg. An einem hohen Holztor, neben dem Bretter den Blick in den Hof versperren, ist unter dem Namensschild »Burkhard Oelze« das Zeichen des Griebener Mühlenvereins angebracht. Ein weiteres Schild warnt vor dem Hund. Der sei schneller als jeder Besucher, denn er brauche bis zum Tor nur Sekunden! Eine Klingel finde ich nicht.

Vorsichtig öffne ich das Tor einen Spaltbreit, und sofort beginnt der Hund zu bellen. Ich nehme an, dass die Hausbewohner es hören und bald nachschauen werden. Der Hund kläfft immer bedrohlicher, doch niemand kommt. Ich öffne noch einmal das Tor, sehe, dass der Köter in einem Zwinger eingesperrt ist, gehe zum Haus und klingele an der offenen Verandatür. Im Haus höre ich lautes Geschrei. Ein Junge tritt heraus, fragt, was ich will, und versucht den Lärm im Haus zu übertönen: »Der Vata soll mal runterkommen!«

Es dauert. Und dann steht ein Baum von einem Mann in der Tür. Burkard Oelze, der »Held der Arbeit« – es ist der erste, den ich in meinem Leben sehe –, füllt die Tür aus. Sein Kopf stößt an die Oberkante und seine Schultern an den Türrahmen. Ich entschuldige mich für die Störung am Pfingstsonntag. Er winkt ab. Zu ihm aufschauend, erkläre ich, dass ich über DDR-Betriebe und gute Arbeiter recherchiere, beispielsweise über die Meliorationsgenossenschaft Tangerhütte und den Burkhard Oelze, den ausgezeichneten Baumaschinisten, Trassefahrer und …

Er schaut mich böse an und schüttelt schweigend den Kopf.

Ich versichere ihm, dass ich ihn nicht lange befragen würde.

Wortlos schüttelt er wieder den Kopf.

Ich versuche es noch einmal. Wenn es ihm heute nicht passte, käme ich in ein oder zwei Wochen wieder, denn das Gespräch wäre mir sehr wichtig.

Da sagt er sehr laut: »An meiner Arbeit ist der Sozialismus nicht kaputtgegangen!« Und will die Tür zumachen.

Das kann nicht der Anfang und das Ende meines Gesprächs mit dem ersten gefundenen »Helden der Arbeit« sein, denke ich und sage: »Vielleicht nur hier an der Tür ein paar Fragen.«

Er dreht sich um und antwortet barsch: »Ich sagte Ihnen schon: An meiner Arbeit ist der Sozialismus nicht kaputt-gegangen! Schönen Pfingstsonntag noch, der Herr. Und Tschüss!«

Der »Held der Arbeit« schließt die Tür. Wie ein begosse-ner Pudel stehe ich auf der Schwelle. Erst als der Hund er-neut zu bellen beginnt und im Haus eine Frau herumschreit, gehe ich.

Die weißhaarige Dame sitzt noch neben der Windmühle. Als ich ihr von meinem missglückten Versuch erzähle, meint sie, dass es nicht ungewöhnlich wäre, von Herrn Oelze abgewie-sen zu werden.

»Burkhard war schon früher schweigsam, der hatte immer nur seine Arbeit im Kopf. Und jetzt ist es genauso. Er arbeitet in der Woche als Baggerfahrer in Cuxhaven, und wenn er nach Hause kommt, gibt es wieder nur Arbeit. Höchstens mal ein Bier und die Bildzeitung. Mehr hat er doch nicht, der Oelze.« Und da würde man eben auch mal laut. »Sein Bruder Walter wohnt nebenan. Der ist ruhiger und umgänglicher«, sagt sie.

Das Tor steht offen. Ein langer Weg führt durch einen weit-läufigen Garten, in dem große Büsche blühender Pfingst-rosen stehen. Vor dem Haus sitzt außer einem alten Mann, der Bienenwabenkästen bastelt, ein jüngeres Ehepaar. Der Mann ist zwar nicht so dick und kräftig wie Burkhard Oelze, aber sein rundes Gesicht verrät ihn auf den ersten Blick als den Bruder.

Ich rede nicht drum herum, sondern erzähle, was ich von seinem Bruder wissen wollte und wie er mich gleich abgewie-sen hat.

»So ist er nun mal, der Burkhard. Er will Kohle machen wie jeder heutzutage, mehr nicht«, sagt die Frau.

Sie legt ihre Hand auf die des Mannes und lächelt ihn an. »Manche haben aber kein Glück dabei.«

Der Mann steht auf und fragt, ob ich die Elbe sehen möchte. Als wir durch den hinteren Garten gehen, in dem Bienenhäuser stehen, entschuldigt sich Walter Oelze, weil wir aus der Entfernung nicht die Elbe, sondern nur den Hochwald am Ufer und die Fähre sehen können.

Vielleicht wollte er mir nicht die Elbe zeigen, sondern lediglich einen Moment mit mir allein sein.

»Auf der Elbe ereilte uns, das heißt die Firma, die ich leitete und zu je einem Drittel mit zwei Ostfriesen teilte, das große Unglück. Ich hatte einen Schlepper und eine Schute gekauft, um auch Wasserbau machen zu können. Der Schlepper und die mit Spundbohlen beladene Schute sind gesunken. Weil die Spundbohlen wie Panzersperren kreuzweise aufgerichtet im Fluss lagen, musste der gesamte Schiffsverkehr auf der Elbe eingestellt werden. Wir hatten die Bohlen Gott sei Dank gemietet. Sie waren also genau abgezählt. Die Bergung haben wir bezahlen müssen, aber wären die Spundbohlen nicht aufgelistet gewesen, hätten die Taucher noch tagelang suchen müssen.«

Doch dieses Unglück sei nicht die einzige Ursache für den Untergang, für die Insolvenz der Firma gewesen.

»16 Jahre – in denen ich mit meiner Frau lediglich dreimal eine Woche, also insgesamt 21 Tage, in den Urlaub gefahren bin – war ich Tag und Nacht nur für die Firma da. Weil … Wissen Sie, ich habe noch nie eine Sache mit dem halben Arsch gemacht. Als es auf das Ende zuging, wachte ich jede Nacht schweißgebadet auf. Wir waren 30 Leute, verstehen Sie, 30 Leute, für die ich Verantwortung hatte.«

An den Gräben zwischen den Feldern und Wiesen der Flussaue stehen Weiden und Haselnusssträucher. Die Bienen sammeln Blütenstaub.

Wieder auf dem Hof vor dem Haus sitzend, bedauert der Mann, dass er mir nicht mehr über den »Helden der Arbeit«, seinen fünf Jahre jüngeren Bruder, erzählen kann. »Doch wenn heute die sechs besten Raupenfahrer Deutschlands gewählt würden, wäre mein Bruder einer davon.«

Die Frau will wissen, welchen der »Helden«, die damals den Brief an Honecker unterschrieben haben, ich als Nächsten besuchen wolle.

Ich zucke mit den Schultern. »Nach diesem entmutigenden Beginn?«

Die Lebensgeschichte eines »Helden der Arbeit« sei nicht interessanter und unterscheide sich wahrscheinlich nicht grundsätzlich vom Leben anderer DDR-Bürger, tröstet sie mich.

Sie war Agraringenieurin in der LPG Pflanzenproduktion. »Später musste ich auf zwei Hochzeiten tanzen: Als 1991 mein Mann die Firma gegründet hatte, arbeitete ich zusätzlich bei ihm als Buchhalterin. Unser ältester Sohn studierte Bauingenieur, er sollte den Betrieb später übernehmen. Es war alles gut durchdacht.«

»Nein, nicht gut genug«, unterbricht sie der Mann. »Wir hatten nicht einkalkuliert, dass der Kapitalismus wirklich so funktioniert, wie es bei Marx steht. Außerdem haben wir geglaubt, dass es vielleicht andere, nie aber uns erwischen wird.«

Ich bin neugierig auf seine Geschichte.

»Es ist keine Heldengeschichte«, meint er und lächelt zum ersten Mal während unserer Begegnung.

1975 hat der Diplomingenieur für Melioration als Abteilungsleiter in der Genossenschaft Tangerhütte angefangen und wurde später stellvertretender Betriebsleiter. Die Wende und den Niedergang der Genossenschaft (»auch weil die LPG ihre Anteile herausholte beziehungsweise ihre neuen Schulden einbrachte«) hat er nicht mehr mitverantworten müssen. Er war ehrenamtlicher Parteisekretär gewesen. »Und von einem Tag zum andern behandelten mich die Kollegen, mit denen ich viele Jahre sehr gut zusammengearbeitet hatte, als wäre ich ein Ganove.«

Als »Kommunistenschwein« wollte er sich nicht beschimpfen lassen.

»Obwohl ich keine neue Stelle in Aussicht, also nichts in der Hinterhand hatte, bin ich sofort gegangen. Danach schlug ich mich als Vertreter für Kommunalmaschinen schlecht und recht durch.«

»Kommunalmaschinen?«

»Das sind Rasenmäher, Motorsensen, Laubstaubsauger, kleine Presslufthämmer, alles, was eine Kommune an Gerätschaften zur Landschaftspflege braucht.«

Bei einer dieser Vertreterreisen, er wollte einem ehemaligen Studienfreund ein Boot zum Entkrauten der Gräben verkaufen, erzählte dieser Kumpel, dass in Ostfriesland zwei Männer eine Firma für Deich-, Wasser- und Tiefbau gründen wollen und dafür einen dritten Mann suchen. Einen aus dem Osten. Walter Oelze wurde der dritte. 1991 eröffneten sie ihre Firma.

Jeder zahlte 8000 DM in das Unternehmen ein. Für einen Kredit über 100 000 DM, den der Direktor der Genossenschaftsbank gewährte, gab er sein Haus als Sicherheit. Die Ostfriesen bürgten mit einer Versicherungspolice und der Hypothek auf einen Erbschaftsanspruch. Das Unternehmen lief gut. Die Ostfriesen ließen sich nur selten sehen, nahmen aber monatlich jeweils 3000 DM aus der Kasse. Sie überredeten Walter Oelze, größere Bagger zu kaufen, um an der Elbe auch Deiche bauen zu können.

»Damals arbeitete mein Bruder noch bei uns. Als der Schlepper und die Schute auf der Elbe gesunken waren, hörte er auf und ging nach Cuxhaven. Heute bin ich froh darüber, denn wenn man dem Bruder den Lohn nicht mehr auszahlen kann, ist das furchtbar.«

Nach dem ersten Bauboom stagnierten die Geschäfte. Auftraggeber wie die Bahn bezahlten die Rechnungen nicht, und die Fördermittel für die Neugründung von Firmen im Osten liefen aus. Westdeutsche Firmen, die Millionen als Reserve auf der Bank liegen hatten, heimsten sich mit Dumpingpreisen Aufträge ein. Manchmal standen Oelzes neue Bagger tagelang still.

Als später die Sicherheiten für den Kredit geprüft wurden, musste er alle Schulden allein tragen, denn die Sicherheiten der zwei Ostfriesen entpuppten sich als Luftnummern. Zwar hatte der eine die Versicherungspolice unterschrieben, aber sie war auf eine andere Person ausgestellt. Und bei der Erbschaft stand der andere Ostfriese erst an neunter Stelle.

Walter Oelzes Zeit als Unternehmer endete 2007 mit den schlimmsten Wochen seines Lebens. »Ich wollte damals nicht glauben, dass man mich, einen erfahrenen Diplom-Ingenieur, der 16 Jahre lang nur für die Firma gelebt hat, so leicht bescheißt. Dann die Gerichtsverfahren! 30 Leute standen im Regen, weil ich nicht einmal mehr den letzten Lohn auszahlen konnte! Das noch vorhandene Geld erhielt der Insolvenzverwalter. Ich hatte mir nicht vorstellen können, dass es eine ganze Kaste von Insolvenzverwaltern mit vielen Büroangestellten gibt, die vom Untergang anderer Firmen leben. Wie die Aasgeier.«

Nach der Insolvenz, als seine Selbstachtung, wie er sagt, auf dem Nullpunkt angelangt war, hat er ein Büro für Bauleistungen gegründet. »Mit mir als einzigem Beschäftigten.« Die Baufirmen, für die er unter anderem in Braunschweig arbeitet, hatte er, weil er ehrlich sein wollte, zuvor über seine Insolvenz informiert.

»Doch niemand nahm dort Anstoß daran. Wahrscheinlich ist in dieser Gesellschaft völlig normal, was für unsereinen immer unnormal sein wird.«

Ich will wissen, ob es sinnvoll ist, dass ich noch einmal zu seinem Bruder gehe.

»Wenn er nicht reden will, redet er nicht.«

Aber weil es »mein« erster Held ist, schreibe ich ihm eine

Woche später einen Brief und bitte, ihn besuchen zu dürfen. Er antwortet nicht.

Es bleibt also bei dem Satz des »Helden der Arbeit« Burkhard Oelze: »An meiner Arbeit ist der Sozialismus nicht kaputtgegangen.«

Das Beständige
ODER
Ich suche Peter Thurmann, »Held der Arbeit« 1975,
Jugendbrigadier im VEB Werk
für Fernsehelektronik Berlin,
1987 dort Hauptabteilungsleiter

Bestimmt kann es nicht schwer sein, einen ehemaligen Hauptabteilungsleiter zu finden, und nachdem mir eine ältere Frau, die ich am Bahnhof Schöneweide nach dem früheren Werk für Fernsehelektronik frage, im Brustton der Überzeugung sagt: »Det WF weiß hier doch jeder. Fast alle in Schöneweide waren WFler, ick och!«, werde ich noch zuversichtlicher.

Als ich wissen will, ob sie auch den Hauptabteilungsleiter Peter Thurmann kennt oder jemanden, der ihn kennen könnte, teilt sie mir stolz mit: »Nee, wir waren schließlich 10 000!«

»Und heute?«

»Vielleicht 200.« Der SAMSUNG-Konzern hätte nach der Wende die Bildröhrenproduktion übernommen. »Aber nachdem ihm dafür ein paar Millionen DM Steuergelder in den Arsch geblasen worden sind, hat er die Halle schnell wieder dichtgemacht.«

Ich könnte mir das anschauen. Die schon vor dem 1. Weltkrieg gebauten Werksteile wären nicht abgerissen worden. »Dort steht alles noch unter Naturschutz! Nehmen Sie die Straßenbahn und steigen Sie nach der Wuhlheide aus, junger Mann.«

Weil wir immer häufiger an großen Fabriken mit eingeschlagenen oder blinden Fensteraugen vorbeifahren, frage ich den mir gegenübersitzenden Mann, ob das schon Gebäude des ehemaligen Werkes für Fernsehelektronik sind.

»Nein, das waren Hallen vom Röntgenfilmbetrieb.«

Zwar steige ich an der richtigen Haltestelle aus, laufe aber zuerst Hunderte von Metern an einer scheinbar endlosen Fabrikwand entlang. Vom alten Betrieb ist nichts zu sehen. Ein Fußgänger zeigt mir schließlich den historischen Turm, auf dem immer noch in großen Buchstaben für SAMSUNG geworben wird. Daneben und dahinter befinden sich die alten mit Türmen und Torbogen verzierten Betriebsteile.

Ich mache den Fehler, nicht wie selbstverständlich am Wachhäuschen vorbeizugehen, sondern mich anzumelden und zu sagen, dass mich die Vergangenheit interessiert und ich den alten Betrieb ansehen möchte. Der schwergewichtige glatzköpfige Security-Mann wird nicht älter als 30 sein. Er weiß weder, dass hier einmal 10 000 Beschäftigte Farbbildröhren, Dioden und elektronische Kleinteile hergestellt haben (mit denen in der DDR die sogenannte wissenschaftlich-technische Revolution vorangetrieben werden sollte), geschweige denn, dass er den Begriff »Held der Arbeit« kennt.

Schließlich vermutet er, dass ich die Kaderakte und Lohnabrechnungen für meinen Rentenbescheid benötige. Diese Papiere würden oben bei einer der letzten Angestellten von SAMSUNG aufbewahrt. Er ruft Frau Möller an.

Frau Möller hat leider keine Zeit. Sie besitzt auch nicht die Personalakte des Kollegen Thurmann. »Also wird ihn SAMSUNG nicht übernommen haben.« Unter der Bedingung, dass ich keine Werkhalle betrete, nicht fotografiere und wieder an diesem Eingang herauskomme, erlaubt sie dem Security-Mann, dass er mich auf das Betriebsgelände lässt.

Nur selten läuft ein Mensch über den Hof. Also fotografiere ich trotz des Verbotes die Schilder von Holz-, Metall-, Werbe- und Baufirmen, die in die alten Büro- und Technikerräume des WF eingezogen sind.

Vor dem Tor mit dem Schild »Dunkel – Werkzeugbau« werden Paletten mit Verpackungsmaterial abgeladen. Ich mische mich unter die Leute und gehe, als gehöre ich dazu, in den Betrieb hinein. Ein junger Mann sagt mir, dass der Chef und die meisten älteren Kollegen früher im WF gearbeitet haben. Im Vorzimmer des Geschäftsführers Dunkel bestätigt mir die Sekretärin, dass Herr Dunkel Abteilungsleiter im Werkzeugbau des WF war. Ob er mir helfen kann, den Abteilungsleiter Peter Thurmann aus der Produktion zu finden, weiß sie nicht. Aber ich solle kurz warten.

Auf dem Tisch im Sekretariat stehen gefüllte Weihnachtstüten, in einer großen Schale liegen einige Kilo Plätzchen.

Herr Dunkel, ein großer kräftiger Mann, kommt im Eilschritt aus seinem Büro, dreht sich an der Tür noch einmal um, stopft drei Weihnachtsplätzchen in sich hinein, drückt mir nach Kumpelart die Hand, bis sie knackt, sagt, dass er in zwei Minuten wieder hier ist, dann für mich vier Minuten Zeit hat, greift noch einmal in die Plätzchenschale und schimpft lachend, dass er mit seinen 62 Jahren schon viel zu dick ist. Nach zwei Minuten kommt er wirklich wieder zurück, schubst mich in sein Zimmer. Ohne dass wir uns erst setzen, versuche ich im Schnelldurchlauf zu erklären, was ich will.

Ja, sagt er, er wäre Abteilungsleiter gewesen, aber einer von vielleicht 500 oder 600.

»Viele unnütze darunter, und fast alle waren Rote. Aber ick war nicht von der roten Sorte. Nicht in der Partei, also konnte ick die Karriereleiter auch nicht höher klettern.«

Die Wende sei seine Chance gewesen.

»In dem Buch ›Der Titan‹ des Amerikaners Theodore Dreiser steht sinngemäß: Nach Kriegen oder Revolutionen herrscht immer Unordnung! Da muss man richtig zuhauen und zulangen.« Er hätte die Chance genutzt und richtig zugelangt. »Zuerst habe ich fünfzehnmal vergeblich versucht, den Werkzeugbau aus dem WF herauszulösen. Doch bei der Privatisierung hatten die Roten bessere Karten. Sie entließen zuerst die Kollegen und nutzten dann ihren Einfluss bei der Treuhand. Nach meinen erfolglosen Versuchen haben dann 40 Kollegen je 5000 DM hingelegt. So bekam ich die 200 000 DM, die wir bei der Treuhand nachweisen mussten, zusammen. Jeder gab 5000! Das muss man sich vorstellen, es war schließlich 1990, und alles hätte schiefgehen können.«

Er schaut auf die Uhr. Vier Minuten sind um. Es tue ihm leid, aber er müsse in die Technologie. Ich solle den Peter Thurmann in der Firma »Silicon Sensor« suchen. »Diese Firma hat nach der Wende auch ein WFler, der Abteilungsleiter Dr. Kriegel, gegründet. Und vielleicht bekam Ihr ›Held der Arbeit‹ – die Roten sorgten doch füreinander – dort einen Job.«

Lachend wünscht er mir Glück bei der Suche, drückt wieder meine Hand, bis es wehtut, langt in die Plätzchenschale und läuft im Eilschritt aus dem Sekretariat.

Ein schon sehr betagter Arbeiter, der neben uns gestanden hat, meint, dass er mir vielleicht weiterhelfen kann. Er kennt zwar Peter Thurmann nicht, dafür aber den »Alleswisser des Werkes für Fernsehelektronik«, Rolf Brandt, der schon vor 89 Vorträge über die Betriebsgeschichte gehalten und nach der Wende Betriebszeitungen und Dokumente vor der Vernichtung bewahrt hat.

»Meine Frau, die Ilse, war mit seiner Frau, einer Buchhändlerin, befreundet. Die legte ihr immer Bücher von Volker Braun oder Günter Grass, die es nur unter dem Ladentisch gab, zurück.« Er schreibt mir eine Adresse im Allende-Viertel auf.

Unentschlossen überlege ich, ob es erfolgversprechender ist, zuerst den 92-jährigen »WF-Archivar« oder die neue Firma des Dr. Kriegel aufzusuchen. Mein Berliner Gastgeber Arno Schnorrenberg, er hatte 1984 in der DDR einen Drei-Mann-Betrieb zur Reparatur von Medizingeräten gegründet und beschäftigt mittlerweile 170 Facharbeiter, kennt Dr. Kriegel und dessen Chip-Fabrik. Das heißt, Arno Schnorrenberg kennt

Dr. Kriegel über Edgar Most. Der war früher stellvertretender Chef der DDR-Staatsbank, danach der einzige Ostdeutsche in der obersten Führungsetage der Deutschen Bank und später als Rentner auch Vorsitzender des Aufsichtsrates von »Silicon Sensor«.

»Und Dr. Kriegel war Geschäftsführer und Vorstandschef von ›Silicon Sensor‹.«

»War?«

»Ja, kurz vor der Eröffnung eines neuen Betriebsteiles hat man ihn rausgeschmissen. Auch Edgar Most nahm damals seinen Hut, und nun sitzen dort nur noch drei Wessis im Aufsichtsrat.«

Auch die Geschichte des Dr. Kriegel sei interessant und aufschreibenswert.

Trotzdem fahre ich zuerst zur Allende-Straße. Ich verehre Salvador Allende, aber in diesem Neubauviertel ist ihm wahrscheinlich zu viel der Ehre angetan worden. Eine halbe Stunde laufe ich vielleicht zwanzig verschiedene Wege oder Straßen entlang, die sich kreuzen oder als Quadrate beziehungsweise Kreise angelegt worden sind und alle Salvador-Allende-Straße heißen. Sie unterscheiden sich nur durch die anscheinend willkürlich verteilten Hausnummern. Die Eingänge der Nummern 81 und 82 sind beispielsweise fast einen Kilometer voneinander entfernt. Und selbst die Berliner, die seit 30 Jahren hier wohnen, können mir nicht weiterhelfen, die richtige Nummer zu finden.

Schlimmer kann es nicht sein, Peter Thurmann zu finden, denke ich.

Als mir Rolf Brandt schließlich seine Wohnungstür öffnet, erschrecke ich. Danach überkommt mich das Gefühl, helfen zu müssen. Ich möchte den hageren kleinen Mann beim Gehen stützen und ihm wie einem Kind über den Kopf streicheln.

In seiner Wohnstube hält er sich an der Schreibtischplatte fest und setzt sich sehr langsam in einen dicken braunen, an der Lehne abgewetzten Ledersessel. Bevor er zu sprechen beginnt, muss er Luft holen. Als er sich erholt hat, stopft er sich eine Pfeife. Die Ärmel seiner Strickjacke hängen wie die einer Schlenkerpuppe herab. Auch seine Unterlippe findet am fast zahnlosen Mund keinen Halt. Seine weißen Haare, die auf dem Kopf schon gelichtet sind, stehen dagegen vorwitzig in die Höhe.

An allen Wänden befinden sich bis an die Decke mit Büchern und Zeitungen gefüllte Regale. Ungeordnet liegen vergilbte Papiere, Broschüren, Werbeprospekte, Werkzeuge, Plastebeutel, Quittungen und Fotos auf Schränken, Tischen und dem Fußboden.

Mein neugieriges Umherschauen bemerkend, verteidigt sich Rolf Brandt leise: »Ich bin ein Meister im Chaos. Früher habe ich alles mit einem Griff gefunden. Das Chaos ist mir geblieben. Der Griff nicht mehr.«

In dem schummrigen Raum sind einige Glühlampen durchgebrannt. Ich will ihm, weil er es nicht mehr kann, neue einschrauben.

»Nein«, protestiert er. »Heute kommt mein Pfleger, der macht das schon.«

Ich sei schließlich nicht bei ihm, um Lampen zu reparieren. Ohne aufzustehen, langt er nach einer abgegriffenen Ledertasche, öffnet die zwei Schlösser und holt Zeitungsartikel heraus.

Die meisten Daten hat er im Kopf. Um Zahlen und Namen zu lesen, nimmt er wie ein Briefmarkenhändler eine große Lupe zu Hilfe und hält sie, das linke Auge zukneifend, dicht an das rechte.

Der von 1915 bis 1917 gebaute AEG-Betrieb sollte nach dem 2. Weltkrieg sofort demontiert werden, weil man dort im Krieg auch Regler für U-Boote und die Verbrennungsöfen der Erfurter Firma Topf und Söhne produziert hatte. Die sowjetische Kommandantur stoppte die Demontage, verwandelte den Betrieb in eine sowjetische Aktiengesellschaft, schickte aber viele der Ingenieure mit ihren Familien nach Leningrad. Sie sollten dort Dioden für die Raumfahrt entwickeln. Im späteren volkseigenen WF wurden elektronische Bauelemente, 1968 die erste Mikrowelle der DDR und nach dem Bau eines neuen Betriebsteils auch Farbbildröhren hergestellt.

Auf einem Zettel hat Rolf Brandt auch Stichworte seines Lebens notiert. 1917 geboren. Lehre als Kaufmann. Hitlerjugend. Im Krieg als Feldwebel in Frankreich und der Sowjetunion. Vormarsch bis in den Kaukasus. 1944 bis 48 sowjetische Kriegsgefangenschaft und Antifa-Seminare. Danach, wie er schreibt, »ein vernünftiger Mensch geworden«. 1948 Mitarbeiter der SED-Kreisleitung in Köpenick. 1956 bis 83 Leiter der Bildungsstätte im WF. Danach als Rentner seiner Frau in der Betriebsbuchhandlung geholfen.

»Dort habe ich nach der Wende gesehen, wie Bücher von Brecht, Aitmatow und Jack London rausgeschmissen und durch die von Simmel und Konsalik ersetzt worden sind. Und aus den Fenstern der Werkhallen warf man Material und Maschinen, die zuvor teuer aus Schweden importiert worden waren.«

Er weiß nicht, was ihn mehr geschmerzt hat: die weggeworfenen Bücher oder die entsorgten Maschinen. »Wahrscheinlich die Bücher.«

Wenn die Kraft reichen würde, sagt der alte schmächtige Mann, würde er sich noch einen Wunsch erfüllen: »Ein kleines Buch über mein Leben schreiben. Aber ich weiß nicht, unter welcher Fahne ich es schreiben sollte. Ich war ein begeisterter Hitlerjunge und habe geglaubt, dass die anderen Völker die Bösen sind und wir Deutschen uns gegen sie verteidigen müssen. Ich habe erst den Ostwall mitgebaut und dann den Westwall. Wer Mauern baut, um sich gegen die anderen zu verteidigen, der will den Frieden, dachte ich. Verstehen Sie …«

Das sei das Leben unter der einen Fahne gewesen. In der sowjetischen Kriegsgefangenschaft fragte ihn ein Deutscher: Was wolltest du im Kaukasus? Er wusste keine Antwort.

Als er aus der Sowjetunion heimkehrte, ist er in die SED eingetreten und erhielt sofort – »es war eben nicht alles ideologisch« – die Aufgabe, sich um andere Kriegsheimkehrer zu kümmern, ihnen Essenmarken und Arbeit zu beschaffen. Im WF arbeitete er dann in der Bildungsstätte der Partei. »Das war mein Leben unter der anderen Fahne.«

»Und heute?«

»Seit 1989, als meine Frau, sie ist in diesem Jahr mit 75 gestorben, schwer krank wurde, bin ich kaum mehr aus dem Haus gegangen. Ich habe sie Tag und Nacht gepflegt.«

Er besitzt noch die Generalstabskarte, auf der die Stationen des Feldzuges der 50. Infanteriedivision eingezeichnet sind. Und er besitzt die Betriebszeitungen des VEB Werk für Fernsehelektronik. Wir finden im Jahrgang von 1975 den Artikel über die Auszeichnung des Jugendbrigadiers Peter Thurmann als »Held der Arbeit«.

Was Peter Thurmann heute macht, weiß der alte Mann nicht. Aber er kennt die Adresse der ehemaligen stellvertretenden Vorsitzenden der BGL (Betriebsgwerkschaftsleitung) Roswitha Goerlink.

»Die von der BGL waren mitverantwortlich für seine Auszeichnung.«

Als ich gehen will und ihn bitte, sitzen zu bleiben, protestiert er energisch, hält sich am Schreibtisch fest, quält sich schnell atmend hoch und setzt ein Bein vor das andere. An der Tür sagt er: »Kannst mich doch zum Abschied mal umarmen.«

Ich nehme ihn vorsichtig, als könnte ich ihm dabei wehtun, in die Arme.

Den Neubaublock am Anton-Saefkow-Platz in Berlin-Lichtenberg finde ich sehr schnell.

Roswitha Goerlink sagt mir gleich zur Begrüßung – ich nehme an, sie rechnet mit meinem erstaunten Protest –, dass sie im nächsten Jahr 70 wird. Ich zweifle wirklich daran, denn sie ist nicht nur farbenfroh mit langem rosa Pullover und blauer Hose gekleidet, sondern trägt einen modischen Kurzhaarschnitt und hat die Lippen sorgfältig geschminkt.

Sie erinnert sich an Peter Thurmann als einen blauäugigen, blonden hübschen Lockenkopf. Allerdings wäre er bei der Auszeichnung gerade mal 20 geworden, und sie war schon 35 und stellvertretende BGL-Vorsitzende. Nein, die BGL hat den Peter Thurmann nicht vorgeschlagen.

»Ganz oben sagte man: Es muss ein guter Berliner Betrieb sein, da wählte man uns aus. Hier im Betrieb sagte man: Es muss ein guter Produktionsbereich sein. Das war die Bildröhre. In der Bildröhre sagte man: Es muss eine gute Abteilung sein. Weil es ein junger ›Held der Arbeit‹ sein sollte, musste es eine gute Jugendbrigade sein. Und in dieser guten Jugendbrigade fand man dann Peter Thurmann, den Brigadier. Wahrscheinlich hat bei ihm kadermäßig alles gestimmt. Einer, der eine hohe Auszeichnung bekommen sollte, ist abgelehnt worden, weil er kein Mitglied der ›Deutsch-Sowjetischen Freundschaft‹ war.«

Inzwischen weiß sie, dass Lebensläufe oft von der Gnade der Geburt abhängen. »Wäre mein Vater Pfarrer gewesen, hätte ich vielleicht in der Jungen Gemeinde mitgemacht, wäre Mitglied der CDU geworden oder Oppositionelle. Doch bei mir ist alles geradlinig, DDR-mäßig gelaufen.« Geboren ist sie zwar in Berlin-Kreuzberg. Doch weil ihr Vater, Lagerist und Expedist, in Westberlin keine Arbeit bekam und seine Schwester, eine antifaschistische Widerstandskämpferin, in Ostberlin wohnte, zog die Familie in den Osten.

»Vater in den Osten gegangen, Tante im Widerstand gewesen, da war politisch für mich alles klar. Pionier und so … Ich wollte entweder Friseuse oder Verkäuferin werden. Gegen die Friseuse war der Vater, gegen Verkäuferin die Mutter. Die war selber Verkäuferin und meinte, als Verkäuferin wäre ich zu zickig. Damals gab es eine FDJ-Kampagne ›Mädchen in technische Berufe‹, und da schickte mich mein Vater als Mechaniker-Lehrling in das spätere Werk für Fernsehelektronik.«

Beim Sich-dreckig-Machen sei sie sehr schnell Meister Matz gewesen und hätte alle Jungs übertroffen. »Doch von der Technik verstand ich so viel wie ein Eskimo von der Bienenzucht. Außerdem hatten die Männer in der Werkstatt die Kampagne ›Mädchen in technische Berufe‹ anscheinend nicht richtig verstanden.«

Aber sie entwickelte sich »DDR-mäßig« weiter: früh geheiratet, zwei Kinder, neben der Arbeit zusätzlich den Meister gemacht und schließlich Brigadier einer Jugendbrigade. »Alles junge hübsche Weiber mit Flausen im Kopf, die ich, eine Gleichaltrige, anleiten sollte. Aber ich wusste nicht, wie man das macht, das Anleiten.«

Sie war sehr glücklich, als man sie zum Gewerkschaftsvertrauensmann wählte. »Zum Vertrauens*mann*!, so hieß das eben. War mir auch egal, denn für meine gute Arbeit als Vertrauensmann schickte man mich, da war ich gerade mal 24, für drei Jahre zur zentralen Gewerkschaftsschule nach Bernau. Als ich zurückkam, wurde ich hauptamtliche stellvertretende BGL-Vorsitzende, verantwortlich für Soziales, also Wohnungen, Kinderkrippen, FDGB-Urlaub … Und fürs Politisch-Ideologische, denn nur 11 Prozent der Beschäftigten waren Genossen und wurden im Parteilehrjahr geschult. In der Gewerkschaft dagegen waren alle Arbeiter und Angestellten des Betriebes organisiert.«

Nach der Wende hat sie sich nicht als Funktionärin in die neue bundesdeutsche Gewerkschaft wählen lassen. Mitte der 90er, bei der ersten Entlassungswelle, wurde sie in die Personalabteilung versetzt und musste maschinenlesbare Betriebsausweise anfertigen. »Maschinenlesbare Ausweise für Tausende Kollegen, die ein knappes Jahr später bei der zweiten Entlassungswelle keinen maschinenlesbaren Betriebsausweis mehr brauchten.« Auch Roswitha Goerlink nicht. Umschulungsmaßnahme. 13 Monate Überbrückung. Tod des Mannes. Schließlich Mitarbeiterin bei einem Projekt, das junge Leute für eine Neueinstellung fit machen sollte. Danach Vorruhestand.

»Und politisch?«

»Als der SAMSUNG-Konzern, nachdem er hier fünf Jahre viel Geld abgeschöpft hatte, die letzten 1 200 WFler auf die Straße setzte, weil er die Produktion nach Ungarn verlagerte, demonstrierte ich mit den Kollegen dagegen. Erreicht haben wir nichts.«

Wortreich entschuldigt sie sich, dass sie, obwohl ich doch wegen Peter Thurmann gekommen sei, so viel über sich erzählt hat.

Leider könne sie mir nicht sofort mit einer Telefonnummer oder der Adresse helfen. Aber morgen würde sie das für mich erledigen.

In dieser Gewissheit könnte ich mir die Begegnung mit Dr. Kriegel sparen, aber ich habe mich schon mit ihm verabredet. Er wohnt in Zeuthen am See und schlägt vor, dass wir uns in der »Kaiserpagode«, einem China-Restaurant, treffen.

Obwohl ich vom S-Bahnhof fast eine halbe Stunde laufe, bin ich pünktlich. Doch in der gut gefüllten »Kaiserpagode« versteht die immer wieder »Reserviert bitte?« fragende Chinesin nicht, dass ich einen Dr. Kriegel suche. Der Chef kommt, verbeugt sich vor mir, aber auch er hat keine Ahnung von einem Dr. Kriegel. Ich setze mich an einen freien Tisch, bestelle grünen Tee und beobachte die Ankommenden.

Alle, die durch die mit Phantasiefiguren geschmückte Tür treten, werden sofort an einen Tisch geführt. Nach zehn Minuten bleibt ein Mann suchend an der Tür stehen. Er sieht allerdings nicht wie ein Unternehmer, sondern eher wie ein Jogger aus. Auf seinem dunklen Sweatshirt steht »Silicon Valley«. Das ist das amerikanische Zentrum für elektronische Hightech. Ich nicke ihm zu, er nickt zurück und setzt sich zu mir.

Peter Thurmann, erklärt er bedauernd, arbeitet nicht bei ihm.

»Doch ich arbeite auch nicht mehr bei mir«, ergänzt Dr. Kriegel und verzieht sein Gesicht zu einem missglückten Lächeln.

Nach der Wende versuchte der Diplom-Physiker, der in der DDR zum Thema »Kleine Transistoren für das Satellitenfernsehen« promoviert hatte, die Chip-Produktion des WF auszugliedern. Er gründete dazu erst den »Sensor Institut Verein e. V.«, denn für eingetragene Vereine gab es ABM und andere Maßnahmen. Wie man eine Firma gründet, wusste er nicht.

In Nürnberg lernte er zwei Vertriebsleute von amerikanischen Elektronikfirmen kennen. »Die staunten, dass wir im Osten Chips produzieren. Denen habe ich damals gesagt: ›Mit solchen Chips – und die von den Sowjets waren teilweise schlechter als unsere – flogen die Freunde ins Weltall und haben Raketen gebaut, mit denen sie das Weiße Haus getroffen hätten.‹ Die beiden haben dann von München aus den Vertrieb unserer Chips organisiert, und ich bin – weil die Telefonverbindung von Berlin-Ost nach München noch nicht funktionierte – täglich mit dem Auto in die Westberliner Prinzenstraße gefahren. Dort gab es einen Münzfernsprecher.«

Später Betriebsgründung, Aktienausgabe, Gewinne gemacht, dann das Robotron-Werk in Dresden gekauft, ein Zweigwerk im amerikanischen Silicon Valley aufgebaut, Mitte 2008 über 40 Millionen Euro Umsatz …

Und er war der Vorstandschef der Firma.

Am 17. Oktober 2008 sollte ein vor allem durch sein Engagement entstandenes neues Werk mit einer Betriebsfeier eingeweiht werden. Vier Wochen davor wurde er vom Aufsichtsrat als Vorstandschef entlassen.

»Einen Grund dafür gab es nicht. Aber nun können dort die drei übriggebliebenen Wessis alles unter sich ausmachen. Der ostdeutsche Mohr hat seine Schuldigkeit getan.«

Ich habe Hunger. Wir sollten außer Tee endlich auch was zu essen bestellen. Vielleicht knusprige Ente? Aber der Doktor erzählt von der Zeit nach dem Rausschmiss.

»Nachdem ich im Betrieb nichts mehr zu tun hatte, versuchte ich die Entwicklung (2009 Kurzarbeit und 10 Millionen Euro weniger Umsatz) emotionslos aus der Ferne zu betrachten. Trotzdem muss ich den Frust irgendwie abreagieren. Zweimal in der Woche treibe ich unter Leitung eines Trainers fünf Stunden Sport und ernähre mich von Eiweißkonzentrat. In neun Wochen habe ich 18 Kilo abgenommen!«

Er sagt es nicht stolz, und ich verkneife mir endgültig die Frage, ob wir »knusprige Ente« bestellen.

Ob er, wie der Chef vom »Werkzeugbau Dunkel« behauptet hat, ein Roter sein musste, um die Chip-Produktion nach der Wende ohne Probleme privatisieren zu können?

»Ich bin Diplom-Ingenieur, habe promoviert und kann logisch denken, das war alles, was ich brauchte.« Nach einem langen Schweigen relativiert er: »Allerdings war meine Einschätzung, dass ich als Vorstandschef wegen meiner Fachkenntnis und weil ich die Firma gegründet habe, unverzichtbar bin, eine logische Fehleinschätzung erster Klasse.« Und was das Rote beträfe: »Ich bin als Abteilungsleiter für die Produktion von fotoempfindlichen Bauteilen kein Genosse gewesen und kein Reisekader für das nichtsozialistische Ausland. Segelboot und Trabi waren meins.«

Mit seinem großen Auto bringt er mich zum Bahnhof. Als er sich verabschiedet hat, hole ich mir am Kiosk zwei Currywürste.

Roswitha Goerlink hält Wort. Am nächsten Tag bekomme ich die Telefonnummer von Peter Thurmann. Ich freue mich nicht überschwänglich, denn das bedeutet noch nicht, dass er mit mir über sich sprechen wird.

Meine Bedenken sind unbegründet. Peter Thurmann schlägt sofort vor, dass wir uns in der Frankfurter Allee in einer Gaststätte treffen. Er hat dort allerdings nur 90 Minuten Zeit für mich, danach muss er zum Fußballtraining.

Peter Thurmann wartet vor dem Eingang der Kneipe »Zum Bauernlümmel«. Zuerst fallen mir seine Augen auf. Sie sind wirklich strahlend blau. Vom Lockenkopf ist allerdings nichts mehr zu sehen. Stattdessen ein kahler Vorderkopf und stoppelkurze Haare.

Der kleine, aber kräftige Mann bestellt sich ein Bauernfrühstück und ein Bier. Hinter seinem Platz hängt ein in Fraktur gemalter Spruch: »Mit Gott fang an, mit Gott hör auf. Das ist der beste Lebenslauf.« Aber den kann er nicht sehen.

Nach dem zweiten Bissen legt er schon die Gabel weg, weil er mir die Sache mit der Zeit und dem Fußball erklären will.

»Wir spielen seit 1974 Fußball. Jeden Dienstag. Anfangs waren es Verwandte und Freunde. Später kamen Bekannte und Nachbarn dazu. Und nun sind auch unsere Kinder dabei. Seit 35 Jahren jeden Dienstag.«

»Eine Volkssportmannschaft, die bei Turnieren Siege einheimst?«

»Nein. Wir spielen nie gegen andere Mannschaften, sondern nur gegen uns. Wenn zwölf kommen, sechs gegen sechs. Wenn wir acht sind, vier gegen vier.«

»Und wenn Sie neun sind?«

»Erhält die schwächere Mannschaft zusätzlich den fünften Spieler und …«

Ich unterbreche ihn und frage ohne lange Einleitung: »Wie viel Geld hing am ›Held der Arbeit‹?«

»10 000. Damals habe ich mir einen 111er Wartburg gekauft.«

»Und keine Neider?«

»Ich habe es doch nicht hinausposaunt, wie viel es war.« Außerdem müsste ich wissen, dass seine Jugendbrigade – er war mit 21 Jahren der stellvertretende Meister – zum Teil aus Gleichgesinnten bestand. »Die meisten hatten zwar wie ich Abitur gemacht, aber keinen Studienplatz erhalten. So etwas schweißt zusammen.«

Er unterbricht sich und isst erst einmal. Aber nur zwei, drei Bissen, dann redet er weiter.

»Der Vater meines Vaters war Jurist. Deshalb wurde mein Vater als junger Mann in der DDR nicht zum Ökonomiestudium zugelassen und ließ sich 1958 oder 59 in Westberlin an der Freien Universität immatrikulieren. Er bestand die ersten Prüfungen sehr gut, und eine große Westberliner Firma bot ihm nach Abschluss des Studiums eine Stelle in ihrer Verwaltung an. Unsere Familie, ich war gerade in die Schule gekommen, plante, 1962, am Ende seines Studiums, in den Westen zu ziehen. Am 13. August 61 war mit der Mauer sein Studium vorzeitig beendet und die Lebensplanung der Familie null und nichtig. Er hat dann als Buchhalter im VEB Kohlehandel gearbeitet.«

Nun sind die Bratkartoffeln kalt. Er isst sie trotzdem auf.

Die Eltern hatten ihn christlich erzogen. Statt zur Jugendweihe ging er zur Konfirmation. Er trat auch nicht – was damals selten war – in die Pionierorganisation ein und hatte es deshalb schwer, zur Erweiterten Oberschule zugelassen zu werden. Und obwohl er während der Oberschulzeit als Sportverantwortlicher seiner Klasse in der FDJ mitarbeitete, war er kein Mitglied. Erst nachdem er seine Studienbewerbungen abgeschickt hatte (»keiner sollte denken, ich würde wegen der Studienzulassung vorher schnell eintreten«), wurde er Mitglied. Wahrscheinlich zu spät. Peter Thurmann erhielt weder für das Zahnmedizin- noch das Sportmedizinstudium eine Zulassung.

»Es blieb also nur eine Arbeit bei Bahn, Post oder auf dem Bau. Dort nahm man jeden. Und hier in Berlin das Werk für Fernsehelektronik. Eine eintönige Arbeit, Bildschirm polieren und so was, aber 700 Mark in drei Schichten, das war damals viel Geld. Und nach nur vier Jahren im Betrieb – da hätte ich beim Studium gerade mal das Diplom geschafft –, war ich dort schon ein ›Held der Arbeit‹.«

»Und dazwischen?«

»Nichts Besonderes. Mit 21 wurde ich Facharbeiter und heiratete Bärbel, die ich seit der vierten Klasse kannte. Nach drei Jahren bestand ich die Meisterprüfung. 1975 Geburt unseres Sohnes.«

Das sei alles gewesen. In vier Jahren von einem, bei dem der Familienstammbaum nicht astrein war und der nicht zum Studium zugelassen worden war, zum »Helden der Arbeit«.

»Unsere Jugendbrigade war eine gute Truppe. Wenn einer umzog, haben wir auch mal die Wohnung gemeinsam gemalert, zusammen Fußball gespielt, Teeabende organisiert.« Plötzlich sei man drin gewesen in solch einem Taumel, einer Begeisterung, in dem Versuch, ein neues sozialistisches Verhalten anzuerziehen. »Dazu das ganze politische Drumherum, die Weltfestspiele, nach denen ich dachte, dass es mit dem Sozialismus in der Welt gutgehen könnte. Die Wahl in den Zentralrat der FDJ, Reden halten, zu besserer Arbeit aufrufen …«

Er schaut auf die Uhr und meint, dass er vielleicht auch erzählen sollte, wann und wodurch er begriffen hatte, dass Ideal und Wirklichkeit in der DDR oft weit auseinanderklafften.

Ich bestelle mir einen Wodka.

»Als frischgebackener ›Held der Arbeit‹ musste ich zur Armee. Ich wollte wegen des gerade geborenen Sohnes nicht weit weg, am besten beim Medizinischen Dienst in Berlin bleiben. Doch ich kam ins Eichsfeld an die Grenze. Beim ersten Postengang brachte mir der Postenführer die lebensnotwendigen Verhaltensweisen eines Grenzers bei. Statt an der Grenze hin und her zu laufen, bezogen wir Posten in einem verlassenen Gebäude. ›Setz dich, trink und iss was‹, sagte der Postenführer und begann über den Weg einen Draht zu spannen, an den er Metallgegenstände hängte, die bei der kleinsten Berührung zu klappern anfingen. ›Damit wir hören, wenn ein Grenzverletzer kommt?‹, fragte ich. ›Ne‹, sagte der, ›damit wir aufspringen, wenn es einem Kontrolloffizier einfallen sollte, nach uns zu schauen.‹ Wir haben oft dort gesessen.«

Wieder im WF, merkte Peter Thurmann, dass die Jugendbrigade nicht mehr die von vor zwei Jahren war. Viele der Mitstreiter waren weg und neue nicht dazugekommen.

»Da beschlossen ein Kumpel und ich, auf einer Tagung der jungen ›Ausgezeichneten‹ zu sagen, was im WF wirklich Sache ist. Nach vielen Diskussionen konnte ich unseren Diskussionsbeitrag unzensiert auf dem Treffen im FDJ-Zentralrat halten. Er wurde allerdings nie veröffentlicht, und im Betrieb hat sich auch nichts verändert.«

Später ist Peter Thurmann an die TH Ilmenau gegangen. »Dort gab es das sogenannte Industrieinstitut, das war eine Fakultät für ausgewählte Kader. Dort konnte man das Diplom als Ingenieurökonom machen. Ich dachte, na ja, vielleicht nutzt dir so ein Diplom in der Zukunft. Aber es nutzte mir nichts – nach der Wende konnte ich es ins Altpapier schmeißen.«

Ich möchte noch wissen, was er als Diplom-Ingenieur im WF gemacht hat.

»1984 bauten die Japaner die moderne Farbbildröhrenproduktion auf, und ich wurde dort einer der Hauptabteilungsleiter.«

»Da lief dann alles nach japanischem Muster und hocheffektiv?«

»Eigentlich ja. Doch wir hätten diese Anlagen noch weiter hochfahren, noch mehr automatisieren können, aber dadurch Leute entlassen müssen. Automatisieren und Humanismus gehen nicht zusammen. Das merkt man doch heute.«

Als Absolvent des Industrieinstitutes besuchte er in dieser Zeit auch eine Schulung, auf der Professor Iwanow, ein Berater des ZK der SED, Vorlesungen hielt. »Von ihm erfuhren wir beispielsweise, dass die DDR in Zahlungsschwierigkeiten geraten wäre, wenn Strauß nicht den Milliardenkredit rübergereicht hätte. Ich schrieb alles eifrig in die extra dafür ausgegebenen Hefte. Doch am Ende der Schulung mussten wir die Hefte abgeben. Die DDR-Wirklichkeit war topsecret.«

1988 bot man ihm an, für einige Jahre zum Studium nach Moskau zu gehen. Zum Glück hat er damals dankend abgelehnt.

»Das wäre wie mit dem Westberliner Studium vom Vater ausgegangen. Anfangen, aber aufhören müssen, ohne zu Ende studiert zu haben.«

Als am 9. November die Nachricht von der Maueröffnung im Radio kam, schlief er schon. Seine Frau weckte ihn um 23 Uhr. Sie schauten sich im Fernsehen an, wie die Menschen jubelnd in den Westen liefen.

»Ich orakelte: ›Da wird morgen früh keiner zur Arbeit erscheinen.‹ Doch nicht einer von den Produktionsarbeitern der Bildröhre fehlte. Vielleicht trieb alle die unbewusst geahnte Unsicherheit über die Zukunft in den Betrieb.«

Peter Thurmann war schon im Mai 1990 als Hauptabteilungsleiter überflüssig. »Damals sagte meine Sekretärin, dass es Jobs bei einer Versicherung gibt, der blauen, der Debeka. Sie würden Leute suchen, die sich im Osten auskennen. Ich habe das dann 10 Jahre lang gemacht. Lebens-, Unfall-, Haftpflichtversicherung – alles.«

Das Schwierigste bei diesem Job sei das Misstrauen der Kunden. »Wenn du glaubst, dass der Gegenüber denkt, dass du ihn nur bescheißen willst, musst du ihm immer gerade in die Augen schauen. Niemals mit dem Blick nach rechts und links oder nach unten ausweichen.«

Inzwischen ist Peter Thurmann seit neun Jahren selbständiger Versicherungsmakler und bietet die Leistungen der meisten Versicherungsgesellschaften an.

Doch auch in dieser Branche hätte man versucht, das »Auge-in-Auge-Gespräch« zwischen dem Vertreter und den Kunden durch Internetkontakte zu ersetzen. Beispielsweise könnte man die nötigen Kontaktdaten von Kunden über Anbieter als Datensätze kaufen. Aber diese Online-Kontakte wären oft risikovoll. Er schätze das persönliche Gespräch.

Peter Thurmann fasst, bevor er bezahlt, unser 90-Minuten-Gespräch zusammen, indem er trocken sagt: »Durch die Wende hat der Mensch auch im Osten seine eigentliche Bestimmung wiedererhalten: nicht für das Kollektiv, sondern für sich selbst leben.«

Als wir aufstehen, zeige ich ihm den Spruch, vor dem er mit dem Rücken gesessen hat. »Mit Gott fang an, mit Gott hör auf. Das ist der beste Lebenslauf.«

Er lacht und sagt: »Erst nach der Wende bin ich als überzeugter Atheist und wegen der Kirchensteuer aus der Kirche ausgetreten.«

Pünktlich verabschiedet er sich zum Fußballtreff.

Sie spielen nicht um Turniersiege gegen andere Mannschaften. Sie spielen nur miteinander gegeneinander.

Seit 35 Jahren jeden Dienstag.

»Manches hat eben Bestand«, sagt er.

Das Wand-an-Wand-Gespräch
ODER
Ich suche Sigrid Punga, »Held der Arbeit« 1983,
Schärerin im VEB Chemiefaserkombinat Schwarza,
1987 Hausfrau

Ohne meine Kaderakte, die mir der DDR-Schriftstellerverband 1990 geschickt hatte, würde ich mich heute nicht mehr erinnern, dass mich vor 30 Jahren die Schärerinnen der Jugendbrigade »Völkerfreundschaft« zur Erfüllung ihres Kultur- und Bildungsplanes in das Chemiefaserkombinat Schwarza (CFK) eingeladen hatten. In dieser Akte fand ich auch einen mir unbekannten Brief der Meisterin Erika Ehrhardt. Sie hatte nach der Lesung aus »Fänger und Gefangene« im Namen der Schärerinnen vorgeschlagen, den Schriftsteller L. S. mit dem Kunstpreis der Gewerkschaft auszuzeichnen, »weil er die Arbeit in der DDR ungeschönt beschreibt«…

Es regnet, als ich im Januar 2010 vor dem sich immer noch kilometerweit zwischen Rudolstadt und Schwarza ausdehnenden Gelände des 1935 gebauten Zellwollbetriebes stehe, in dem 1989 rund 6 500 Menschen gearbeitet haben. Der Schneematsch taut, und in den großen Pfützen der betonierten Freiflächen, auf denen vor der Wende noch Hallen und Baracken standen, spiegeln sich die Konturen der übriggebliebenen Hochhäuser von Verwaltung, Granulatherstellung und Papierfabrik, des 120 Meter hohen Abgaskamins der thermischen Verwertung und des alles überragenden Kraftwerkschornsteines, der nun statt mächtiger Braunkohlewolken dünne weiße Wölkchen in den Himmel bläst.

Ich suche die Prof.-Hermann-Klare-Straße, die nach dem früheren Direktor des Schwarzaer Betriebes und späteren Präsidenten der Akademie der Wissenschaften in der DDR benannt worden ist. Dort werden sich, das hatte mir der Vorsitzende des Geschichtsvereins »Chemiestandort Schwarza e. V.«, Konrad Eberitzsch, am Telefon gesagt, die Vereinsmitglieder treffen und die Firma »MMS – Stahl- und Anlagenbau GmbH« besichtigen. Und ich hoffe, dass sich einer der Anwesenden an den »Helden der Arbeit« Sigrid Punga erinnert.

Im Konferenzzimmer neben dem neuen, glasverkleideten Empfangsbüro des MMS sitzen zwei Frauen und ein gutes Dutzend Männer. Die Männer zerknautschen die nasse Kappe oder Pudelmütze in den Händen oder legen sie ordentlich gefaltet neben ihre Tasse. Vor dem Platz von Konrad Eberitzsch, einem nicht sehr großen Mann mit randloser Brille, dessen Haare trotz der sich ausbreitenden Geheimratsecken noch sorgfältig gescheitelt sind, stapeln sich Broschüren, dicke Hefter und lose Blätter. Seit ihrer Vereinsgründung 2005 besichtigen sie heute den achten neuentstandenen oder noch erhaltenen Betrieb des ehemaligen Chemiefaserwerkes Schwarza.

Die Thüringer Landesentwicklungsgesellschaft (LEG) hatte den ehemaligen volkseigenen Großbetrieb übernommen, nachdem das CFK von einem Inder »gekauft« worden war, der erst Millionen abzockte und dann auf Nimmerwiedersehen verschwand. Die LEG versuchte neue, kleine Unternehmen auf dem Gelände anzusiedeln.

Mit 71 ist der ehemalige stellvertretende Technische Direktor des Chemiefaserwerkes und spätere Gründer des MMS, Dr. Silge, einer der Jüngsten im Geschichtsverein. Der umtriebige weißhaarige Mann, der 1990 mit zwei Gleichgesinnten aus der Hauptmechanik, in der etwa 1 400 Leute beschäftigt waren, einen 50-Mann-Stahlbaubetrieb ausgliederte, hilft immer noch ehrenamtlich als Berater des neuen Geschäftsführers Thomas Klein. Inzwischen arbeiten im Betrieb 85 Leute, und Dr. Silge zählt auf, was sie schon gebaut haben: das Metro-Einkaufszentrum in Erfurt, ein 4,5 Kilometer langes Stahlgeländer für die IHK in München, Traversen für die Fußballstadien vom FC Sankt Pauli und von Energie Cottbus, Stahltore für die Heidecksburg in Rudolstadt, die Stahlträger der Papstbühne »Wolke« für den Besuch des Heiligen Vaters in Köln, eine Sprungschanze in Biberau, die Biodieselanlage in Malchin, das Umweltbundesamt in Dessau …

Begonnen hatte es mit dem Bau kleiner Obsthallen und der Annonce eines hessischen Unternehmers, der für seinen Maschinenbaubetrieb ostdeutsche Facharbeiter suchte. Dr. Silge erzählt, wie sie nach Hessen gefahren sind, um dem Unternehmer für seinen hessischen Betrieb zwar keine Arbeiter, aber ihren neugegründeten thüringischen Stahlbaubetrieb zu verkaufen.

Nachdem der Unternehmer das in einer vierstündigen Verhandlung strikt abgelehnt hatte, brachte er sie zu ihrem Auto, um ihnen eine gute Heimfahrt zu wünschen. »Wir besaßen damals nur einen Lada. Als der Hesse den sah, bat er, weil er noch nie in einem ›russischen Auto‹ gefahren sei, uns in dem Lada zum Essen chauffieren zu dürfen. Danach übernahm er unseren Betrieb.«

Während der alte und der neue Geschäftsführer die Erfolgsgeschichte des MMS erzählen, kramt Konrad Eberitzsch in seinem Papierstapel und schiebt mir schließlich lachend einen Ausschnitt der CFK-Betriebszeitung aus dem Jahr 1983 über den Tisch. Auf einem Foto ist eine junge Frau mit

FDJ-Bluse inmitten einer Gruppe von Kindern und Kinder-
gärtnerinnen zu sehen. Eines der Kinder gratuliert ihr, als
hätte sie Geburtstag. Darunter steht: »Zur hohen Auszeich-
nung mit dem Titel ›Held der Arbeit‹ wurde Genossin Uphal,
Mutter der 5-jährigen Christin, auch von den Erziehern und
Kindern des Kindergarten-Dauerheimes beglückwünscht.
Herzlichen Glückwunsch! Die Kinder und Mitarbeiter des
Kindergarten-Dauerheimes Schwarza gratulieren der Schärerin Sigrid Uphal zu ihrer hohen Auszeichnung als Held der
Arbeit aus den Händen unseres Staatsratsvorsitzenden, Genossen Erich Honecker. Wir sind stolz auf unsere fleißige
Mutti, trägt sie doch als Initiator einer neuen Wettbewerbs-
bewegung zur Erhöhung der Produktion von Polyamidseide
zur Stärkung unseres sozialistischen Staates bei. Als Erzieher
und technische Mitarbeiter einer Kindereinrichtung unterstützen wir ihre Forderung zum Pfingsttreffen der Jugend,
eine Stationierung neuer nuklearer USA-Mittelstrecken-
raketen auf dem Territorium von Westeuropa zu verhindern.
Unsere Kinder, unser kostbarstes Gut, sollen in Frieden aufwachsen. Kollektiv des Kindergarten-Dauerheimes«

Beim Rundgang durch die neuen Büros und die alten Werkhallen des Betriebes erklärt mir Konrad Eberitzsch, dass Sigrid Punga bei ihrer Auszeichnung noch Sigrid Uphal hieß. Da
sie wie die anderen Schärerinnen in drei Schichten arbeitete,
war sie froh, dass ihr Kind im Kindergarten-Dauerheim des
Betriebes gut betreut wurde.

Alles andere, den Text und so, könnte ich vergessen.

Am längsten stehen die Vereinsmitglieder vor einer Radial-
bohrmaschine aus dem Jahr 1932. An ihrem gusseisernen
Standfuß kleben die »Inventarliste VEB CFK Schwarza« und
die bundesdeutsche TÜV-Prüfscheibe nebeneinander.

Ein Vereinsmitglied erklärt dem 40-jährigen neuen Geschäftsführer, der als Schmied im CFK begonnen hat: »Die
meisten von uns, die Sie hier sehen, sind für die heutige Zeit
schon so etwas wie Dinosaurier. Wir haben im Betrieb gelernt

und sind nach vielen Arbeits- und Studienjahren schließlich Abteilungsleiter, Bereichsleiter und Direktoren geworden. In 20 Jahren werden die Dreherlehrlinge von heute wohl immer noch – wenn sie überhaupt Arbeit haben – Dreher sein.« Und er setzt hinzu: »Es ist vieles anders geworden.«

»Ja, vieles ist anders«, sagt Dr. Silge. »Wir bekommen heute den Stahl nicht mehr streng kontingentiert wie in der DDR, sondern erhalten so viel, wie wir wollen! Das heißt, so viel wir bezahlen können.« Die Stahlträger, die sie hier zusammenschweißen, würden immer dicker und immer länger und sind nur noch mit Spezialautos zu transportieren.

Ich sage, dass sie Glück haben, weil sie den Stahl nur aus der etwa 15 Kilometer entfernten Maxhütte holen müssen.

Dr. Silge schüttelt den Kopf. »Wir bekommen unseren Stahl aus Oberhausen, aus dem Ruhrpott.« Noch bevor ich eine gehässige Bemerkung über die solidarische Unterstützung der heimischen Industrie machen kann, erklärt er mir, dass die Maxhütte in Unterwellenborn wie andere Stahlwerke nur liefert, wenn der Kunde im Voraus bezahlt. »Das können wir nicht, denn wir erhalten unser Geld erst, wenn wir den Stahl eingebaut haben.«

Das Stahlwerk im 400 Kilometer entfernten Oberhausen dagegen hat Vertrauen zu dem ostdeutschen Betrieb.

»Und die Ostsolidarität zwischen den hiesigen Betrieben?«

Er schaut mich entgeistert an. »Wo leben Sie denn? Jeder muss heute sehen, wie er mit dem Arsch an die Wand kommt. Es ist wirklich alles anders als früher.«

Nicht alles. Die Frühstücksecken in der Werkhalle haben sich wenig verändert. Zwar gibt es jetzt Bananen auf den Tischen, aber daneben liegen immer noch Blechstullenbüchsen, und an den Wänden kleben, wie schon in der DDR, Poster, auf denen nackte Frauen den Arbeitsalltag der Männer verschönen sollen.

»Früher musste man die Aktbilder beim Friseur heimlich aus dem dort liegenden, nur durch Beziehungen erhältlichen

›Magazin‹ herausreißen. Und wenn man einen Westonkel hatte, dem es gelungen war, einen ›Playboy‹ durch den Zoll zu schmuggeln, dann klebte man die nackten Westfrauen mit farblosem Lack an die Wand, damit sie nicht geklaut werden konnten«, sagt einer der Werkstattleiter und ergänzt, dass die Nackedeis an den Wänden heute, »viel geöffneter als früher sind«. Wahrscheinlich hätte er deshalb vor ein paar Jahren, als der Thüringer SPD-Chef Matschie die Viskosefabrik besichtigen wollte, von seinem Chef die Order erhalten, die Aktbilder in den Frühstücksbuden und an den Wänden der Hallen zu entfernen.

»Doch ich habe alle hängen lassen! Schließlich kam der Matschie in kein Mädchenpensionat. Er hat sich die Bilder auch nicht von nahem angeguckt.«

Nach unserem Betriebsrundgang gibt es eine programm- und altersbedingte Pinkelpause im neuen Verwaltungstrakt. Die Männertoilette schmückt ein Kalender mit nackten Frauen.

Und was hängt nebenan auf der Frauentoilette?

Ich frage die Sekretärinnen im gläsernen Eingangsbereich. Sie offenbaren mir lachend, dass sich in der Frauentoilette ein Kalender mit nackten Männern befindet.

»Seit zwei Jahren sind wir in dieser Beziehung gleichberechtigt.« Sie hätten sich auch mal »was Gutes gönnen wollen«.

Ich komme zu spät in den Versammlungsraum. Die Vereinsmitglieder diskutieren schon über alte und neue Bilanzen, fragen nach Umsätzen, Materialbeschaffung und Erweiterungsmöglichkeiten. Nur ein hochaufgeschossener schlanker Mann schweigt. Man sieht ihm weder an den Augen noch an den Händen eine Reaktion auf das Gesagte an.

»Unser Dichter«, hatte mir Konrad Eberitzsch gesagt. Er berichtigte sich sofort, denn Gerhard Häußler sei kein Dichter, wohl nicht mal Schriftsteller, sondern Marktforscher, der die Geschichte des CFK aufgeschrieben und in zwei Buchexemplaren hätte drucken lassen.

»Kommen Sie als Abteilungsleiter auch darin vor?«

»Nein, ich bin nur einmal erwähnt, weil ich nach der Wende als Gewerkschaftsvertrauensmann bei seinem Entlassungsgespräch anwesend war.«

Gerhard Häußler war einer der wenigen, die in der DDR-Planwirtschaft die Sisyphus-Aufgabe hatten, die internationalen Gepflogenheiten der kapitalistischen Märkte der sozialistischen Obrigkeit (die danach selten etwas veränderte) zu erklären. Er gehörte in Rudolstadt zu den kirchlichen Oppositionellen der Wendezeit.

»Ausgerechnet als die sozialistische Planwirtschaft von der kapitalistischen Marktwirtschaft abgelöst worden war, entließ man den erfahrenen Marktforscher. Den nun lukrativen Posten wollten sich die ehemaligen Planungsdirektoren, die seinerzeit so unflexibel waren, unter den Nagel reißen«, mutmaßt Konrad Eberitzsch.

Am Ende der Gesprächsrunde findet der Vereinsvorsitzende in seinen Akten noch ein Foto von Sigrid Uphal. Als Delegierte der FDJ-Grundorganisation »Wilhelm Pieck« hatte sie auf dem Kongress der Arbeiterjugend in Berlin gesagt: »Vielleicht wird mancher von der anderen Seite nach unserem Kongress verbreiten, außer neuen Aufgaben in der Produktion habe die Partei der Jugend nichts zu bieten gehabt. Wir sagen ihnen schon heute: Neue Arbeit, das ist sehr viel, das brauchen und wollen wir. Wir werden hart arbeiten, um unsere selbstgesteckten Planziele zu verwirklichen und uns auch persönlich etwas zu leisten.«

Auf dem Foto richtet sie an ihrer Schärmaschine die Fäden. Sie trägt über Jeans und Rollkragenpullover nur eine ärmellose, schmale, in der Taille rechts und links zu bindende blau-weiß gepunktete Schürze. Die drei neben ihr lachend für den Fotografen eine Diskussion imitierenden jungen Kolleginnen haben weiße bis zu den Ellenbogen reichende, die übrige Kleidung verbergende Dederonkittel an. Eine davon kommt mir bekannt vor. Ich frage Konrad Eberitzsch: »Ist das die Meisterin der Jugendbrigade, Erika Ehrhardt?«

Er nickt und fragt verdutzt, woher ich sie kenne, und ich erkläre es ihm.

»O Gott«, sagt er, »wie klein war doch die Welt der DDR.«

Erika Ehrhardt hat er erst vor zwei Wochen in Rudolstadt getroffen. Ihre Abteilungsleiterin, die Hella Schlötzer, würde die Adresse der Meisterin von Sigrid bestimmt kennen. »Ihr Mann, Horst Schlötzer, ist Mitglied unseres Vereins, ein Diplom-Ingenieur für Maschinenbau, der im Kraftwerk und in der Instandhaltung gearbeitet hat.«

Der ehemalige Maschinenbauer berichtet gerade über seinen Versuch, mit einem kleinen Instandhaltungsbetrieb nach der Wende eine Existenz aufzubauen, bei dem er aber wegen der flächendeckenden Vernichtung der Industrie durch die Treuhand und der nur auf Gewinn orientierten aggressiven Finanzpolitik der Banken gescheitert ist.

Dr. Silge kennt das. »Die heimischen Banken, denen ich unser MMS-Konzept vorgelegt hatte, schickten mir einen euphorischen Brief, in dem sie das Vorhaben lobten und viel Erfolg wünschten. Kredite gaben sie keine.«

Die besorgte später der hessische Unternehmer bei seinen Banken, die danach ihre Hilfe für den Aufbau Ost als geschäftsfördernde Werbung nutzten.

Ich frage Horst Schlötzer, ob ich seine Frau sprechen könnte. Er rät mir, sie vorsichtshalber anzurufen, denn sie habe furchtbare Rückenschmerzen.

Eine kleine Frau mit blauen Augen und grauen, sorgsam frisierten Haaren öffnet mir. Es ist das Haus ihrer Schwiegereltern, in das sie nach der Hochzeit im Jahr 1959 mit 19 eingezogen ist. »Mein Mann hat noch drei Brüder, die lebten damals auch hier hinne und die hatten immer Hunger. Wenn sie am Wochenende vom Tanz kamen, aßen sie mir sonnabends meinen Sonntagsbraten auf. Ich hab die Pfanne schließlich mit ins Bett nehmen müssen, um das Fleisch vor den dreien zu verteidigen.«

Ihre Augen lachen, aber der Mund bleibt angespannt. Sie

hat Kaffee gekocht, Plätzchen auf den Tisch gestellt und entschuldigt sich für ihre Schmerzen.

Mit 10 Jahren ist sie DDR-Meisterin im Geräteturnen gewesen. »Wir haben damals zu viel und vielleicht auch an zu schlechten Geräten trainiert, das merke ich heute. An manchen Tagen kann ich vor Schmerzen nicht mehr laufen.«

Als sie 16 war, sollte sie zusammen mit der späteren Olympiasiegerin Karin Janz zum Sportclub Dynamo Berlin gehen. Aber weil sie dort ihre Lehre als Feinmechanikerin nicht hätte beenden können, sondern die Sportler einen halben Tag trainieren und einen halben Tag in einer Druckerei arbeiten mussten, entschied ihre Mutter, dass sie zu Hause bleiben sollte.

Danach hätte sie elektronischen Gerätebau studiert, im CFK gearbeitet, und weil Frauen in Führungspositionen fehlten, wurde sie mit 33 Jahren Abteilungsleiterin für achtzig Leute in der Textilverarbeitung.

»Das war oft schwerer, als einen Sack Flöhe zu hüten.«

Die schlimmsten Jahre erlebte sie allerdings 1990 und 91. »Nachdem man mich politisch überprüft hatte, wurde ich Personalleiterin und musste ungefähr tausend Ingenieure, Angestellte und Arbeiter entlassen! Manchmal kam mein Mann verzweifelt nach Hause und sagte: ›Du, der Fritz, der Heinz, der Klaus, also alte Freunde, reden nicht mehr mit mir. Die sagen nur: Meine Frau ist von deiner Frau entlassen worden! Und gehen grußlos weiter.‹«

Damals hat sie auch Sigrid das letzte Mal gesehen. »Die Sigrid ist eine der Fleißigsten gewesen, sie hat von klein auf zu Hause arbeiten, sich um die Geschwister kümmern müssen. Sie war eine Stille und Bescheidene, ich denke, der Rummel wegen der Auszeichnung als ›Heldin der Arbeit‹ hat ihr weh getan und das agitatorische Herumreichen hat ihr geschadet. Bei der Arbeit als Schärerin hat sie nie Fehler gemacht.«

An der Schärmaschine laufen tausend Polyamidseidenfäden gleichzeitig nebeneinander und müssen, ohne dass sie sich berühren – sonst gibt es Risse im Stoff –, gleichmäßig auf einen

Teilkettenbaum aus Aluminium, der über einen Meter breit ist, aufgewickelt werden.

»Und das in drei Schichten. Die Sigrid war damals mit der Tochter allein. Ich habe das mit dem Heiraten viel schneller erledigt. Als ich 18 war, fuhr ich mit unserer Volkstanzgruppe an die Ostsee in ein Zeltlager. Und Horst, er war damals FDJ-Sekretär und 22, sollte aufpassen, dass dort nichts passiert. Am Ende hatten sich alle zu Paaren gefunden, nur er und ich waren übriggeblieben. Weil an mir vorn und hinten kaum was dran war, hatte ich keinen abbekommen, und Horst musste als Aufpasser moralisches Vorbild sein. Ein Jahr später haben wir geheiratet.«

Sigrid hätte 86 geheiratet und sei dann nach Kurzenheiden* gezogen. Doch in den Ort neben Unterwellenborn hinter den Bergen bei den sieben Zwergen sei kein Schichtbus des CFK gefahren. »Da musste sie aufhören in der Schärerei. Und im Betrieb hatte man für die ›Heldin der Arbeit‹ keine andere Tätigkeit. Sie hatte wohl ihre Schuldigkeit als agitatorisches Aushängeschild getan.«

1990 oder 91 wäre sie ihr, wie gesagt, noch einmal begegnet. »Sie bat mich, die Personalchefin, um eine Arbeitsstelle in der Schärerei. Ich konnte ihr nicht helfen, denn von den 1600 in der Feinseidenherstellung hatten nur noch 300 eine teilbefristete Tätigkeit.«

Am nächsten Tag ruft Konrad Eberitzsch an und nennt mir die genaue Adresse von Sigrid Punga. Er hat vorfühlend schon angerufen.

»Ihr Mann sagte ziemlich grob, dass seine Frau nicht zu sprechen sei. Heute nicht und morgen nicht, für niemanden.«

Er rät, gegen 11 Uhr bei ihr zu klingeln, »denn um die Zeit muss die Frau das Essen für den Mann kochen«.

Dreimal fahre ich durch Unterwellenborn, doch ich finde

* Ortsname verändert.

die Abzweigung nach Kurzheiden nicht. Ein Ortskundiger weiß, dass man den Ort besser von Rudolstadt aus erreicht. »Aber wenn Sie durch die Bahnunterführung fahren und dann die Heide hinauf, also durch den Wald, kommen Sie auch hin.«

Zwar steht am Ortsausgangsschild kein Hinweis, aber nachdem ich durch einen dunklen Fichtenwald gefahren bin, sehe ich unten im Tal wahrhaftig den Ortseingang.

Es ist schon bald 12 Uhr. Ich hätte, um die Frau allein beim Essenkochen anzutreffen, viel früher ankommen sollen. Doch nun ist es mir gleich, ob der Mann vielleicht schon am Mittagstisch sitzt. Vergeblich suche ich ihre Hausnummer erst auf der rechten, dann auf der linken Seite der Straße.

Die Gaststätte ist offen, aber weder hinter der Theke noch im Gastraum sehe ich einen Menschen. Schließlich kommt der Wirt in karierter Kochhose die Treppe vom Obergeschoss herunter. Im Winter sei nicht viel los, nur manchmal würden Auswärtige hier ihren Geburtstag feiern. »Wegen des guten Essens und wegen der Tradition dieses Hauses. Schon 1907 ist die Gaststätte von meinem Urgroßvater Martin Richter gebaut worden und seitdem im Familienbesitz.«

Was ich essen möchte? Natürlich würde er für mich sofort frisch kochen. Er lebe vor allem von den Fremden.

Als ich ihm verlegen sage, dass ich eigentlich nur eine Auskunft von ihm möchte, bleibt er freundlich.

»Drei Häuser weiter auf der rechten Seite«, sagt er. »An der Hauswand hängt noch ein Schild ›Tbc-freier Rinderbestand‹ oder so ähnlich.«

Der Mann sei wahrscheinlich nicht zu Hause.

»Und seine Frau Sigrid?«

»Die ist vor vier oder fünf Jahren weggezogen und wohnt jetzt wohl in Saalfeld.«

Wo ich sie in Saalfeld finden kann, weiß er nicht. Da müsste ich schon ihren »Ex« fragen, aber der wäre nicht sehr gesprächig.

Mit dem Mut des Verzweifelten mache ich mich auf die Suche, finde zwar das in den Hang des Berges hineingebaute Gehöft mit dem Schild, doch die Tore sind verschlossen, der Briefkasten ist leer und die Klingel abgestellt.

Im Nachbarhaus steht im Obergeschoss ein blumengeschmücktes Fenster offen. Ich läute. Eine vielleicht 50-jährige Frau schaut heraus. Der Nachbar, sagt sie, würde manchmal nicht öffnen, der sei verbittert. »Hat ja nur ab und an eine Arbeit in der Gemeinde, die Ehe geschieden …«

Ob sie weiß, wo Sigrid in Saalfeld wohnt, frage ich.

»Die Sigrid in Saalfeld?«, ruft sie in die Wohnung. Die betagte Schwiegermutter meint, dass sie mit ihrem Bruder nach Krugshausen* in ein kleines Haus gezogen ist. »Es soll sich in der Nähe der Arztpraxis von Dr. Müller befinden.« Ich müsste über den Berg zurück und mich von Unterwellenborn rechts halten.

In der Hoffnung, dass mir Konrad Eberitzsch wieder einmal weiterhelfen kann, fahre ich nach Rudolstadt.

Im Telefonbuch findet er keine Sigrid Punga.

Als müsste er mich wegen der misslungenen Suche mit interessanten Informationen über seinen alten Betrieb trösten, erzählt er, dass auch Erwin Strittmatter 1939 bis 41 als Hilfskraft in der Zellwolle gearbeitet hat. »In ›Unser grünes Zet‹, der damaligen Betriebszeitung, sind 1939 und 1940 zwei Gedichte von ihm veröffentlicht worden.«

Die würde ich gerne lesen, aber er findet sie im Moment nicht.

Im Zellwollbetrieb hat es auch ein Wellenbad gegeben. 1939 für die Betriebsangehörigen gebaut, ist es bis zur Insolvenz 1994 benutzt worden. »Wahrscheinlich haben die Arbeiterinnen und Arbeiter am letzten Tag, es war der 30. August, noch einmal gebadet. Dann wurde es zugeschüttet, heute ist Gras drübergewachsen.«

Zwei starke 200-Kilowatt-Motoren haben die hohen Wellen aufgewirbelt. »Sobald die anrollten, schallte es warnend

* Ortsname verändert.

aus dem Betriebslautsprecher: ›Achtung, Welle.‹ Das hörte man trotz des Maschinenlärms in allen Werkhallen.«

In der DDR war das Wellenbad für Betriebsfremde geöffnet. Sie stellten sich vor der Wache in einer Reihe an, wurden wegen der Sicherheit im Stundentakt als schwitzende Schlange durch den Betrieb zum Schwimmbad geführt, von den Wachleuten als erfrischte Schlange wieder abgeholt und aus dem Betriebsgelände hinausgeleitet.

»Die zwei Wellenmaschinen hat man, den Namen folgend, in Unterwellenborn eingelagert. Wir dachten, dass man sie für das neue Rudolstädter Erlebnisbad ›Saalemaxx‹ wiederverwenden kann. Aber die Wellen, die diese Motoren aufwühlen, sind für heutige Erlebnisbäder einfach zu hoch. Die brauchen dort keinen Tsunami.«

Nun ist der Vereinsvorsitzende ins Erzählen gekommen.

»In der DDR hat man zwar die Geschichte der während des Krieges im Betrieb eingesetzten osteuropäischen Zwangsarbeiter erforscht, es wurden auch Überlebende aus der Sowjetunion und Polen eingeladen, aber die westeuropäischen Zwangsarbeiter, vor allem Holländer, wurden allenfalls erwähnt.«

1963 stand jedoch einer der ehemaligen holländischen Zwangsarbeiter vor dem Tor. Er wollte den Betrieb und »seinen« deutschen Meister noch einmal sehen.

»Ich sollte den alten Meister zum Tor begleiten. Der Holländer erkannte ihn sofort, umarmte ihn und sagte: ›Danke, du hast mir damals das Leben gerettet.‹«

Nach der Wende sind sehr viele ehemalige niederländische Zwangsarbeiter in den Betrieb gekommen. »Alle habe ich nach diesem einen Holländer gefragt. Keiner kannte ihn. 1993 hielt vor meinem Haus ein Auto, in dem ein versehrter Mann chauffiert wurde. ›Ich habe gehört, dass Sie mich suchen. Deshalb wollte ich noch einmal kommen‹, erklärte der Mann. 1943 hatte er hier arbeiten müssen. 20 Jahre später sein erster Besuch. Und genau 30 Jahre danach war er noch einmal in

Schwarza. Nur wenige Wochen nach dieser Begegnung starb er. Der Tod ist ein …«

Konrad Eberitzsch wechselt das Thema und erzählt, dass er sich schon in der DDR um soziale Probleme gekümmert und Rentner und Haftentlassene betreut hat.

»Ich war auch einer von den drei ehrenamtlichen atheistischen Begräbnisrednern im CFK. Damals wollte man die Pfarrer zurückdrängen und die weltlichen Beerdigungen würdig gestalten. Zu einem Begräbnis war der Redner nicht erschienen, ich bin eingesprungen. Hinterher sagte jemand von der Parteileitung: ›Genosse, du hast prima gesprochen, also machst du es in Zukunft immer.‹

Für unsere 6500 Beschäftigte gab es drei Begräbnisredner. Einen für den Bereich Technik, einen für den Bereich Produktion und einen für die Kampfgruppen- und Parteileute. Ich war für die Produktion verantwortlich. Nach der Wende wurden die staatlichen Begräbnisinstitute privatisiert. Inzwischen spreche ich im Jahr wieder auf 30 bis 40 Beerdigungen. Es fällt mir aber immer noch schwer. Der Tod ist ein …«

Wieder vollendet er den Satz nicht. Schweigt einige Atemzüge lang und sagt dann sehr leise und wie um sich zu entschuldigen: »Das Leben hat meiner Familie schon sehr viel Leid gebracht. 2001 hat unser Schwiegersohn seine Frau – unsere Tochter – erschossen und sich danach selbst getötet. Ihre 13 und 14 Jahre alten Kinder haben wir zu uns genommen. Der inzwischen erwachsene Junge wurde vor einigen Jahren bei einer Radtour in Berlin von einem Auto überfahren. Seine Schwester, die heute 21 ist, hat die Ermordung der Mutter und den Selbstmord des Vaters niemals überwunden … Entschuldigung, ich wollte nur sagen, wie schwer das ist, mit dem Tod und darüber zu sprechen.«

Er hätte, und damit kehrt er wieder zur Suche nach Sigrid Punga zurück, auch schon die Begräbnisrede für einen »Helden der Arbeit« gehalten, für Günter Hornschuch von den Rohrlegern. »Das war vor acht Jahren, und ich habe gesagt, dass die Würdigung als ›Held der Arbeit‹ für ihn wohl die höchste Ehrung seines Lebens gewesen ist.«

Schließlich fahre ich doch nach Krugshausen, wo Sigrid Punga leben soll. Niemand kennt ihren Namen. Also erkundige ich mich nach Dr. Müller. Die Beschreibung, wie ich zu seinem Haus komme – mal soll ich den Berg hinauf-, mal soll ich hinunterfahren –, ist so unterschiedlich, dass ich immer wieder am Ortseingangsschild anlange. Ich frage eine ältere Frau, die ihren Hausbriefkasten öffnet und die, obwohl sie sieht, dass er leer ist, immer wieder mit der Hand hineinfühlt, nach dem Weg. Nach einem umständlichen Erklärungsversuch sagt sie: »Ich komme mit und mache dann meinen Nachmittagsspaziergang.«

Unterwegs erzählt sie, dass sie seit 13 Jahren hier wohnt, aber nicht einmal weiß, wo die Nachbarn geboren sind.

Sie zeigt mir das Haus von Dr. Müller und läuft zurück. Das Gartentor ist verschlossen. Ich klingele, doch niemand reagiert. Eine Frau, die aus der Sparkasse gegenüber kommt, sagt, dass Dr. Müller eine Praxis in Unterwellenborn hat.

Sie wohnt seit ihrer Kindheit in dieser Straße und kennt alle, die ein- und ausgezogen sind. Ich solle in der Parallelstraße hinter dem Müller'schen Anwesen fragen. »Dort hat man nach der Wende viele kleine Häuser gebaut, manche sind schon wieder verkauft worden.«

Die Häuschen stehen wie bunte Würfel auf einer großen Wiese. Aber wiederum frage ich vergeblich.

Am Rand der Siedlung steht ein altes einstöckiges Haus. Es ist zweigeteilt. Die eine Seite müsste endlich wieder verputzt werden, hat aber ein neues, glänzendes Dach. Die andere Hälfte ist ordentlich verputzt, aber das Dach ist reparaturbedürftig. Am Gartentor des unverputzten Teils prangt, nicht zu übersehen, auf dem Briefkasten ein Namensschild. Ich lese und fühle mich wie ein Pilzsammler, der stundenlang im Wald umhergelaufen ist und plötzlich unter Eichenlaub einen riesengroßen Steinpilz findet. »Punga. Uphal«.

Hinter dem ersten offenen Tor wird der Eingang zum Hinterhof von einem silberglänzenden, dem Gitter eines Tierkäfigs ähnelnden zweiten Tor versperrt. Kleine verwinkelte Treppen führen dahinter in das Haus, das mit vielen angefluchteten Schuppen und Kabüffchen aussieht, als wäre es aus einem Holzbaukasten zusammengesetzt.

Als meine Rufe unbeantwortet bleiben, gehe ich um das Haus herum und klingele an der verputzten Hälfte. Minuten später öffnet mir ein verschlafen aussehender Mann, der um die 50 sein wird. Ich murmele: »Entschuldigung, habe ich Sie geweckt?«

Er brummt: »Ja, so ähnlich.«

Vor der Haustür steht ein halbvoller Aschenbecher. »Eigentlich rauche ich lieber drinnen«, erklärt der Mann. »Aber meine neue Freundin möchte das nicht.«

Er muss die Tür zuschließen, sagt der an der frischen Luft nun nicht mehr verschlafen, sondern krank aussehende Mann, weil sein Kater Rambo sonst mit einem Satz auf die Klinke springt und die Haustür öffnet.

Ich frage ihn nach seiner Nachbarin.

»Ja, die Sigrid wohnt nebenan.« Um 14 Uhr hätte sie Schichtschluss, sie müsste also in zehn Minuten hier sein.

Als er das Suhler Kennzeichen an meinem Auto sieht, erzählt er, dass er von 1984 bis 88 an der Offiziersschule der DDR-Grenztruppen in Suhl studiert hat. »Danach war ich als Oberleutnant noch ein Jahr Kommandeur an der Grenze bei Neuhaus-Schierschnitz.«

»Und heute?«

Als ob ich ihn nach seiner Gesundheit gefragt hätte, erklärt er, dass heute ein guter Tag ist. »Vor einem Jahr hat man bei mir Krebs, Kieferkrebs, festgestellt. Inzwischen bin ich sauber, sagen die Ärzte.« Seit Tagen hätte ihn aber ein Husten und Rascheln in der Lunge geplagt. »Ich dachte, hoffentlich nichts Schlimmes mit der Lunge, aber es ist nur Bronchitis.«

Als ich frage, was er, der Offizier, nach dem Ende der DDR

gemacht hat, zündet er sich eine Selbstgedrehte an. »Viele Grenzer übernahm der Bundesgrenzschutz. Aber ich wollte das nicht. Ich konnte nicht diejenigen, die wir vorher zu Feinden erklärt hatten, plötzlich als meine Freunde umarmen, ihre Uniform anziehen und, um weiterhin eine sichere Existenz zu haben, als kleiner BGS-Wachtmeister auf dem Münchner Hauptbahnhof Ausländer kontrollieren. Ne, das konnte ich nicht.«

Ich frage, ob es zu seiner Zeit im Grenzabschnitt Tote oder Verletzte gegeben hat.

»Nein, Gott sei Dank keinen.« Er berichtigt sich: »Einen Toten hatten wir. Allerdings war das kein DDR-Bürger, sondern einer aus der BRD. Der Mann war schon alt. Er wollte, so wurde später bekannt, seinem Sohn, der in Göttingen die Doktorprüfung bestanden hatte, mit einem außergewöhnlichen Geschenk gratulieren: dem von einem Grenzstein abgeschraubten DDR-Wappen. Bei der Demontage erlitt er einen Herzinfarkt und war sofort tot.«

Damals galt an der Grenze, dass Feuerwehrleute und Sanitäter aus der BRD im Notfall das Gebiet der DDR betreten durften. Bundesdeutschen Polizisten und Grenzsoldaten war das verboten.

»Der Mann lag genau auf dem Grenzstreifen. Sein Kopf befand sich auf dem Gebiet der DDR, seine Füße im Westen. Ich sagte dem bayrischen Chef des Grenzkommandos: ›Nehmt ihn mit, es ist einer von euch!‹ – ›Nein‹, widersprach der, ›sein Kopf liegt bei euch. Das ist entscheidend. Also müsst ihr ihn mitnehmen.‹ Und je mehr ich auf ihn einredete, umso sturer wurde der Bayer. Ich hätte Hunderte Formulare ausfüllen, den Toten im Sarg dann offiziell im 35 Kilometer entfernten Eisfeld an die bundesdeutschen Behörden übergeben müssen. Also lenkte ich den Bayern, als eine Signalrakete hochging, einen Moment ab und schob mit aller Pietät den Toten über die Grenze auf das BRD-Gebiet.« Dafür habe er von seinem Vorgesetzten weder Lob noch Tadel bekommen.

Anders sei es bei einem Grenzdurchbruch in Heinersdorf

176

gewesen. »Dort hatte ein DDR-Bürger in einem mit Einkel-
lerungskartoffeln beladenen LKW die Grenzsicherungstore
durchfahren und schaffte es mit dem zertrümmerten LKW
noch bis in die BRD. Dort ...«

Er unterbricht seine Rede und sagt, als ein Auto näher
kommt: »Das ist die Sigrid.«

Ich sehe eine, so glaube ich, blonde Frau und winke ihr zu.
Der Nachbar erzählt die Geschichte, die ich schon bei meiner
Grenzwanderung in Heinersdorf gehört hatte, bis zu dem mir
unbekannten Ende. »Also der LKW war nur noch Schrott,
stand drüben, und ich sagte den Bayern: ›Wir werden ihn nicht
rüberholen, behaltet die Karre.‹«

Dafür erhielt er einen strengen Verweis, denn er hatte dem
Klassenfeind die gesamte Ladung genossenschaftlicher Ein-
kellerungskartoffeln überlassen.

Ich gehe durch das erste Tor, hinter dem nun das Auto von
Sigrid Punga steht. Das zweite, silberglänzende ist schon wieder verschlossen. Ich rufe laut und hoffe, dass sich ein Fenster oder die Tür öffnet, doch nichts dergleichen geschieht. In
den zwei kleinen Fenstern an der Straßenseite stehen Weih-
nachtssterne und Blattpflanzen. Ich nehme ein Holzstück-
chen und werfe es vorsichtig an das Fenster. Auch danach bewegt sich nichts hinter den Scheiben.

Entmutigt klingele ich noch einmal beim Nachbarn und
erkläre ihm, dass ich mit Sigrid Punga über ihre Arbeit in der
DDR sprechen will.

Sie sei ein wenig scheu und habe nie von früher erzählt,
meint er, geht vor das Haus, ruft sie und klopft schließlich,
indem er auf einen Erdwall steigt, an ihre Fenster. Es bleibt
alles still.

Rambo hat inzwischen die Haustür von innen geöffnet und
flitzt auf der Straße umher. Nachdem der Nachbar ihn ein-
gefangen hat, sagt er: »Komm mit rein, ich mach dir erst mal
einen Kaffee.«

Die Zimmer sind klein und niedrig und dunkel. In einem

Kanonenofen verfeuert er große Holzkloben. Während er in der Küche Kaffee kocht, zeigt mir Rambo, wer in der Wohnung der Chef ist. Der Kater springt vom Fensterbrett etwa drei Meter bis auf die Klinke, öffnet die Wohnstube. Der Nachbar flucht, schließt die Tür, und der Kater ärgert ihn mit einem Doppelsprung von der Tür zum Fenster und wieder zurück auf die Klinke. »Wenn ich Fernsehen will, muss ich mich hier einschließen«, sagt er und lacht. Bevor er den Kaffee eingießt, versucht er die Telefonnummer von Sigrid herauszubekommen.

»Du kannst sie später von hier aus mit meinem Handy anrufen.« Ich will es mir nicht vorstellen, dass ich sie, Wand an Wand sitzend, per Telefon spreche …

Als ich ihm erzähle, dass seine Nachbarin in der gleichen Partei wie er war, als Delegierte unter anderem am Arbeiterjugendkongress teilgenommen hat und als »Held der Arbeit« ausgezeichnet worden ist, staunt er. Davon hätte sie nie ein Wort gesagt.

»Und ›Held der Arbeit‹, das war schon etwas Seltenes.«

Er sei nur einmal im Kollektiv mit dem »Banner der Arbeit, dritte Stufe« geehrt worden. Damals lernte er Kfz-Mechaniker in Rudolstadt und hatte mit seinem Lehrmeister eine Methode entwickelt, wie ein von Schweden gebauter, 20 Meter hoher Behälter über die Straße in das Werk transportiert werden konnte. Sie spritzten dazu Schaum auf den Asphalt und füllten Gummikissen, auf denen der Stapelbehälter lag, mit Pressluft. Es sei so eine Art Aquaplaning-Transport gewesen.

Ich frage ihn, was er nach 1990 gemacht hat. Er zählt emotionslos auf: Umschulung zum Feinmechaniker. Scheidung von seiner Frau, die sofort nach der Wende mit einem Wessi auf und davon gegangen war. Vertreter für Pfaff-Nähmaschinen. Insolvenz von Pfaff. Danach reparierte er in Neuhaus-Schierschnitz und Umgebung Plüschtiere und Spielzeug. Schließlich zog die Spielzeug- und Plüschtierfirma weiter nach Osten. Arbeitslosigkeit. Als seine Oma, die in diesem Haus wohnte, schwer erkrankte, kam er hierher, pflegte sie und renovierte das alte Gebäude. Hier hat er inzwischen schon alle möglichen Jobs angenommen. Er reparierte Autos, führte Touristen im Erlebnisbergwerk umher, war Hausmeister in der Bildungsstätte von Unterwellenborn …

»Und seit langem Hartz-IV-Empfänger.«

Ohne dass ich den Themenwechsel verstehe, redet er wieder von der Zeit in der Offiziershochschule, von dem Verweis, den er erhielt, weil er, ein Moto-Cross-Fahrer, nicht nur MZ-Maschinen, sondern auch japanische, westdeutsche und amerikanische Typen an der Innenwand seines Spindes hängen hatte. Und er erzählt mir von den Paradenmärschen am 1. Mai und am 7. Oktober in Berlin. »An Honecker vorbei … Da mussten wir, weil jeder Grenzer immer ein paar Kugeln Reserve in der Hosentasche hatte, das Magazin und manchmal sogar das Schloss aus unseren Kalaschnikows entfernen. Wir zogen also sozusagen mit Gewehrattrappen an Honecker vorbei.«

Er legt Holz nach und klagt: »In diesem Jahr hat mich der Winter verarscht.« Jedes Jahr holt er sich vom Förster für 5 Euro einen Holzschlagschein. »Ich fälle mir das Holz für den Winter, ich brauche keine Kohlen.« Aber diese 5 Euro für den Holzschein, also für das Holz, das er selber sägt und hackt, bekommt der Hartz-IV-Empfänger nicht erstattet. »Wenn ich mir paar Zentner Kohlen für 200 Euro vor das Haus kippen lasse, würden die das anstandslos bezahlen. Eine Scheißbürokratie, sag ich dir.«

Endlich hat er von irgendwoher die Nummer von Sigrid erhalten. Er ruft sie an, und sie ist bereit, mit mir am Telefon zu reden. Ich bilde mir ein, dass ich ihre Stimme hinter der Wand gegenüber höre. Wir sprechen eine halbe Stunde miteinander. Das heißt, ich rede und bitte sie, mir die Tür zu öffnen. Aber sie wiederholt stereotyp, dass sie weder über ihre Auszeichnung noch ihr Leben vor der Wende sprechen wird. Es sei deswegen schon mal so ein Kerl dagewesen, dem hätte sie auch nichts gesagt. Nein, sie möchte nicht, selbst als ihr Nachbar versichert, dass ich ein anständiger Mensch bin.

Sie antwortet nicht einmal auf meine Frage, weshalb sie damals ihre Geschwister großziehen musste. Und auch nicht darauf, was sie fühlte, als sie, die »Heldin der Arbeit«, nicht mehr von Kurzenheiden nach Schwarza zur Arbeit fahren konnte.

Ich habe alte Fotos von ihr, Fotos von der Auszeichnung und der Arbeit. Ob sie die sehen möchte?

»Die habe ich alle selbst!«

Auch mein letzter Versuch – ich erinnere sie daran, dass ich seinerzeit in ihrer Brigade aus meinem Buch gelesen habe – scheitert.

»Ich möchte nicht reden! Und Schluss und basta!«

Verärgert und enttäuscht sage ich, dass ich meinen Report über die Suche nach ihr mit den Worten »Schluss und basta« beenden werde.

Ja, das sei das Beste, meint sie. Als ich am Ende des »Gesprächs« bitte, ihr einen Brief mit zwei oder drei Fragen schicken zu dürfen, erwidert sie, als wolle sie mir noch eine Hoffnung lassen: »Schicken Sie ihn.«

Ihr Nachbar tröstet mich und offenbart, dass er die Offiziersschule nicht als Kommandeur, sondern als Diplom-Armeepsychologe abgeschlossen hat. Was die Sigrid betreffe, nimmt er an, dass sie, eine von Natur aus stille Frau, zwar unter dem »Helden«rummel damals gelitten hat, aber dass ihr eine andere schlimme Erfahrung den Mund verschließe. Viele Ostdeutsche seien, nachdem sie begriffen hätten, dass sie statt des Glaubens an den Sozialismus einen neuen brauchten, schweigsam geworden.

»Nachdem mir der Arzt sagte, dass ich an Krebs erkrankt bin, begann ich einzelne Abschnitte der Bibel zu lesen und diskutiere manchmal mit einem Zeugen Jehovas, dessen Schrottauto ich reparierte und der es mir dann für 200 Euro verkauft hat. Wir reden über Glauben, über Gott und über die Materie. Und ich kann ihm sogar aus dem Kopf aufsagen: ›Materiebegriff bei Lenin, Band 14, Seite 147‹!«

Wieder zu Hause, schreibe ich zwei Briefe. Einen mit meinen Fragen an Sigrid Punga und einen zweiten an den Chronisten Gerhard Häußler, der sein 33-jähriges Arbeitsleben im Chemiefaserwerk Schwarza und seine Erfahrungen als »Marktforscher im Sozialismus« 1990 aufgeschrieben hat und 15 Jahre später in zwei Exemplaren drucken ließ.

Sigrid Punga antwortet nicht.

Gerhard Häußler schickt mir eines der beiden Exemplare.

Seine 1990 geschriebene Geschichte des CFK ist fachlich genau, mit einem Stichwortverzeichnis und Erklärung aller Begriffe versehen. Der Autor kritisiert darin die unsinnigen Volkswirtschaftspläne der DDR, polemisiert gegen »die organisierte Verantwortungslosigkeit der DDR-Wirtschaftsführer«, hofft, »dass die Befreiung von der SED-Diktatur mit der Befreiung vom SED-Jargon einhergeht«, beklagt, dass er zur Beerdigung seines Vaters keine Ausreise in die BRD erhielt, bezichtigt die DDR-Funktionäre des »militanten Despotismus«, empört sich über die »Vasallenhierarchie der SED und Staatsführung«. Und er legt dar, wie trotzdem durch den Fleiß und die Kreativität der Arbeiter im CFK beachtliche Erfolge bei der Entwicklung der Chemiefaserproduktion erzielt wurden, und hofft, dass die Arbeiter und Angestellten nach der Wende in der Freiheit der Marktwirtschaft ihr schöpferisches Potential verwirklichen können. Am Ende beklagt er, dass die alten SED-Direktoren des Betriebes sich nach der Wende neue Posten zugeschoben und ihn entlassen haben.

Als er das in die Jahre gekommene Manuskript drucken ließ, fügte er ein Vorwort über die positive Veränderung der Infrastruktur der ehemaligen DDR hinzu. Und dann folgen zwei Seiten über die »moralische Zerrüttung« und die »Arbeitslosigkeit in ungeahntem Ausmaß ... Vorstandsvorsitzende schanzen sich Unsummen von Einkünften zu ... Unternehmensleitungen nutzen die latente Arbeitslosigkeit auf hohem Niveau aus, um die Löhne zu drücken, die Arbeitszeit zu erhöhen, oder verlagern ihre Produktion in Länder mit niedrigem Lohnniveau. Sie erwirtschaften horrende Gewinne, um ihre Aktionäre zu bedienen, und drohen im selben Atemzug mit Massenentlassungen ... Mobbing ist an der Tagesordnung ... Die Grundwerte der Gesellschaft sind dem Mammon geopfert worden ... Für den Preis der Freiheit haben wir unsere sichere Arbeit ... und ein gut funktionierendes kulturelles Leben aufgegeben. Man kann eben nicht alles haben. Nun müssen wir damit leben, dieses Übel gewählt zu haben.«

Als ich mich bei ihm bedanke, dass er mir sein zweites Exemplar geschenkt hat, und ihn nach der unterschiedlichen Bewertung im Text von 1990 und im Nachwort von 2005 frage, sagt er so leise, dass ich es kaum verstehe: »Die Fakten ändern sich nicht, aber unsere Betrachtungsweise.«

Und ich bedaure es umso mehr, dass Sigrid Punga nicht mit mir gesprochen hat. Schluss und basta.

Die Geschichtsbewahrer
ODER
Ich suche Mathias Anspach, »Held der Arbeit« 1984,
Jugendbrigadier im VEB Ingenieurhochbau Berlin

Meine Lektorin, die in Berlin zu Hause ist, meint, dass es leicht sein wird, den ehemaligen VEB Ingenieurhochbau (IHB), der seinen Sitz in einem großen Gebäude in der Nähe des Alex hatte, wiederzufinden. »Vor dem Plattenbau steht noch die fast fünf Meter hohe Bronzestatue eines DDR-Bauarbeiters. Die Berliner nennen ihn Goldfinger, weil der rechte Daumen des Bauarbeiters golden glänzt.« Ob es der Künstler getan hat oder ob der Finger erst nachträglich »vergoldet« worden ist, weiß sie nicht.

In der S-Bahn von Erkner zum Alexanderplatz quetsche ich mich auf den letzten freien Platz neben zwei vielleicht 50-

jährige Männer. Sie haben ihre Mützen, eine gestrickte Pudelmütze und eine Art Schapka, nicht abgesetzt. Wahrscheinlich
fahren sie die Strecke sehr oft, denn der mit der Pudelmütze
kommentiert jedes Detail, an dem wir vorüberfahren. »Der
Hundeplatz ist auch weg ... Hier das Freilichtkino ... Ich war
zwei Sommer nicht dort ... zu teuer ... Den Radweg haben
sie schön gemacht ... Aber ich hab kein Rad mehr ...«

Als wir vor Karlshorst an einer verfallenen Fabrik vorbeifahren, sagt der mit der Pelzmütze: »Das war meine letzte
Bude.« Und ergänzt, als sei er froh, dort nicht mehr arbeiten
zu müssen: »Die Werkstatt war ständig überheizt.«

Weil ich später noch nach Marzahn fahren will, erkundige
ich mich, welche Bahn ich nehmen muss.

»Ostkreuz umsteigen und dann die S 7.« Die beiden Männer waren lange nicht mehr in Marzahn. »Im vorigen Jahr gab
es dort eine große Fete: ›25 Jahre Platte‹. Die ›Prinzen‹ waren da und Bungee bis in die Nacht. Aber nicht für alles Geld
und gute Worte würde ich springen«, sagt der mit der Pudelmütze.

In Karlshorst steigen sie genau vor zwei überdimensiona-
len Werbeplakaten aus. Auf dem einem steht: »Telefonieren
ohne Ende. Ich liebe meine Redefreiheit.« Auf dem anderen
lächelt die grellgeschminkte Fernsehmoderatorin Carmen
Nebel verheißungsvoll: »Armut ist keine Show. Nicht weg-
schauen.«

An der nächsten Station setzen sich zwei Schüler auf die nun
freien Plätze. Sie geben sich Tipps, wie und wo man im Internet besonders geile Spiele downloaden kann. Ein Held, der sich
gegen eine Horde genetisch veränderter Wildschweine verteidigt und alle mit dem Beil erschlägt. »Geil!« Ein anderer, der
nur in Unterhose und mit Maske vor dem Gesicht – »geil!« –
durch geschickte Schwerthiebe tausend Feinde tötet. »Geil!«
Und einer schneidet die Köpfe mit einem Messer ab. »Geil!« ...
Ich stehe auf.

Am Alexanderplatz ist es schwierig, Menschen zu finden,

die Auskunft geben können. Entweder sind es ausländische Touristen oder unkundige Sachsen. Ich laufe also in Richtung der früheren Markthalle und finde dort auch Berliner. Aber keiner weiß, wo das Bauarbeiter-Denkmal steht. Eine Frau erinnert sich, dass es in der DDR den Tag des Bauarbeiters gegeben hat. »Aber der ist bestimmt nach der Wende abgeschafft worden.« Ein Mann fragt, weshalb ich ausgerechnet das Denkmal des Bauarbeiters und nicht das vom Alten Fritz sehen möchte. »Den Fritz könnte ich Ihnen zeigen.« Schließlich rät eine ältere Frau, zum Fernsehturm zu gehen. Dort gebe es eine Informationsstelle für Touristen.

Aber auch im Infobüro können mir die Frauen nicht weiterhelfen. Das Denkmal des DDR-Bauarbeiters steht nicht auf ihrer Liste der Berliner Sehenswürdigkeiten. Nach einer halben Stunde vergeblichen Suchens und Fragens habe ich Glück. Ein Mann zeigt in Richtung eines großen, keine 500 Meter vom Alex entfernten Gebäudekomplexes. Der bronzene Bauarbeiter steht am Anfang des langen Blocks. Ich schaue ehrfürchtig zu ihm auf! Er hat wirklich einen glänzenden Finger und weist mit der ausgestreckten Hand in die lichte Ferne.

Anscheinend hat der goldene Daumen des Bauarbeiters dem Ingenieurhochbau Glück gebracht, denn unentwegt laufen Angestellte vom Haupteingang in Richtung Alex oder kommen mit Plasteschalen und aufgelegter Serviette zurück. Hier wird also immer noch gearbeitet, hier könnte ich den »Helden der Arbeit« finden.

Am Empfangstresen sitzen zwei Männer und eine Frau. Und an der Orientierungstafel daneben lese ich Hinweise für Antragstellung. Aktenverwaltung. Archiv. Lesesaal, Akteneinsicht …

Manchmal begreife ich altersbedingt nicht mehr sehr schnell. Hier doch. Die Menschen, die ein und aus gehen, sind keine Mitarbeiter des Ingenieurhochbaus, sondern Angestellte der Birthler-Behörde. Hier werden Aktenkilometer

Vergangenheit der DDR aufbewahrt. Um sicher zu sein, dass in diesem Komplex früher der IHB untergebracht war, gehe ich zum Empfangstresen. Ob ich einen Antrag auf Einsicht stellen möchte, fragt die Frau.

»Nein«, sage ich. »Ich wollte nur wissen, was in der DDR in diesem Gebäude war.« Sie stutzt und fragt den neben ihr stehenden, wie sie 50 oder 60 Jahre alten Kollegen. Der sagt: »Wahrscheinlich irgendeine Verwaltung.«

»Ist es möglich, dass es der VEB Ingenieurhochbau war?« Sie zucken mit den Schultern, und ich frage: »Hier wird die Vergangenheit der DDR aufbewahrt?« Sie nicken.

Rasch verlasse ich das Gebäude der DDR-Vergangenheit. Nicht weit entfernt befindet sich gegenüber der Volksbühne im Karl-Liebknecht-Haus die Geschäftsstelle des Bundesvorstandes der Linken. Weil ich jemanden suche, der mich vor dem Bauarbeiterdenkmal fotografiert – sozusagen beim Interview mit der Vergangenheit –, betrete ich das Liebknecht-Haus. Aber auch bei den Linken kommt keiner mehr ohne Anmeldung rein. Ich werde zum Informationszentrum geschickt. Geschäftige Mitarbeiter wieseln umher. Als ich erkläre, wer ich bin und was ich möchte, zieht sich Lothar Hornbogen, einer der älteren Männer, den Mantel an, und einem jüngeren fällt ein, dass eine technische Zeichnerin vom IHB bei ihnen arbeitet. Er ruft an, aber sie hat keinen Dienst. Ich schreibe mir ihre Privatnummer auf.

Während mich Lothar Hornbogen vor dem Bauarbeiter fotografiert, werden auch wir gefilmt. An den Ecken des ehemaligen Ingenieurhochbaus sind Beobachtungskameras angebracht, die das Geschehen im Umkreis des Gebäudes aufnehmen. Die Akten der Vergangenheit sind kamerageschützt. Weshalb und vor wem?

Am Alex wärme ich mich in einem Café auf und rufe die technische Zeichnerin an. Sie erinnert sich an Mathias Anspach, weiß jedoch nicht, ob er auf Arbeitssuche in den Westen gegangen ist oder noch in Berlin lebt. Aber Anspach sei kein Name wie Müller oder Meier, und wenn er noch in Berlin wohnt, würde ich ihn im Telefonbuch finden. Es gibt den Namen wirklich nur neunmal. Der dritte, den ich anrufe, ist der Richtige.

»Wochentags bin ich auf dem Bau. Am besten, Sie kommen am Sonntagvormittag!«, schlägt er vor.

Mathias Anspach wohnt mit seiner Lebensgefährtin in einem renovierten Pankower Altbau. Sie sind ein schönes Paar, die Frau mit schulterlangen schwarzen Haaren und sehr lebendig blickenden Augen, er kräftig von Statur mit muskulösen Armen und kurzem, leicht ergrautem Haar. Als ich sie fotografiere, kuscheln sie sich auf dem Sofa eng aneinander, und er legt seinen Arm um ihre Schultern. Vielleicht sei die Liebe noch frisch, weil sie in den acht Jahren, in denen sie zusammen sind, wenig Zeit füreinander hatten, sagt Barbara. Sie arbeitet als Krankenschwester in der Marzahner Unfallklinik in drei Schichten, und er ist als Polier mindestens zehn bis zwölf Stunden am Tag auf der Baustelle.

»Sie sind Ihrem Beruf treu geblieben?«

»Ja, ich kann nichts anderes.«

Er hat im IHB Maurer gelernt. Ich sage ihm, dass ich mir unter »Ingenieurhochbau« nichts Konkretes vorstellen kann, und frage spöttisch: »Haben dort Ingenieure hoch gebaut?«

»Hoch geplant, ja. Aber gebaut haben wir: der Tiefbau in der Erde und der Hochbau über der Erde.«

In den Plattenbausiedlungen Hellersdorf, Lichtenberg und Marzahn haben sie vor allem die sogenannten Gesellschaftsbauten, also Gaststätten, Geschäfte, Schulen, Dienstleistungswürfel, Kulturhäuser und Kirchen, errichtet.

»Kirchen in den DDR-Neubauvierteln?«

»Die Gotteshäuser haben die westdeutschen Kirchen damals mit Devisen bezahlt. Also errichteten wir zwischen den Hochhäusern, die dem Himmel natürlich näher standen, auch kleine Kirchen. Und diese wurden, nicht aus Gottgefälligkeit, sondern wegen der harten Währung, ganz nach den Vorstellungen der westdeutschen Auftraggeber gebaut.«

Im Zimmer steht eine fast bis zur Decke reichende Voliere. Darin flattert und krächzt der größte und lauteste Vogel, den ich je in einer Wohnstube gesehen und gehört habe. Er ist schwarz und groß wie eine Krähe. »Es ist ein seltener Beo«, erklärt mir der Polier. »Wie meine Bücher habe ich ihn seit vielen Jahren von Wohnung zu Wohnung mitgenommen.«

Wenn mich sein Gekrächze und die unflätigen Worte, die er ihm nicht beigebracht hätte, stören würden, könne er ihn zudecken, sagt Mathias Anspach.

Ich mag keine gefangenen Vögel in der Wohnung. Aber noch weniger zugedeckte Käfige, schüttle den Kopf und möchte wissen, ob er selbst schon einmal in einer genormten, vom Ingenieurhochbau geplanten und gebauten Plattenbausiedlung gewohnt hat.

»Vier Jahre in Marzahn. Barbara wollte wegen der Arbeit und der Tochter, die noch zur Schule ging, nicht wegziehen.« Ihr hat es in der Platte gefallen. Ihm nicht.

Mit der Wende wurde auch das Wohnungsbauprogramm der DDR beendet. Den Ingenieurhochbau, in dem rund 8 000 Architekten, Ingenieure, technische Zeichner und Bauleute beschäftigt waren, wollte die Treuhand zuerst als Paket verkaufen. Doch in dieser Größe wäre der Betrieb ein ernstzunehmender Konkurrent für westdeutsche Baukonzerne geworden.

»Der Holzmann-Konzern wollte nur 600 Leute übernehmen. Er hatte schon eine Liste von 600 Auserwählten. Ich stand mit darauf.«

Holzmann erhielt die 600 Leute nicht, denn die Treuhand ließ das Paket aufschnüren und den IHB aufteilen. Einzelne Bereiche wie die Betonherstellung wurden herausgelöst.

Ehe ich frage, wie er, der »Held der Arbeit«, nach der Wende einen neuen Job gefunden hat, möchte ich wissen, weshalb er in der DDR mit dem hohen Orden geehrt wurde.

Das sei einfach zu erklären. »Wir waren 20 gute Leute in unserer Jugendbrigade. Wahrscheinlich war es für die Auswahl nicht entscheidend, dass ich der Brigadier war, sondern dass ich Anspach heiße, also mein Name mit ›A‹ anfängt. Ich war deshalb immer und überall der Erste, der drankam: im Deutschunterricht beim Gedichtaufsagen, im Sportunterricht beim Vorturnen, bei den Prüfungen … Und auch bei der Auswahl zum ›Held der Arbeit‹ …«

Er lacht. Der Vogel krächzt noch lauter. »Blöder Vogel … Dummkopf … auf Wiedersehen …«

Barbara mischt sich sehr energisch in unser Gespräch. »Wissen Sie, weshalb er wirklich ausgezeichnet wurde? Weil er ein Arbeitstier war und ist.« Seine Exfrau hätte die Kinder auf die sozialistische Baustelle geschickt, damit der Vater nach zwölf Stunden endlich nach Hause kommt. Und heute würde sie bald die Enkel auf die kapitalistische Baustelle schicken, damit der Opa dort nach zwölf Stunden die Arbeitsklamotten auszieht.

»Mathias ist sozusagen ein zeitloser und ideologiefreier ›Held der Arbeit‹.«

Er bestätigt, dass sie damals als Jugendbrigade die harten Normen noch mit 120 bis 150 Prozent übererfüllt haben.

»Manchmal schafften wir auch nur 80 Prozent, weil kein Zement oder keine Steine auf der Baustelle waren. Dann habe ich mit spitzem Bleistift 100 Prozent geschrieben. Die Jungs sollten nicht für fehlendes Material und die Schlamperei der Leitung büßen müssen.«

Das letzte DDR-Bauwerk, das Mathias Anspach als Meister verantwortete, war der Wetterradarturm in Schönefeld.

»Der dreht sich heute noch.«

»Und was kam nach dem Wetterradarturm?«

»Danach änderte sich für mich, ich sage für mich, überhaupt nichts. Ich arbeitete hart wie immer. Und der böse Kapitalismus ist gar nicht so böse, aber er hat viel mehr Geld, als es die DDR je besaß. Heute muss man nur, wenn das Geld verteilt wird, mit seinem Löffel an der richtigen Stelle stehen.«

Zuerst übernahm ihn die österreichische Firma Maculan. Sie ging 1996 pleite. »Ich war milde zwei Tage arbeitslos, dann sagte man, ich solle mich in der Heerstraße melden. Dort saßen die Leute von der Holzmann AG. Nachdem auch Holzmann trotz der Hilfe durch Bundeskanzler Schröder Konkurs anmelden musste, übernahm uns sofort die Spitzke AG.«

Dort baut er mit seinen Leuten Brücken, Bahnsteige und Bahnhofsgebäude.

»Auch wenn die Züge selten pünktlich fahren, musst du bei der Bahn die Bauten auf die Minute genau übergeben.«

Sie haben mit ihrer Arbeit auch den Kollegen aus Westberlin gezeigt, wie man so etwas ordentlich hinbekommt. »Die hatten mit gutem Tariflohn, aber ohne harte Konkurrenz auf ihrer Insel Westberlin bis 1990 gemütlich gewerkelt und nicht wirklich schuften müssen. Im heutigen harten Konkurrenzkampf wären sie ohne uns Ossis, die ihnen beibrachten, wie ordentlich gearbeitet wird, längst verhungert.« Das wäre sozusagen der letzte praktische Beitrag des Sozialismus zur Veränderung des Kapitalismus gewesen.

Er meint und sagt es sehr überzeugt und ohne Wehmut: »Das Positivste am sozialistischen Versuch in der DDR war, dass sich der Kapitalismus in der BRD, solange die DDR existiert hat, sozialer entwickeln musste. Die Idee vom Sozialismus ist gut, aber es gibt leider keine Menschen dafür.«

Heutzutage wäre auch jeder ehemalige DDR-Bürger frei, Karriere zu machen oder arbeitslos zu werden. Nichts sei mehr vorprogrammiert. »Was wäre aus dem FDJ-Mitglied Angela Merkel geworden, wenn sie noch in der DDR leben würde? Eine angepasste Frau Doktor in der Führungsetage eines Forschungszentrums? Oder was sonst? Sie weiß es bestimmt nicht.«

Nach der Wende war er nur einmal drei Monate arbeitslos, aber er wusste, dass er danach wieder eingestellt wird. »Da lässt es sich locker auf dem Arbeitsamt anstellen.«

Ich erzähle ihm, dass im IHB-Gebäude inzwischen die Birthler-Behörde residiert, die Pförtner aber schon nicht mehr wissen, dass in dem Haus, vor dem der »Goldfinger« steht, in der DDR 8 000 Bauleute angestellt waren.

»Wozu«, sinniert er, »wozu sollte man sich dort mit *dieser* Vergangenheit beschäftigen? Was die DDR-Vergangenheit betrifft, ist alles erledigt. Das Bild der DDR ist mit ein paar Pinselstrichen fix und fertig gemalt worden: ein Pinselstrich Stasi, ein Pinselstrich vormilitärische Erziehung, ein Pinselstrich Diktatur der SED, einer Doping, einer Grenzregime …« Es sei ein Bild geworden, mit dem die Westdeutschen, ohne aufgeschreckt zu werden, leben können. »Denn dieses Bild kannten sie doch schon vor dem Fall der Mauer.«

Der große schwarze Vogel krächzt zum Abschied keine Schimpfworte. Vielleicht ist er dankbar, dass er während unseres Gespräches nicht zugedeckt und seiner »Redefreiheit« beraubt worden ist.

Der Irrweg
ODER
*Ich suche Reno Gorlt, »Held der Arbeit« 1984,
Jugendbrigadier im VEB Uhrenwerke Ruhla,
Service-Zentrum Berlin*

Uhren aus Ruhla kann man auch heute noch nicht für 10 Euro beim vietnamesischen Straßenhändler kaufen. Sie werden nur in Fachgeschäften angeboten. Tradition und Qualität der bekannten Thüringer Uhren, die seit fast 120 Jahren in Ruhla hergestellt werden, scheinen auch nach der Wende gewahrt.

Ich rufe in der »Gardé Uhren und Feinmechanik Ruhla GmbH« an und frage, was aus dem Berliner Service-Zentrum geworden ist. Die Mitarbeiterin hat nichts davon gehört. Wahrscheinlich hätte ihm zur Wende die Stunde geschlagen.

»Doch wenn Sie etwas über die Geschichte – also die Zeit vor 89 – erfahren wollen, sprechen Sie am besten mit Artur Kamp. Der war einer der drei Geschäftsführer, die das Unternehmen nach der Wende gegründet haben, ist heute Beiratsvorsitzender des Ruhlaer Uhrenmuseums und kennt hier alles und jeden.«

Von ihm erfahre ich, dass die Treuhand den VEB Uhren-werk Ruhla, in dem von 7000 Beschäftigten täglich bis zu 35 000 Uhren und Uhrwerke hergestellt worden sind, in viele kleine, meist artfremde Betriebe aufgeteilt hat. In der Gardé GmbH, dem letzten Ruhlaer Uhrenbetrieb, arbeiten heute noch 60 Leute.

»Vier Ostdeutsche, ich gehörte dazu, haben 1991 100 000 Westmark eingezahlt, um die Firma gründen zu können. Wir kauften von der Treuhand auch den 1961 im Patentamt ein-getragenen Markennamen Gardé (ein Schachbegriff für ›Die Dame ist in Gefahr‹) zurück.«

Heute exportieren die Ruhlaer »Gardisten« unter anderem eine von ihnen entwickelte neue Generation von Funkarm-banduhren in viele Länder.

»Und wir sind immer noch eine Firma ohne einen Cent Westkapital. Also ein ganz und gar ostdeutscher Betrieb«, sagt der 70-jährige inzwischen ehrenamtliche Berater Artur Kamp sehr stolz.

Wo und ob Reno Gorlt arbeitet, weiß er zwar nicht, doch er besitzt noch die Adresse von Walter Gerlach, dem ehema-ligen Leiter des Service-Zentrums.

Die Gerlachs wohnen in einer Plattenbausiedlung in Berlin-Lichtenberg. Die Frau ist wahrscheinlich schon weit über 60, sieht aber wie eine Frau im besten Alter aus. Sie trägt zu ihrem sehr dichten, nur wenig ergrauten Haar einen engen, langen weißen Pullover. Ihr 80-jähriger Mann hat freundliche, aber müde blickende Augen. Mit der randlosen Brille, den großen Ohren, die durch seinen haarlosen flachgewölbten Kopf be-sonders auffallen, und einem grauen Schnauzbart gleicht er meiner Vorstellung von einem fleißigen, gewissenhaften und ehrlichen Dorfschulmeister. Die Frau stellt Kuchen auf den Tisch und schenkt Kaffee ein. Bevor wir über Reno Gorlt sprechen, den er, wie er versichert, »damals auch als eigenen Sohn akzeptiert hätte«, bitte ich den Mann zu erzählen, was ein Uhren-Service-Zentrum war und wie er dessen Leiter geworden ist.

»Ich bin am 8. Februar 1929 in Schlesien als Sohn eines Klavierbauers geboren.« Pause. »1943, da hatten wir schon den Krieg, wollte ich den Beruf eines Fernmeldetechnikers erlernen, denn ich bastelte als Kind sehr gern.« Pause. »Wir mussten uns wegen meiner Lehre in Breslau melden.« Pause. »Dort erfuhren wir, dass Fernmeldetechniker nur in Posen ausgebildet werden, und die Mutter meinte, das sei zu weit weg von zu Hause.« Pause. »Sie schickte mich zu dem Uhrmachermeister Ernst Rissmann, der aus Glashütte nach Schlesien gekommen und dort für die Ausbildung nach Glashütte-Muster verantwortlich war. Er prüfte mich zuerst einmal sehr genau.« Pause.

Walter Gerlach erzählt gleichmäßig, fast im Sekundentakt und präzise wie eine Uhr. Bei der Einstellungsprüfung hätte er von Meister Rissmann gelernt, woran man erkennt, ob ein junger Mensch für einen Beruf geeignet ist.

»Bei der Lehrlingsausbildung später in der DDR versuchte ich das zu beherzigen. Heute dagegen, wo nur noch Computerdaten entscheiden ...«

Seine Prüfung sei folgendermaßen abgelaufen. Zuerst hätte der Meister ihn gebeten, von zu Hause zu holen, was er in seiner Freizeit gebastelt und gemalt habe.« Walter Gerlach brachte ihm seine Flugzeug- und Schiffsmodelle. Der Meister prüfte mit der Lupe die Verleimung und Schaftung des Holzes. »Danach gab er mir einen dicken Eisendraht. Den musste ich zu einem Haken biegen, an dem Uhrgewichte aufgehängt werden konnten.« Schließlich hätte er ihn die Durchmesser von unterschiedlich starken Rundmetallstücken schätzen lassen. »Beim ersten lag ich 0,2 Millimeter daneben, aber das zweite, es war 4,5 Millimeter dick, schätzte ich auf den Zehntelmillimeter genau, denn ich hatte schon oft mit 4,5-Millimeter-Luftgewehrkugeln geschossen.« Zum Schluss hätte der Meister, weil gerade die Turmuhr läutete, wissen wollen, wie oft eine Glocke in vierundzwanzig Stunden schlägt, wenn alle Voranzeigen und die Stunden zusammengerechnet werden.

»Danach, es war Ostern, ja Ostern … Aber in welchem Jahr?« Seine Frau hilft ihm: »Es war 1943.« – »Ja, Ostern 1943 hat er mich als Uhrmacherlehrling genommen.«

Ich schaue auf die Uhr und sage, dass wir, wenn er all das Interessante seines Lebens ausführlich erzählt, bestimmt mehr Zeit brauchen, als der Tag heute noch Stunden hat. Ob er die Zeit seiner Geschichte wie eine Uhr vorstellen könne. Er nickt.

Das Telefon klingelt. Obwohl es ihm sichtlich schwerfällt, aufzustehen, sagt er zu seiner Frau: »Bleib sitzen«, geht zum Apparat und stellt ihn nach den ersten Worten so laut, dass seine Frau mithören kann.

»… verehrte Familie Gerlach, wir gratulieren Ihnen, dass sie nun Ihren Strom gewechselt haben. Sie werden von uns billig und gut versorgt werden. Ihre neue Energiegesellschaft wird Sie …«

Während er sich am Telefon die Nummer notiert, sagt seine Frau: »Mein Mann spricht nicht nur so langsam, weil er Uhrmacher ist. Nachdem er sein Service-Zentrum abgewickelt hatte, bekam er mehrere Schlaganfälle. Heute muss er sich vor jedem Gespräch Fakten und Zahlen notieren. Er konnte auch nicht mehr schreiben! Ich habe monatelang mit ihm Buchstaben gemalt.«

Als er wieder am Tisch sitzt, versucht Walter Gerlach im Schnelldurchlauf die Stationen seines Lebens langsam aufzuzählen. Ein Vierteljahr musste der Lehrling und Hitlerjunge an der Ostgrenze des Reiches Panzergräben ausheben. Die hielten die sowjetischen Truppen nicht auf, und seine Familie flüchtete nach Torgau. Dort beendete er 1945 die Uhrmacherlehre. Seinen Meister Ernst Rissmann, der von Schlesien nach Westdeutschland gegangen war, traf er 1951 auf der Leipziger Messe wieder. Er riet Walter Gerlach, als Uhrmacher nach Glashütte zu gehen und dort in der Chronometrie zu arbeiten, wo sehr genaue Navigationsinstrumente für die Schifffahrt gebaut werden. Später bestand er seine Meister- und Ingenieurprüfung und ging ins Uhrenkombinat nach Ruhla. Dort war er auch für Serviceleistungen verantwortlich.

Und schließlich Berlin. In der Akademie des Ministeriums für Wissenschaft und Technik brauchten sie dringend Leute, die Führungskräfte für das Rechenzentrum ausbildeten. Der Akademiechef bot Gerlach sogar an, eine Wohnung zu besorgen, und zeigte ihm eine alte Villa. »Dort kannst du, wenn wir sie etwas herrichten, mit deiner Familie wohnen.« Da borgte sich Walter Gerlach die einzige Sofortbildkamera der Akademie, ihre neueste Erwerbung, und fotografierte, damit es die Frau auch glauben würde, die versprochene Villa. Die Gerlachs lebten schon viele Jahre ohne eine gemeinsame Wohnung – er in Ruhla, sie in Glashütte –, aber seine Frau sagte damals: »Entscheiden musst du, Walter.«

Höhere Stellen nahmen ihm die Entscheidung ab. Die DDR-Regierung beschloss, dass alle wissenschaftlichen Kader in Berlin nur noch aus dem eigenen Bestand herangezogen und keine Leute aus den übrigen Bezirken geholt werden dürften.

Sein zweiter Berlin-Aufenthalt dauert von 1975 bis heute. Der Generaldirektor des Ruhlaer Uhrenkombinats schickte ihn damals in die Zweigstelle nach Berlin, wo das Service-Zentrum plötzlich ohne Leiter war. Er war bei einem Unfall auf der Autobahn nahe Erfurt tödlich verunglückt.

»Obwohl ich zuerst nur in einer Wohngemeinschaft unterkam, habe ich den Sohn sofort mitgenommen. Ich wusste, dass der Generaldirektor seine Aufgaben in der Hauptstadt ohne mich nicht erledigen konnte und deshalb parteimäßig alles tun würde, um uns eine Wohnung zu besorgen.«

Der Ruhlaer Generaldirektor musste damals ständig beim Minister oder dem ZK der Partei antanzen, weil in Berlin die Wartezeit für eine Uhrenreparatur mindestens drei bis vier Monate betrug.

1970 wurden im Service-Zentrum 5000 Wohnraum-, Signal-, Werk-, Taschen-, Stech-, Armbanduhren und Wecker repariert. 1982 waren es schon 250000. Die Wartezeit in den 29 Berliner Annahmestellen verringerte sich auf drei Wochen.

Als Walter Gerlach 1975 das Service-Zentrum übernahm, arbeiteten dort rund hundert Uhrmacher. »Wir warben mit Genehmigung von Partei und Regierung Lehrlinge aus den großen Uhrenfabriken ab und bildeten sie – weil einerseits Partei und Regierung das private Uhrmacherhandwerk dezimiert hatten und andererseits die wenigen alten Uhrmachermeister keine Lehrlinge mehr ausbilden wollten – bei uns auch für die privaten Uhrmacher aus.« Pause.

»Damals wurden die Uhren noch repariert. Der Vater hatte sie dem Sohn vererbt, oder es war ein teures Weihnachtsgeschenk.« Pause. »Man schmiss eine Uhr nicht wie heute in die Mülltonne, weil es billiger ist, eine neue zu kaufen, die man dann wieder wegwirft, um wieder eine neue zu kaufen.« Pause. »Die Zeit tickt heute anders!«

Das Service-Zentrum ist geschlossen worden.

Ein »Graf aus Westdeutschland« hätte den Betrieb gekauft, das heißt den Gebäudekomplex, einen Typenbau ähnlich den Polytechnischen Schulen in der DDR, und das dazugehörige Grundstück.

»Unsere Leute mussten, so stand es wohl im Kaufvertrag, sozial verträglich ›entsorgt‹ werden, also die neuen Mieter bekamen die Auflage, vorrangig ehemalige Mitarbeiter des Service-Zentrums einzustellen.« Pause. »Mich als Leiter setzte man für die sozial verträgliche Entlassung der Uhrmacher ein.« Pause. »Ich habe für meine Leute Hunderte Bewerbungen geschrieben. Sogar Schweizer Uhrenfabriken stellten unsere Facharbeiter ein, denn die wussten, dass sie Qualität bringen.« Pause. »Jede Woche musste ich einen Bericht geben, wen und wie viele Leute ich sozial verträglich untergebracht habe.« Pause. »Als die Arbeit fast erledigt war, hat man auch mich entlassen.«

Das Gebäude des Service-Zentrums hätte der »Graf« an ein sogenanntes »Bildungszentrum Göttingen« vermietet. »Dort verdient man nun an der Umschulung von Arbeitslosen.«

Die Frau schenkt mir Kaffee nach. Ihr Mann hat noch keinen Schluck getrunken. Er wechselt das Thema. Wir hätten – und deswegen wäre ich doch zu ihm gekommen – noch kein Wort über Reno Gorlt, den »Helden der Arbeit«, gesprochen.

»Er ist im Service-Zentrum, in dem auch seine Frau arbeitete, ausgebildet worden und war ein bescheidener, ehrlicher Genosse und ein hervorragender Uhrmacher, dem niemand die hohe Auszeichnung missgönnt hat.« Pause. »Ich habe ihn zum Meisterlehrgang vorgeschlagen, und er übernahm später die Reparaturannahmestelle in Pankow.«

Was er inzwischen macht, weiß Walter Gerlach nicht. »Aber vielleicht gibt es im alten Betrieb – also dem neuen ›Göttinger Bildungszentrum‹ in der Beilsteiner Straße 2 – noch Kollegen aus dem Service-Zentrum.«

Ich frage Walter Gerlach, ob er noch eine Ruhlaer Uhr trägt.

»Nein, ich habe mir beim Chinesen eine Uhr für 10 Euro gekauft.« Pause. »Ich brauche eine mit großen Zeigern, sonst kann ich sie nicht mehr lesen.«

Nach der Wende hat Walter Gerlach privat noch viele teure Uhren repariert. »Sogar eine italienische Uhr, die mir ein Oberstleutnant aus Bonn von der Hardthöhe, vom Verteidigungsministerium, gebracht hat.« Die Besitzer wertvoller Uhren wissen, dass Walter Gerlach zu den erfahrensten Uhrmachern in Deutschland gehört. »Auch heute schickt man mir noch Uhren, doch die Augen und Hände wollen nicht mehr.«

Sein Kaffee ist kalt geworden. Seine Frau sagt lächelnd: »Er trinkt nur Tee. Doch wenn Gäste kommen, muss ich auch ihm Kaffee einschenken. Er möchte sich nicht ausgeschlossen fühlen. Er möchte nie eine Ausnahme sein.«

Ich mag Berlin nicht. Es ist mir in jeder Beziehung zu groß. Erst recht Marzahn bei minus 15 Grad. Vom S-Bahnhof Spring-pfuhl laufe ich frierend die Allee der Kosmonauten entlang. Schon auf der Brücke über die Bahngleise erkundige ich mich nach der Beilsteiner Straße. Doch wahrscheinlich wollen bei der Kälte nicht einmal die schwatzhaften Berliner quatschen. Erst der Vierte murmelt was von »immer geradeaus«.

Ich komme an langen leeren Verwaltungsblöcken mit Hun-derten Fenstern, an mehreren Autoreparaturwerkstätten, einer TÜV-Prüfstelle aus den alten Bundesländern, einem Erotik-Zentrum und einer Möbelhalle vorbei, dann kreuzt die Beilsteiner. Rechts führt sie zu hohen Plattenbauten, links durch Kleingärten, in denen Einfamilienhäuschen stehen. Dort befinden sich die niedrigeren Hausnummern. Die ge-suchte Nr. 2 wird an diesem Ende sein. Ich marschiere tap-fer gegen den eisigen Wind und notiere mir nichts mehr. Ich schaue nur auf die Hausnummern. Auch in der Ferne, am Ende der Beilsteiner, sehe ich keinen vier- oder fünfgeschos-sigen Plattenbau.

Ich treffe ein Ehepaar mit Hund – »Ja, bei der Kälte sollte man nicht einmal einen Hund auf die Straße jagen, aber der macht sein Geschäft nur draußen« –, das seit 30 Jahren hier wohnt. Viel sei ja inzwischen kaputtgegangen, sagen sie, aber in der Beilsteiner ein Uhren-Service-Zentrum? Nicht dass sie wüssten.

Spontan klingele ich an einer Haustür. Eine ältere Frau kommt heraus. Am Ende der Beilsteiner stände eine kleine Kneipe, deren Wirt dort schon seit Urzeiten Bier ausschenkt. Den könnte ich fragen. Er ist meine letzte Hoffnung, denn an der Gaststätte endet die Beilsteiner plötzlich mit der Nummer 13 und mündet in die Hauptstraße. Ich renne die Hauptstraße entlang, weil ich dort das gelbe Fahrrad einer Briefträgerin sehe.

Die Beilsteiner 2 kennt die Frau nicht. »Wahrscheinlich en-det sie mit der 13.«

Ich gehe in die Kneipe, der Wirt ist nicht da, nur eine Putzfrau wischt den Boden der Gaststube. Sie behauptet, dass es in dieser Gegend nie ein Uhrengeschäft, geschweige denn ein Uhrenreparatur-Zentrum gegeben hat.

Verzweifelt rufe ich Walter Gerlach an. Er bestätigt noch einmal: »Beilsteiner Straße 2.« Ich könnte das Gebäude doch nicht verfehlen. Eine Tankstelle sei in der Nähe, und davor stehe das riesengroße METRO-Kaufhaus.

Das kennt die Putzfrau. »Sie müssen jetzt zurücklaufen bis zu den Kosmonauten, und dann gehen Sie auf der rechten Seite weiter.«

»Dort stehen aber die hohen Nummern«, sage ich.

Sie beteuert noch einmal, dass sich die METRO am entgegengesetzten Ende der Beilsteiner befindet, und ich wickele mir den Schal wieder um, stecke beide Hände in die Anoraktaschen und marschiere fast eine halbe Stunde zurück zur Allee der Kosmonauten. Auf der anderen Seite beginnen die Hunderter-Nummern. Schon nach wenigen Metern sehe ich die gelben METRO-Buchstaben.

Es ist die Nummer 120. Vielleicht, denke ich, gibt es Nebeneingänge mit der Nummer 2. Als ich keine finde, mache ich einen letzten Versuch und frage gegenüber vor einer kleinen Metallfabrik zwei rauchende Arbeiter. Sie verstehen mich schlecht, sie kommen aus Kasachstan. Als sie hören, dass ich Russisch spreche und sehen, dass ich jämmerlich friere, holt der ältere der beiden eine kleine Flasche mit »Wässerchen« aus seiner Jackentasche.

Der Schluck hat meine Lebensgeister wieder geweckt, und ich spreche eine Frau im Pelzmantel an, die gerade in ihr Auto steigt.

»Das frühere Uhren-Zentrum? Der Block hinter der METRO.«

Am Eingang hängt ein Schild »Bildungszentrum Göttingen«. An der linken Seite des Blocks verspricht der Wirt einer Cafeteria im Erdgeschoss: »Bockwurst nur 1 Euro«. In der

Cafeteria ist es gemütlich warm. Ich werde für das Umher-
irren in der Eiseskälte belohnt. Es gibt Salatteller mit Lamm-
filet für 3,90 Euro, Chili con Carne für 2,70 Euro ... Ich bestelle eine Erbsensuppe mit großer Bockwurst für 2,90 Euro.

Die Kellnerin bestätigt, dass der gesamte Block und auch
die Cafeteria zum früheren Service-Zentrum gehört haben.
Allerdings hätte das Gebäude kein Graf, sondern der »Frei-
herr von Kühnsburg« gekauft. »Zur Zeit wird es oben leer-
geräumt, das eingemietete ›Göttinger Bildungszentrum‹ zieht
in ein kleineres Gebäude gegenüber.«

Die Frau entschuldigt sich, dass sie nicht länger mit mir
sprechen kann. Es ist Mittagszeit, die Angestellten aus den
Ämtern und die Arbeiter und Arbeitslosen werden gleich
zum Essen kommen, und sie muss ...

Ein bulliger Mann, Rausschmeißertyp mit extrem eiförmi-
gem kahlgeschorenem Schädel, mustert mich durchdringend
und fragt, was ich von seiner Kellnerin will. Ich versuche ihm
meine Neugier zu erklären, aber er will nur meinen Namen
wissen. Danach geht er in seine einsehbare Bürobude und
setzt sich an den Computer. Nach wenigen Minuten schreit
er: »Gabi, du kannst mit ihm reden! Der ist nicht vom Finanzamt!«

Später holt er mich in sein Büro. Je länger wir sprechen,
umso mehr wandelt sich mein Bild vom Rausschmeißertyp.
Uwe Gläser, 49 Jahre alt, stammt aus dem kleinen Thüringer
Grenzdorf Judenbach, in dem ich auf meiner Grenzgänger-
tour Station gemacht hatte. Sein Vater war dort vor 1989
Schuldirektor und nutzte damals seine Beziehungen, damit
Sohn Uwe in Erfurt an der Hochschule Pädagogik studieren
konnte.

»Doch ich hatte in Erfurt immer nur Hunger und kein
Geld. Da schmiss ich nach vier Semestern die Pädagogik und
lernte Koch.« Dieser Beruf war ihm nicht nur bei der Armee
sehr nützlich. »Auf dem Flughafen in Peenemünde beför-
derte man mich schon nach vier Wochen zum Gefreiten, das

heißt, ich wurde Chef der Küche, und der konnte kein Soldat sein.«

Er sei zwar kein »Held der Arbeit« geworden, aber Honecker hätte ihm nach dem gemeinsamen Manöver der Truppen des Warschauer Paktes auf dem Flughafen von Peenemünde persönlich eine Glashütter Uhr mit der Inschrift »Waffenbrüderschaft 80« überreicht.

»Nur sechs von uns hat Honecker mit einer Uhr ausgezeichnet.« Er bewahrt sie gut auf. »Die Honecker-Uhr ist eine Geldanlage für Notzeiten.«

Uwe Gläser war damals erst 22 Jahre alt. »Und wenn du als begeisterungsfähiger 22-jähriger Spund vor deinem Landeschef stehst und der dir die Hand drückt, egal ob das die Merkel ist oder ob das der Honecker war oder damals der Hitler … Wenn man so jung ist, denkt man noch, dass es wirklich eine große Ehre ist.«

Uwe Gläser wurde Meister und Lehrausbilder für Köche. Weil auch in Berlin Fleisch Mangelware war, organisierte er durch seine Armeebeziehungen Steaks, Schnitzel und Rouladen. Später übernahm er die Hellersdorfer Konsum-Club-gaststätte. Zur Wende wurde sie geschlossen.

»Wo früher meine Kochkessel standen, sitzen heute die Leute an der Bowlingbar.«

Danach arbeitete er in verschiedenen Kneipen. »Aber dort wurde kaum gegessen, sondern immer nur gesoffen. Ich trinke seit 20 Jahren nicht mehr. Ich möchte nicht so enden wie manche, die ich in den Kneipen habe kotzen sehen.«

»Ein Heiliger geworden?«

»Gingen Heilige, wenn sie mal ne Frau haben wollten, manchmal auch in den Puff?«

Außerdem wäre er nach der Wende Stammgast in Spielcasinos gewesen. »Einmal habe ich 25 000 DM gewonnen. Eine Thailänderin, die neben mir stand, flötete mir ins Ohr: ›Ich vögele immer, wenn ich im Spiel verloren habe.‹ Ich sagte: ›Ich vögele nur, wenn ich gewonnen habe.‹ Mit ihr habe ich eine Zeitlang in Hellersdorf in der Platte gewohnt. Sie fand Hellersdorf im Gegensatz zu meiner westdeutschen Freundin wunderschön. Auch ich lebe gern in der Platte. Dort musste dich um nichts kümmern.«

Einige Jahre sei er mit Gabi, seiner Kellnerin und stellvertretenden Leiterin der Cafeteria, und ihren zwei Kindern zusammen gewesen. Als er sich von ihr trennte, wäre die gemeinsame Arbeit in der Cafeteria für beide kein Zuckerlecken gewesen.

»Ich hätte ihr kündigen können. Aber wer schmeißt in den Zeiten der Arbeitslosigkeit, nur weil man sich von ihr getrennt hat, die Frau aus dem Betrieb?«

Er bestellt uns bei ihr einen Kaffee.

»Manchmal kommen Bauarbeiter, die kriegen, wenn sie noch Hunger haben, bei uns kostenlos Nachschlag. An drei Kartoffeln sterben wir nicht. Und manchmal bestellen sich die beschlipsten Angestellten vom Finanzamt, das sich in der Nähe befindet, nur eine halbe Portion, damit sie weniger bezahlen müssen. Und holen sich dann Nachschlag. Sie rechnen dir vor: Schnitzel mit Kartoffeln und Gemüse, ne volle Portion 3,60, also ne halbe nicht mehr als 1,80. Aber in keiner Gaststätte brauchst du für ne halbe Portion nur den halben Preis zu zahlen.«

Er fragt, ob ich das fast leere »Bildungszentrum Göttingen« besichtigen möchte. Ich schüttele den Kopf.

Als ich bezahlen will, sagt er: »Gabi, das geht aufs Haus.«

Ich schaue trotzdem unglücklich in die Welt. Er denkt, dass es wegen der Kälte ist, in die ich hinausmuss, und spottet: »Als Thüringer wirst du Kälte doch gewöhnt sein.«

»Im Thüringer Wald, ja. Aber nicht in Berlin-Marzahn.« Außerdem wäre mein Problem nicht die Kälte dort draußen, sondern der Misserfolg hier drinnen. »Ich habe zwar das ehemalige Gebäude vom Service-Zentrum gefunden, aber mit der Suche nach dem ›Helden der Arbeit‹ bin ich wieder am Anfang.«

Er fragt, wo Reno Gorlt zuletzt gearbeitet hat, und schlägt vor, nach Uhrmachergeschäften in Berlin zu googeln. »Vielleicht ist dein ›Held der Arbeit‹ noch dabei.«

Und es geschieht ein Wunder: Auf dem Bildschirm des Computers erscheint das Foto eines kleinen Schmuck- und Uhrengeschäftes. Inhaber: Reno Gorlt. Darunter stehen die Adresse, die Telefonnummer und das Urteil eines Kunden: »Ein kleiner Uhren- und Schmuckladen, wo sich wirklich Zeit für den Kunden genommen wird. Ich habe alle meine Uhren und meinen Schmuck dort zur Reparatur gebracht und wurde nie enttäuscht … Ich hoffe, dass es diesen Laden noch lange geben wird.«

Ich rufe an. Frau Gorlt hat eine sympathische, freundliche Stimme. Ich möchte bitte einen Moment warten, sagt sie. Erst muss sie noch einen Kunden bedienen. Jetzt, nachdem ich den »Helden« gefunden habe, kann ich viele Momente warten.

Ich erkläre, dass ich mit ihrem Mann über die Vergangenheit, als er im volkseigenen Service-Zentrum ein »Held der Arbeit« war, und über die Gegenwart, in der er ein eigenes Uhren- und Schmuckgeschäft besitzt, sprechen möchte. Lange Pause. Mir scheint, dass ich durch das Telefon die Uhren im Geschäft ticken höre. Endlich sagt sie, dass sie ihren Mann informieren wird.

Beim nächsten Anruf teilt mir Frau Gorlt sehr förmlich mit: »Mein Mann möchte weder über sein Leben früher noch über die chaotischen Zustände heute sprechen.«

Ich versuche sie vergeblich umzustimmen.

Bevor ich auflege, kündige ich an, dass ich mir trotzdem als Kunde ihr im Internet gepriesenes Geschäft ansehen werde.

»Das können Sie freilich tun. Doch wir werden nicht mit Ihnen sprechen!«

Im Januar 2010, der in Berlin so kalt ist wie der Dezember 2009, fahre ich noch einmal in die Hauptstadt. Damit ich bei der Ladenöffnung um 10 Uhr als Erster im Geschäft der

Gorlts bin, werde ich bei einem Thüringer Bekannten übernachten. (Die Thüringer Gemeinde in Berlin wird übrigens die »grüne Mafia« genannt.) Ich suche nach seiner Wohnung in der Oelsnitzer Straße, finde die Riesaer, die Heidenauer und schließlich sogar die Rathener Straße. Rathen, nur zehn Kilometer von meinem Kindheitsdorf Lohmen entfernt, ist ein kleiner Ort in der Sächsischen Schweiz.

Weshalb ehren die Berliner dieses Städtchen mit einem Straßennamen?

»Weil ohne die Bauarbeiter aus Rathen, Torgau, Lübbenau, Coswig, Oelsnitz und so weiter die Neubauviertel in Ostberlin nicht entstanden wären«, sagt mein Thüringer Bekannter. »Das neue Berlin ist die Leistung der Provinz.«

Am Abend zeigt mir der rüstige 70-Jährige Fotos, die er bei einer Buchvorstellung im Veranstaltungsraum der Gesellschaft für Bürgerrechte und Menschenwürde aufgenommen hat. Während der Lesung stürmten vermummte Neonazis den Raum, entrollten schwarze Banner mit der Aufschrift »Opfer des alliierten Bombenterrors, wir vergessen euch nicht!«, grölten Naziparolen und warfen Hunderte winziger Zettel »Auch an euren Händen klebt Blut« unter die Versammelten. Als die Neonazis hinausgedrängt wurden, liefen sie mit der vor dem Haus postierten Wache ihrer Gesinnungsgenossen in Richtung S-Bahn.

Am Morgen laufe ich zielsicher vom S-Bahnhof Berlin-Pankow zur Wollankstraße. Als ich bei einem Fleischer, der Original Berliner-Riesen-Currywurst anbietet, vorbeikomme, beschließe ich, auf dem Rückweg bei ihm eine Wurst mit viel Curry zu essen. Vielleicht aus Frust, aber vielleicht auch aus Freude?

Punkt 10 Uhr stehe ich vor dem kleinen Uhrengeschäft. Ich habe es schon von weitem an einem davor hängenden roten Punkt mit einem großen Zeiger erkannt. Die Rollläden vor der Eingangstür und vor einem der zwei Schaufenster sind noch heruntergelassen. Einer ist von oben bis unten mit krakligen Hieroglyphen, Runenzeichen und Buchstaben besprayt. Ich kann diese Schmierereien so wenig deuten wie ähnliche an verlassenen Häusern, S-Bahnhöfen und in Unterführungen.

Neben dem Schmuck- und Uhrenladen befindet sich ein ebenfalls noch geschlossenes Geschäft für Münzen und Briefmarken. Als dort ein schlanker Mann zur Haustür herauskommt, frage ich, ob er sich hier auskennt.

»Ich möchte zu den Gorlts.«

»Die kommen heute ein bisschen später«, erklärt er. »Sie sind zum Einkaufen in die METRO gefahren. Vormittags ist hier sowieso tote Hose.«

»In die Marzahner METRO neben Gorlts früherer Arbeitsstätte?«

Das weiß der Mann nicht. Er will im Bistro nebenan einen Kaffee trinken. Und auch ich, sagt er, sollte nicht in der Kälte warten.

»Ich kannte die Gorlts schon, als der Reno hier noch im volkseigenen Reparaturstützpunkt gearbeitet hat.«

Ob die Gorlts das Gebäude gekauft oder den Laden nur gemietet haben, weiß er nicht. »Aber oft standen Alteigentümer vor den Häusern der Wollankstraße und fotografierten jedes Detail. Für die Gorlts war es nicht leicht.«

Ein schon am Vormittag Weinbrand trinkender junger Mann mischt sich ein und erklärt, dass es in diesem Scheißviertel niemand mehr leicht hat. Ständig würden hier asoziale Deutsche und Ausländer randalieren.

Der Kaffeetrinker bestätigt es. Auch Frau Gorlt sei schon mit einer Pistole bedroht worden. Früher wäre dieser Teil von Pankow ein vornehmes Wohnviertel gewesen, inzwischen sei er zur »Prolo-Absteige« verkommen.

Gegen halb elf hält ein Auto vor dem Uhrengeschäft. Während die Frau und der Mann Kisten und Taschen herausschleppen, spreche ich sie nicht an. Er ist lockig und hat schon Bauch, sie ist gebräunt und temperamentvoll schnell beim Abladen.

Wenige Minuten später ziehen sie die Rollläden hoch und öffnen die Tür. Anstelle der Schmierereien sehe ich nun zwischen Blumen, Vasen und Spieldosen filigrane Schmuckstücke und Uhren aller Größen.

Ich bin der erste Kunde. Auf ihre Frage, was ich wünsche, antworte ich ohne Umschweife: »Ich bin der, mit dem Sie nicht sprechen wollen.«

Pause. Nun höre ich nicht nur in meiner Phantasie die Uhren ticken. Sie erinnert sich, ohne dass ich noch etwas hinzufügen muss.

»Und dabei wird es leider bleiben«, sagt die Frau nicht unfreundlich, aber sehr bestimmt.

Dem Mann scheint es unangenehm zu sein, ich richte ihm Grüße von seinem ehemaligen Chef Walter Gerlach aus.

»Ja, der Gerlach, das war kein schlechter Kerl. Ist er gesund?«

Ich erzähle von seinen Schlaganfällen. Reno Gorlt meint, dass die Leute früher leichter, also sicherer gelebt hätten ... Seine Frau unterbricht und ermahnt: »Bring es auf den Punkt, Reno, und sage ihm, dass wir nichts sagen.«

Und dabei bleibt es. Ich erkläre ihnen, dass ich dann nur beschreiben werde, wie ich das Service-Zentrum und den »Helden der Arbeit« gesucht und ihn hier endlich gefunden habe und wie er nichts über damals und nichts über heute erzählen möchte.

»Ja, das können Sie schreiben.« Wie um mir etwas begreiflich zu machen, was sie nicht aussprechen will, fragt sie, wie viel Rente ich bekomme. Als ich ihr die Summe nenne, sagt sie: »Das ist zwar nicht viel, aber Sie haben es gut, Sie kriegen schon Rente. Wir müssen in diesem Viertel mit dem Geschäft noch lange durchhalten. Da kann einem jedes Wort schaden.«

Sie wünschen mir alles Gute.

Das wünsche ich den beiden auch.

Als ich wieder draußen stehe, gehe ich noch einmal hinein und frage den Uhrmacher aus dem Ruhlaer Reparatur-Service, ob er noch eine Ruhlaer Uhr trägt.

Er trägt überhaupt keine Uhr. »Hier im Laden weiß ich immer, was die Stunde geschlagen hat. Und wenn ich unterwegs bin, nehme ich die reparierte Uhr eines Kunden mit, um zu überprüfen, ob sie ordentlich läuft.«

Ich hole zum ersten Mal meinen Notizblock heraus und schaue ihn fragend an. »Ja, das können Sie aufschreiben«, sagt er und lächelt nun doch noch.

Rechts neben dem Laden befinden sich ein Abschleppdienst und eine heruntergekommene Autowerkstatt. Ausgeschlachtete Wagen stehen auf dem Hof. Ich will mir das Geschäft der Gorlts von hinten ansehen und denke, dass man durch den Hof der Autowerkstatt zur Rückseite der Gebäude kommen kann. Ein junger Arbeiter in gelber Montur schreit, als er mich sieht: »Was willst du hier? Raus! Sofort raus, sage ich dir!«

Wahrscheinlich sehe ich mit der über den Kopf gezogenen Kapuze meines schlampigen Anoraks von weitem wie ein Assi oder ein Asylbewerber aus.

Als ich ihm gegenüberstehe und sage, dass ich hier fremd bin und nur durch den Hof gehen möchte, schreit er, dass im Hof alles geklaut wird, was nicht angeschraubt ist.

Ich frage, wer hier klaut. Statt zu antworten, flucht er, man sollte all diese Asozialen endlich in Arbeitslager stecken. »Diese Wichser!«

Er arbeite schon 18 Jahre hier und hätte miterlebt, wie das Viertel immer mehr heruntergekommen ist. Hier könnte kein anständiger Deutscher mehr leben.

Ich entgegne, dass die Gorlts nebenan sogar von ihren Uhren und dem Schmuck leben.

»Die leben nur von den Reparaturen, nicht vom Schmuck«, widerspricht er. Hier würde keiner Schmuck kaufen. Höchstens so ein Jude, so ein reicher. Er schreit schon wieder was von Wichsern und Deutschland müsste endlich wieder sauber werden.

Ich verzichte darauf, die Häuser von der Rückseite zu sehen, drehe um und hole mir in dem links vom Uhrengeschäft befindlichen Bistro »Payam« einen Döner für nur 2,20 Euro.

Wegen der Kälte will ich mit dem Bus bis zum S-Bahnhof zurückfahren, aber wahrscheinlich ist heute nicht mein Tag. Der Busfahrer sieht mich zwar, doch weil ich fußtrampelnd zwei Meter neben dem Dach der Haltestelle stehe, fährt er weiter. Noch schlimmer erwischt es mich im Zentrum. Dort sperren Polizisten die Straßen nicht nur für private Autos. Auch an den Bushaltestellen hängen Schilder, dass sie wegen eines Staatsbesuchs heute vom Nahverkehr nicht angefahren werden. So verpasse ich meinen Zug nach Thüringen und suche im Hauptbahnhof einen Wartesaal, finde aber nur eine Lounge für die Erste-Klasse-Fahrgäste. Die dürfen für 10 Euro zusätzlich noch einen Begleiter mitbringen. Im bayrischen Restaurant des neuen Berliner Hauptbahnhofes sitze ich endlich warm. Ich genehmige mir, ohne dass ich zuvor auf die Karte gesehen habe, ein Glas Rotwein.

Es kostet 7, 20 Euro. Mit Trinkgeld bezahle ich 8 Euro. Dafür hätte ich im Bistro neben dem Schmuck- und Uhrengeschäft von Reno Gorlt mindestens drei Döner essen können. Heute ist wahrlich nicht mein Tag.

Wegen eingefrorener Weichen hat der Zug 90 Minuten Verspätung. Doch zumindest das könnte ich auch positiv sehen. Denn so bleibt mir genügend Zeit, um im teuren Restaurant noch einmal billig auf die Toilette zu gehen. Die Toilettenfrau, eine dicke Mama aus Afrika, ist mit ihrer Familie aus Kamerun nach Deutschland gekommen. Im Moment wäre es für sie schrecklich hier. »Sehr, sehr kalt«, stöhnt sie.

Sie sitzt vor der Toilette und liest die Bibel in englischer Sprache.

Der Kuhhandel
ODER
Ich suche Heinz Wudy, »Held der Arbeit« 1981,
Jugendbrigadier im VEB Straßen- und
Tiefbaukombinat Suhl

Als ich Hartmut Jenk gefunden hatte, freute ich mich wie
ein Amateurdetektiv, denn der frühere Oberbauleiter des
Straßen- und Tiefbaukombinates kannte Heinz Wudy von
gemeinsamer Arbeit und wusste seine Telefonnummer. Noch
am selben Tag rief ich an.

»Heinz ist beim Arzt«, sagte seine Frau am Telefon und
fragte, weshalb ich ihren Mann sprechen wollte. Umständlich versuchte ich zu erklären, dass mich interessiere, was in
den letzten 20 Jahren aus dem VEB Tiefbaukombinat und
dem Tiefbauer, dem »Helden der Arbeit«, Heinz Wudy, geworden ist.

Sie meinte, dass man die Geister der Vergangenheit nicht
unnötig wecken sollte. Neulich hätte das Fernsehen in der
ehemaligen Schönbrunner Gewürzmühle, in der sie in drei
Schichten arbeitete, einen Film gedreht. »Und plötzlich zeigte
eine Kollegin auf mich und rief den Kameraleuten zu: ›Das ist
die Frau vom DDR-Helden der Arbeit!‹ Im Herbst 89 hatten Fehrenbacher vor unserem mit den eigenen Händen mühevoll gebauten Haus gestanden und gebrüllt: ›Held der Arbeit, raus aus dem neuen schönen Haus!‹ Nein, darüber wird
mein Mann bestimmt nicht mehr reden wollen. Doch das soll
er Ihnen selbst sagen. Rufen Sie ihn am besten heute Abend
vor der Tagesschau an.«

Entmutigt legte ich auf.

Dabei hatte meine kriminalistische Vergangenheitssuche
in Suhl mit einem verheißungsvollen, aber wiederum kaum
glaubhaften Zufall begonnen. Als ich von der neuen Autobahn in die mit dem Schild »Waffenstadt Suhl« Touristen werben wollende ehemalige DDR-Bezirkshauptstadt hineinfuhr,

stoppte vor mir an der rechts von einem indischen und links von einem griechischen Restaurant flankierten Ampelkreuzung ein LKW mit Suhler Kennzeichen. An seiner Rückwand stand in großer weißer Schrift der Name einer hiesigen Tiefbaufirma und die dazugehörige Telefonnummer! Obwohl ich diesem Zufall misstraute, schrieb ich während der Rot-Phase die Nummer auf. Lange rief ich vergeblich an, dann meldete sich eine Frau mit: »Tiefbau Mauerstraße. Was kann ich für Sie tun?«

Ob ihr Betrieb der Nachfolger vom VEB Tiefbaukombinat sei? Sie verneinte. Ihr Unternehmen sei ein kleines neugegründetes. Sie kannte weder Heinz Wudy noch einen anderen Kollegen aus dem früheren Tiefbaukombinat. Das hätte sich, sagte sie, nach der Wende umstrukturiert und sei erst vor zwei oder drei Jahren von einem Wessi endgültig »vor den Baum gefahren« worden. Wohin die Leute gegangen sind, wusste sie nicht. Sie vermutete, dass einige vielleicht noch für Subunternehmer in Suhl arbeiteten.

Im Stadtzentrum fand ich drei Bauleute, die einen Heizungsschacht betonierten. Ihre Gesichter wirkten auch jetzt im Winter sehr braungebrannt, und die drei sprachen nur slowenisch. Nach dem nächsten Versuch bei dick eingemummelten Arbeitern, die Entwässerungsröhren am Bahndamm verlegten und aus Wrocław kamen, beendete ich die Suche nach Ehemaligen.

Am nächsten Tag rief ich Heinrich Nenninger, den Geschäftsführer der »BAUWI Bau und Beton GmbH« in Suhl-Wichtshausen, an. Ihn kannte ich noch aus der Zeit, in der die »BAUWI« ein landwirtschaftlicher Baubetrieb (ZBO) war.

Als die ZBO vor 30 Jahren ein rundes Jubiläum feiern wollte, war der Direktor zu mir gekommen. Für die Feier fehlte ihm ein langes Reim-dich-oder-ich-fress-dich-Gedicht über die Arbeit und die Streiche der Brigadiers, Meister und der langgedienten Arbeiter.

Weil es mir jahrelang nicht gelungen war, für den Aufgang zu meinem Gartenhaus aus Beton gegossene Treppenstufen zu kaufen (man erhielt sie nur durch Beziehungen beziehungsweise im Tausch gegen andere Mangelwaren), schlug ich in einen Kuhhandel ein: zehn Treppenstufen gegen zehn Seiten Bierzeitungsgedicht. Die Treppenstufen musste ich bezahlen. Mein Honorar war durch die heimliche Anlieferung der Stufen abgegolten.

Mich an diesen Handel erinnernd, hoffte ich, dass der alte Baufuchs Nenninger die ehemaligen Kollegen vom Tiefbau, vielleicht sogar den Wudy, kannte. Ich hatte Pech. Seine Sekretärin sagte, dass er im Krankenhaus liege. Aber sobald er wieder im Betrieb sei, würde sie sich melden. Schon drei Tage nach der OP teilte sie mir mit, dass Herr Nenninger mich nach Feierabend gegen 19 Uhr in seinem Büro erwarte.

Heinrich Nenninger ist klein von Wuchs, pausbäckig und hat, wie er zur Begrüßung sagt, »mit den Jahren auch ein wenig Bauch angesetzt«. Von der Herz-OP vor drei Tagen erzählt er wie von einer blöden, unnötigen Sommergrippe und fragt mich im selben Atemzug, was mich nach so vielen Jahren zu ihm führt.

Ich erinnere ihn an den Stufendeal von vor 30 Jahren. An die Stufen erinnert er sich nicht mehr. Aber an die Bierzeitungsverse! An das Gedicht über den Meister, dem das heimlich mitgebrachte Bier in der Thermoskanne explodiert war!

Heinrich Nenninger hat die alten Büro- und Werkstattbaracken aus der ZBO-Zeit nicht abreißen lassen, sondern nur ihr Innenleben modernisiert. Er sitzt hinter einem sehr großen Schreibtisch, über dem – das registrierte ich beim Eintreten, noch bevor ich ihn anschaute – ein mächtiges und mehrere kleine Geweihe hängen. Das große, sagt er stolz, wiegt an die 14 Kilo. Um ein gesprächsförderndes Interesse zu zeigen, zähle ich die Enden des Geweihes. Aber er berichtigt mich, denn es sei nicht entscheidend, ob ein Geweih 12 oder 16 Enden aufweist. Der Wert des Geweihes werde nach

Kilogramm berechnet. Würde er einen Hirsch mit der 14-Kilo-Trophäe, die an der Wand hängt, in Deutschland erlegen, müsste er dafür 18 000 Euro bezahlen.

Ich murmele etwas von Finanzkrise und Bauunternehmen ohne Aufträge.

Er lacht. »Ich bin kein Millionär! Den Hirsch habe ich im vergangenen Jahr in Kasachstan geschossen. Dort bezahle ich für Flug, Unterkunft, Hirsch und Verpflegung maximal 6000!«

Das 10-Kilo-Geweih eines Maralhirsches, den er vor einigen Monaten in der ehemaligen Sowjetrepublik erlegt hat, hängt noch im Schlachthaus.

»Beim Wichtshäuser Fleischer?«

»Ne – hier im Betrieb, unten im Keller. So arm, dass ich mir als Jäger nicht mal ein privates Schlachthaus in meinem Unternehmen leisten kann, so arm bin ich nun doch nicht.«

Als er mir erklären will, dass die Maralhirsche in Kasachstan wegen ihrer in den Spitzen sehr wenig verzweigten Geweihe mit den zackenreicheren ukrainischen Karpatenhirschen gekreuzt worden sind, unterbreche ich ihn und frage, ob er den Tiefbau-»Helden« Heinz Wudy kennt. Den Wudy nicht, aber den ehemaligen Oberbauleiter Hartmut Jenk, der hätte das VEB Straßen- und Tiefbaukombinat nach der Wende weitergeführt.

Er werde ihn gleich anrufen. Zuvor könnte ich mir – natürlich nur, wenn ich möchte – sein Video von der letzten Jagd in Kasachstan ansehen.

Ich nicke.

Weite Wiesen und Wälder im Morgenlicht.

»Alles unberührte Natur! Schön, nicht?«

Ein Trupp Jäger zertritt das noch nasse Gras. Vor ihnen läuft ein junger kasachischer Wildhüter.

»Die Leute leben hier von den Hirschen und den ausländischen Jägern.«

Der Wildhüter lockt den Maralhirsch mit einem flötenähnlichen Instrument. Das Tier tritt aus den Birken auf die Lichtung. Es steht still und schreit. Der Schrei des majestätischen Maralhirsches klingt wie das hohe Krächzen eines Urwaldvogels.

Auf dem nächsten Bild ist eine kilometerlange, wahrscheinlich drei Meter hohe Mauer aus gestapeltem Heu zu sehen.

»Damit die wegen der Devisenjagd in diesen Gebieten zu viel gehaltenen Hirsche im Winter nicht verhungern.«

Schließlich kniet Heinrich Nenninger vor »seinem« erlegten Maralhirsch. Er bricht das Tier waidgerecht auf, reicht ihm den letzten Bissen, einen weißrindigen Birkenzweig, und versucht dem kasachischen Wildhüter immer wieder klarzumachen, dass der das erlegte Wild ehren soll. Er sagt auf Deutsch: »Sergej, du musst jetzt ›Waidmannsheil‹ zu mir sagen! ›Waidmannsheil!‹ Und ich antworte dir dann: ›Waidmannsdank! Waidmannsdank!‹«

Der Kasache lacht.

Plötzlich, ohne dass zum Halali geblasen worden ist, verschwindet die kasachische Weite der Wiesen und Wälder, und auf dem Monitor erscheint ein moderner flacher Fabrikneubau. Die Ziersträucher davor stehen noch nicht hoch.

»Entschuldigung, das ist mein« – oder hat Heinrich Nenninger »unser« gesagt? – also: »Das ist mein/unser Pharmaglasbetrieb in Neuhaus am Rennweg.« 1996 war das Werk von einem westdeutschen Unternehmer mit reichlich staatlicher Förderung gebaut worden. Neun Jahre später meldete er Konkurs an. Damals arbeiteten 120 Beschäftigte in dem Unternehmen.

»Wir kauften den insolventen Betrieb und konnten 75 Leute übernehmen.« Obwohl Heinrich Nenninger von Glas wenig Ahnung hatte und die Pharma-Flaschen an 80 verschiedenen Stellen My-genau nachgemessen werden müssen, sind die Kunden inzwischen mit der Qualität und der Pünktlichkeit zufrieden. Der Betrieb ist rentabel, weitere 25 Arbeiter wurden eingestellt. Und vor dem Eingang blühende Sträucher.

»6 Millionen Euro haben wir in Neuhaus investiert, um den Pharmaglasbetrieb vor der Insolvenz zu retten.« Das Tiefbaukombinat in Suhl hätte vor drei Jahren keiner gerettet. Doch das könnte mir Hartmut Jenk selbst erzählen, und vielleicht würde der für mich auch den »Helden der Arbeit« finden, obwohl es nicht zu verstehen sei, weshalb ich ausgerechnet mit dem Wudy sprechen müsse. »Wir waren doch, wenn du an die beschissenen ökonomischen Umstände denkst, in der DDR alle Helden der Arbeit oder, besser gesagt: Helden der Organisation und des Schacherns.«

Und er erzählt, wie er seinerzeit die Betonmischanlage für die ZBO organisiert hat. »Im VEB Baumaschinen Welzow, der zum Leipziger Baukema-Kombinat gehörte, wurden jährlich 33 Betonmischanlagen hergestellt. 30 davon gingen ins Ausland, also blieben drei für die DDR. Aber die drei waren für die Baukombinate reserviert. Eher hättest du damals in der DDR ein Raumschiff als eine Betonmischanlage kaufen können.«

Der kleine landwirtschaftliche Baubetrieb in Wichtshausen wäre vielleicht im Jahr 2066 mit einer Lieferung dran gewesen. Aber ab und zu bauten die »Wichte« aus Wichtshausen in Großbetrieben außerplanmäßig, ohne staatliche Genehmigung. »Also schwarz, und das konnte einen Kopf und Kragen kosten.« So auch im Suhler Möbelkombinat. Als Gegenleistung informierte der Generaldirektor des Möbelkombinates Heinrich Nenninger, dass der Direktor des Kombinates VEB Baukema Leipzig zur Verhandlung in das Möbelkombinat nach Suhl kommen würde. »Der brauchte außerplanmäßig und ohne Kontingent für ein Wohnheim, das er in Leipzig für seine ausländischen Arbeitskräfte errichten musste, 250 Betten, 250 Schränke, 80 Tische und 250 Stühle. Wenn er dir im nächsten Jahr außerplanmäßig eine Betonmischanlage aus seinem Welzower Betrieb liefert, habe ich die Möbel für ihn.«

Die Gespräche liefen gut. Doch dann musste der Suhler Generaldirektor zugeben, dass er keine Stühle hatte, denn

Stühle wurden nicht in seinem Kombinat, sondern im Möbelbetrieb Könnern hergestellt. Also war es nichts mit der Mischanlage für Nenninger. Da flehte der den Generaldirektor an, dass er ihm zwei Stunden Zeit gibt.

»Er sollte mit dem Baukema-Direktor essen gehen oder ihm den Betrieb zeigen, ihn auf alle Fälle zwei Stunden aufhalten! Denn ich kannte den Betriebschef vom VEB Möbelbetrieb Könnern. Als der nämlich ein Kulturhaus bauen wollte, fehlten ihm Rundlochdeckenplatten. Die besorgte er im Betonwerk Themar. Aber er konnte sie (das versteht heutzutage kein Schwein mehr) nicht nach Könnern holen, denn Themar gehörte zum Bezirk Suhl und Könnern zum Bezirk Erfurt. Und es war verboten, Baumaterial von einem in den anderen Bezirk zu verkaufen. In Themar hätte man die LKWs mit den Erfurter Kennzeichen nicht beladen. Also fuhren wir mit unseren Autos nach Themar, holten die Platten und luden sie in der ZBO klammheimlich auf die Erfurter um.«

Daran erinnerte Heinrich Nenninger den Verkaufschef in Könnern. Und der beschaffte außerplanmäßig 250 Stühle. Und das Möbelkombinat konnte außerplanmäßig alle gewünschten Möbel für das Wohnheim in Leipzig liefern. Und die Baukema konnte ihr Wohnheim einrichten, und die ZBO in Wichtshausen erhielt ein »Raumschiff«.

»Die Kollegen klopften mir auf die Schultern und sagten: ›Genosse Nenninger, du bist ein Held!‹«

Er ruft Hartmut Jenk an und stellt das Telefon laut.

»Ja, Hartmut! Hier ist der Heinrich, der Heinrich Nenninger. Haben ja eine Ewigkeit nichts mehr voneinander gehört.«

»Und wie geht's dir, Heinrich?«

»Der Betrieb läuft, aber das Herz muckert. Vor drei Tagen haben sie mir einen Stent in die Herzschlagader gesetzt.«

Lange Pause. Dann sagt Hartmut Jenk sehr leise: »Ich habe drei Stents.« Er hätte sein Leben lang Sport getrieben und nie körperliche Probleme gehabt.

»Das mit dem Herzen war psychisch. Es kam von der Seele.

Der neue Besitzer hatte mich, nachdem der Tiefbau keine Gewinne mehr abwarf, als Geschäftsführer rausgeschmissen … Kurze Zeit später die Insolvenz … Der Betrieb war doch mein Leben, Heinrich, da hing mein Herzblut dran. Ich gehe kaputt vom Rumsitzen und Nichtstun.«

Den Heinz Wudy, sagt Hartmut Jenk, hat er nach der Wende nur noch selten gesehen. Aber er wird mir die Telefonnummer besorgen. Wenn ich zuvor etwas über die Arbeit von Wudy in der DDR und über das Tiefbaukombinat wissen möchte, kann ich bei ihm in Schleusingen vorbeikommen.

Hartmut Jenk spricht so leise, dass Nenninger die Lautstärke des Telefons maximal aufdrehen muss. Nachdem er aufgelegt hat, sagt er: »Der Hartmut hat nach der Wende versucht, weiter mit dem Herzen zu sprechen, alles ehrlich zu machen. Doch solch ein treudoofer Kerl hatte nach der Wende nur Glück, wenn ihm ein guter Partner zur Seite stand.«

Nenninger hatte einen guten Berater. Einen Unternehmer aus Kassel. »Er kam die ersten drei Jahre regelmäßig nach Wichtshausen und half, ohne eine Mark zu verlangen. Wir waren doch nach der Wende im Osten wie die Kinder, denen man zwar reichlich zu essen gibt, aber das Laufen nicht beigebracht, geschweige denn die Welt erklärt hat. »Und über Eigentum wussten die im Westen alles, und wir verstanden nichts davon.«

Die ZBO war seinerzeit gegründet worden, damit nicht jede LPG eine eigene Baubrigade unterhalten musste. Vier Genossenschaften aus dem Umland brachten ihre Maschinen und ihre Leute ein und erhielten dementsprechende Anteile an dem gemeinsamen Baubetrieb.

»Diese Anteile sollte ich so schnell als möglich zurückkaufen, denn die LPGs waren schon hochverschuldet. Und diese Schulden würden die Banken dann anteilmäßig auf unseren Betrieb übertragen. Wir haben alle Anteile zurückgekauft. Wie wir das gemacht haben, erzähl ich dir nicht, kannste sowieso nicht aufschreiben.«

Nicht halb so begeistert wie von seinen Jagdgeschichten berichtet Heinrich Nenninger, dass er auch Vorsitzender des Süd-Thüringer Bauindustrieverbandes geworden ist. Zu diesem Posten sei er wie die Jungfrau zum Kind gekommen.

»Weil es in der dem Ende entgegengehenden DDR alles geben musste, was es im Westen gab, gründete man im April 1990 auch in Südthüringen den Bauindustrieverband. Ich wurde in den Vorstand gewählt. Nach der Wahl standen die Direktoren der großen volkseigenen Kombinate um mich herum und sagten: ›Von uns kann keiner der Vorsitzende des kapitalistischen Bauunternehmerverbandes werden. Mach du es, Nenninger, du warst ein kleiner Chef, also ein kleiner Genosse.‹«

Inzwischen sitzt er als Vorsitzender des gesamten Thüringer Verbandes bei den Beratungen im Hauptvorstand neben den großen westdeutschen Baulöwen wie Hoch-Tief, Strabag und Bilfinger Berger.

»Manchmal bitten die mich in einer Pause: ›Herr Nenninger, erzählen Sie doch über die DDR, über Dinge, die es nur im Osten gab.‹ Da habe ich mal gesagt: ›Ihnen fehlt im Westen lediglich ein 1. Kreissekretär der SED. Wenn man in der DDR eine gute Idee hatte, ist man einfach zum Ersten gegangen. Und wenn man den von der Idee überzeugt hatte, wurde es gemacht. Aber wer setzt heutzutage etwas durch? In der Demokratie redet jeder so lange, bis von der Idee nichts mehr übrigbleibt. Ein Rudel braucht immer einen Leitwolf. Das weiß ich nicht nur, weil ich Jäger bin.‹«

Zum Schluss unseres Gespräches sagt er: »Ich habe mich in der DDR einmal als falscher ›Held der Arbeit‹ ausgeben müssen. Das brachte mir nach der Wende eine polizeiliche Vorladung.« Und er fragt, ob ich die Geschichte noch hören möchte. Ich nicke.

»Der Absatzdirektor vom Fahrzeug- und Jagdwaffenwerk Suhl – dem damals größten europäischen Moped-Produzenten – kam händeringend zu mir. ›Genosse Nenninger, schau dir die Toiletten in unserem Hauptgebäude an und versuch dir vorzustellen, dass dort auch unsere ausländischen Kunden drauf sitzen müssen.‹ Es waren eingefallene Holzbuchten. Wir haben die Toiletten ohne Planvorgabe wieder in Ordnung gebracht. Danach verstand ich mich mit dem Direktor sehr gut. Und als mein alter Škoda nicht mehr zu reparieren war, hätte ich vielleicht noch zehn Jahre auf ein neues Auto warten müssen. Da rief mich eines Tages der Absatzdirektor an: ›Heinrich, du kannst sofort einen neuen Škoda bekommen, musst ihn dir aber direkt bei den Škoda-Werken in der ČSSR abholen. Doch das darf niemand erfahren! Nicht einmal der Generaldirektor weiß davon.‹ Ich bin nach Mladá Boleslav gefahren. Dort warteten schon andere DDR-Bürger vor dem Werktor. Ein Verantwortlicher schärfte uns ein: ›Wenn man euch fragt, sagt ihr, dass ihr alles Bestarbeiter der DDR, ›Helden der Arbeit‹ und so etwas seid und deshalb bevorzugt einen PKW bekommt.‹ Da habe ich meine Brust, an der kein Orden hing, herausgestreckt und überglücklich einen Škoda gekauft. Nach der Wende erhielt ich wegen Amtsmissbrauch in der DDR – so wie der Sindermann und andere Bonzen – eine Vorladung zur Polizei in Suhl.

Den Polizisten, der meine Akte aufschlug, kannte ich. Er war in Rauenstein mit meiner Schwester in die Schule gegangen. Sein Großvater hat mit meinem Großvater in der Kneipe gesessen.

›Mit dem Sindermann und anderen hohen Genossen der Regierung müsste man sich schon beschäftigen‹, sagte er. ›Aber doch nicht mit solchen wie dir, Heinrich.‹«

Beim Abschied wünscht mir Heinrich Nenninger für die »Helden«suche »Waidmannsheil«. Und ich antworte – was er sich von seinem kasachischen Wildhüter vergeblich gewünscht hatte –, dem deutschen Ritual folgend: »Waidmannsdank!«

Hartmut Jenk trägt auch im kalten Dezember ein blütenweißes kurzärmeliges Hemd. Der stattliche 70-Jährige wirkt auf mich mit seinen sorgfältig gekämmten weißen Haaren, den dichten schwarzen Brauen und dem silbergrauen, akkurat gestutzten Schnurrbart wie ein spanischer Grande. (Als er mir später den Firmenprospekt vom »Tiefbau Suhl« zeigt, bestätigt sich mein Eindruck, denn auf der ersten Seite ist er als Geschäftsführer in weißem Hemd, grünem Schlips und maßgeschneidertem gelbem Sakko abgebildet.)

Seine Frau hat auf dem kleinen Stubentisch aus Tassen, Tellern, Zuckerdose, Milchkännchen, Kerzen, einem Tulpenstrauß und einer reichlich mit Kuchen belegten Platte ein gemäldeähnliches Stillleben aufgebaut. Wieder sehr leise sagt er: »Greifen Sie bitte zu.«

Die leise, sensible Art zu sprechen behält er auch bei, als er mir protokollarisch die »technischen Daten« seines Lebens aufzählt. Er gehörte zum letzten Studienjahrgang, der an der Ingenieurschule für Straßen- und Brückenbau in Schleusingen 1972 sein Diplom ablegte, denn danach musste die Fachschule der Bezirksparteischule der SED (BPS) und der Lehre von Marx und Engels weichen. Das blieb bis 1989 so. Dann wurde aus der Bildungszentrale für Parteischüler ein Reha-Zentrum für Behinderte.

Zuerst arbeitete er in der staatlichen Bauaufsicht in Meiningen, belegte 1980 im Fernstudium an der TU Dresden das Fach »Komplexe Erschließung« und war dann nur noch im Tiefbau beschäftigt.

»Erst im sozialistischen Tiefbau und dann im kapitalistischen Tiefbau.«

Er schenkt Kaffee nach und bittet um Entschuldigung, dass er aus seinem Leben erzählt, wo ich doch wegen des Wudy gekommen sei. Viel könnte er mir nicht helfen, denn der Wudy habe als Jugendbrigadier des Straßen- und Tiefbaukombinates Suhl über 10 Jahre in Berlin gearbeitet.

Nach 1976 wurden Zehntausende Handwerker und Bauleute aus der Provinz in die Hauptstadt geschickt. »Das war sehr gut für die Hauptstädter, die rund 100 000 fernbeheizte

Neubauwohnungen erhielten, aber schlecht für die Provinzler. Hier regnete es nämlich inzwischen in die Häuser, weil die Dachdecker nach Berlin abkommandiert waren, und der Putz der historischen Gebäude bröckelte, weil der Zement fehlte, der in die Hauptstadt gebracht worden war. Damals hatte das Tiefbaukombinat in Suhl den frischgebackenen Lehrausbilder Heinz Wudy mit einem Trupp junger Leute nach Berlin geschickt. Einerseits schockte die harte Arbeit in der ›Fremde‹ – andererseits aber waren die Jungen froh, sich, vom heimischen Betrieb unkontrolliert, ausprobieren zu können.

Und manchmal, wenn ich den Wudy dort oben dienstlich aufsuchen musste, aber nur die Hälfte seiner Truppe im Graben schippte, fragte ich ihn drohend: ›Wudy, du Schweinehund, wo sind deine Leute?‹ Er hob dann hilflos beide Hände und sagte lachend: ›Das Leben in der Hauptstadt ist teurer als in Suhl.‹«

Der Kuchen ist aufgegessen, und der schlanke, große Mann sagt, dass er nun auf das Abendessen verzichten wird.

Nachdem ich mir die Telefonnummer eingesteckt habe, könnte ich mich von den Gastgebern verabschieden. Doch die Frau brüht neuen Kaffee, und Hartmut Jenk erzählt die Geschichte seines Betriebes vom Neubeginn 1990 bis zu seinem bitteren Ende.

Im Dezember 1989 schickten die Straßen- und Tiefbauer ihren Genossen Generaldirektor in die Wüste. Danach fuhr der neue Chef zusammen mit Hartmut Jenk und anderen Kollegen nach Limbach an die Lahn und priesen sich dem Holzmann-Konzern an. Sie hatten 2000 gut ausgebildete Fachleute, Ingenieure und Angestellte, Kräne, Baumaschinen, Häuser und Baumaterial, beispielsweise Kanalelemente.

Aber man erwiderte, dass die Technik völlig veraltet wäre, die Maschinen und Kräne längst abgeschrieben und die Häuser nur Baracken wären. Und die 16 Millionen Kanalelemente, die man besaß, müssten recycelt werden.

Damals hatte Hartmut Jenk, der im Wiederverwendungs-
land DDR ausgebildet worden war, das Wort »recyceln« zum
ersten Mal gehört. Mit den abschließenden Worten der Holz-
mann-Leute: »Sie haben wahrscheinlich gute Arbeiter und
Ingenieure, aber das ist auch alles. Wir wünschen Ihnen eine
angenehme Heimfahrt«, war die Idee einer Ehe mit dem
Holzmann-Konzern erledigt.

Die Tiefbauer teilten notgedrungen das Kombinat in zehn
verschiedene eigenständige Betriebe auf. Einer davon ent-
stand aus der früheren Oberbauleitung Suhl. Von den 250
Mitarbeitern dieses Betriebsteiles wählten 215 Hartmut Jenk
zu ihrem neuen Geschäftsführer.

An dieser Stelle der Geschichte unterbricht die sonst sehr
schweigsame Frau ihren immer leiser sprechenden Mann.
»Hartmut, du musst auch erzählen, was danach geschah. Weshalb du nächtelang ohne Schlaf neben mir gelegen hast. Das
musst du auch erzählen. Und bitte laut.«

Er nickt und sagt, als spräche er zu sich: »Von den 250
Kollegen musste ich als neuer Geschäftsführer zuerst einmal
160 entlassen. Verstehen Sie, 160, die mir, auf eine Zukunft
hoffend, gerade ihr Vertrauen gegeben hatten. Leute, mit denen ich jahrelang gearbeitet hatte, musste ich auf die Straße
setzen.« Er hätte versucht, einige in anderen ausgegliederten
Bereichen unterzubringen, als Kraftfahrer und so ...

Zum Schluss waren sie, wie er versichert, ein ideales Unternehmen: 75 Arbeiter und 15 Angestellte. Sie galten als aner-
kannter Fachbetrieb für den unterirdischen Bauraum und
bauten außerdem auch Deponien, Straßen und Stützmauern.

»Fachlich waren wir ungeschlagen, aber das Finanzielle be-
herrschten wir nicht nur wegen des fehlenden Geldes sehr
schlecht, obwohl ich mir nach der Wende Kenntnisse in Be-
triebswirtschaft angeeignet hatte.«

So kaufte ein bayrischer Bauunternehmer aus Neu-Ulm,
den Suhler Baubetrieb. Er bürgte mit einem 15-Millionen-
DM-Kredit, den die Ostdeutschen nicht erhalten hätten. Sie

brauchten ihn dringend, um ihre teilweise vierzig Jahre alten sowjetischen und rumänischen Maschinen ersetzen zu können.

»Den neuen Firmenbesitzer sah ich auf einer Baustelle in Neuhaus am Rennweg zum ersten Mal. Er kam standesgemäß mit einem BMW. Als er hörte, dass ein Arbeiter zu mir sagte: ›Hartmut, wir machen das am besten so‹, nahm er mich zur Seite und mahnte: ›Herr Jenk, als Diplom-Ingenieur können Sie sich von einem Arbeiter nicht mit Du anreden lassen. Man muss Abstand halten!‹ Danach holte er sein Handy, so einen riesengroßen Klopper, die sahen damals ja noch wie Sprechfunkgeräte aus, und telefonierte von Neuhaus am Rennweg mit dem Büro von Strauß jun. Er ist der Schwiegersohn von Herrn Moksel. Und Moksel und März sind die größten und reichsten bayrischen Fleischunternehmer. Sie haben Franz Josef Strauß 1983 geholfen, den Milliardenkredit mit Honecker einzufädeln.

Das wusste ich damals alles noch nicht. Hauptsache, unser Unternehmen lief. Und es lief gut. Wir machten Gewinn, und er war zufrieden. Er war so zufrieden, dass er mir Weihnachten 2002 sogar den alten Dienstwagen schenkte. Aber dann kam die Flaute. Wir erhielten oft nur noch lohnintensive Arbeiten, zum Beispiel beim Autobahnbau die Entwässerungsanlagen. Damit war nicht viel zu verdienen, und da befanden sich der Neu-Ulmer Unternehmer und ich plötzlich auf völlig verschiedenen Seiten. Ich wollte, auch ohne Gewinn zu machen, das Unternehmen erhalten, um niemanden entlassen zu müssen. Aber er wollte Gewinn sehen. Und als Ende 2004 vom Betriebsergebnis keine größere Summe für ihn abfiel, schickte er mir Weihnachten die Kündigung. Und verlangte, dass ich sein Geschenk, den Dienstwagen, bezahle.«

Erst nach einer langen bedrückenden Pause erzählt die Frau weiter. »Mein Mann war immer sehr gesund. 11 Jahre hat er in der DDR-Oberliga Faustball gespielt, aber 2005 stieg sein Blutdruck auf 220. Man setzte ihm drei Stents.«

Mittlerweile hat sich Hartmut Jenk ehrenamtliche Aufgaben gesucht. In dem Gebäudekomplex der früheren Fachschule für Straßen- und Brückenbau, in der er studierte und in die er, als er Bezirksparteischule war, nie zur Rotlichtbestrahlung musste, leitete er einen Anbau mit 36 Wohneinheiten für das Rehabilitationszentrum. Und in der Firma eines ehemaligen Schleusinger Sportfreundes arbeitete er zeitweise als Bauleiter für eine Werkhalle.

Als er das erzählt, lächelt er wieder. Denn er hat dafür sehr schnell alle Baugenehmigungen bei den »neuen« Behörden organisieren können. »Die Leute dort kennen mich noch. Wissen Sie, in der DDR hatten wir Mangel an Material. Heute haben wir Mangel an Unterschriften.«

Außerdem ist er Vorsitzender vom Sportverein 09 Schleusingen: Kegeln, Tischtennis und Faustball. Die kleine Stadt Schleusingen war in der DDR eine Faustballhochburg. Ihre Mannschaft spielte in der Oberliga. »Doch 1982, ja, ich glaube, es war 1982, hat die DDR, um Devisen zu sparen, in den nichtolympischen Sportarten – denn lediglich Olympia-Medaillen zählten – die Nationalmannschaften aufgelöst. Heute kämpft Schleusingen nur noch in der 1. Thüringen-Liga. Und Faustball ist immer noch keine olympische Diszi-plin. Aber es gibt eine deutsche Nationalmannschaft.«

Der Sport ist ihm geblieben. Und die Kirche.

»Ich bin getauft, konfirmiert und habe kirchlich geheira-tet. Aber als ich in der staatlichen Bauaufsicht arbeitete, trat ich, um weiterzukommen, in die SED ein. Im vergangenen Jahr meinte unsere Pfarrerin zu mir: ›Genosse Jenk, du kannst jetzt wieder im Kirchenvorstand mitarbeiten!‹ Und so bin ich im Vorstand vom evangelischen Altersheim.«

Als die Frau mir die Fotos ihrer zwei Töchter zeigt, kom-men wir unbeabsichtigt noch einmal auf die Berliner Jahre von Heinz Wudy zu sprechen, denn Wudys Frau arbeitete da-mals als Verkäuferin im Konsum von Fehrenbach.

»Ihr Sohn wurde im Kindergarten betreut. Und wenn Frau

Wudy abends länger im Konsum bleiben musste, brachte die Kindergärtnerin den Jungen in die Verkaufsstelle.«

Eine Tochter der Jenks ist Krankenschwester und arbeitet in Schichten. »Unser Schwiegersohn ist Betonfacharbeiter bei der Firma Dechant im bayrischen Weismain. Und die schickt ihn zum Bau der Bundesnachrichtenzentrale nach Berlin, so wie damals der Wudy nach Berlin geschickt wurde. Und wir betreuen die 6 und 13 Jahre alten Enkelkinder«, sagt die Frau und lächelt.

Als ich mich schon verabschiedet habe, frage ich Hartmut Jenk, auf welcher Position er in der Schleusinger Faustballmannschaft gespielt hat.

»Ich war immer Mittel- oder Hintermann, niemals ein Überschläger.«

Nachdem die Frau von Heinz Wudy am Mittag vorausgesagt hatte, dass ihr Mann wahrscheinlich nicht über sein Leben in der DDR sprechen wird, habe ich das Telefon schon ein paarmal in die Hand genommen, zwei, drei Zahlen gedrückt und es wieder hingelegt. Ich befürchte, dass auch dieser »Held« ein Gespräch kategorisch ablehnen wird.

Vorsorglich rede ich mir ein, dass eigentlich schon der Weg zu ihm das Ziel war. Was könnte ich von dem »Helden der Arbeit« mehr über das Leben vor und nach der Wende erfahren als das, was ich in den Geschichten von Heinrich Nenninger und Hartmut Jenk gehört habe?

Bevor ich das Telefon zum vierten Mal in die Hand nehme, trinke ich einen Wodka. Trotzdem stottere ich, als sich Heinz Wudy mit lauter Stimme meldet, und entschuldige mich schon im ersten Satz, dass ich ihn trotz der Absage seiner Frau am Abend störe. »Es wäre sehr schön, wenn ich mit Ihnen reden könnte und Sie …«

Er unterbricht mich. »Wenn du noch einmal Sie sagst, brauchst du gar nicht erst weiterzureden. Das ist hier nicht üblich …«

Zwei Sätze später: »Du hältst am Ortseingang vor dem ersten Haus links. Viel Holz ist dran, ein bisschen wie in der bayrischen Alpenregion.«

Ich bin auf die Minute pünktlich. Getrocknete Maiskolben hängen an den Wänden des Hauses, der Aufgang wird von einer Mauer aus Natursteinen gestützt.

Ein großer Mann mit dunkelblondem Haar und Brille steht auf dem Hof. Er trägt einen blauen Pullover mit dem aufgenähten Firmennamen »Dennert«.

Ob wir zuerst über seine Zeit vor oder nach der Wende reden wollen?

Ich sage: »Am besten der Reihe nach.«

Der Reihe nach? Dann müsste ich mir jetzt das Haus, das er gebaut hat, und das Drumherum, das er gestaltet hat, anschauen.

Für die Dachbalken hat er – »weil es auch für einen ›Helden der Arbeit‹ in der DDR keine Balken zu kaufen gab« – Bäume gefällt und die Stämme mit dem Pferd aus dem Wald gezogen.

Die Steine der Stützmauer hätte er sich in Suhl organisiert. »Als die Zentralen Arbeiterfestspiele der DDR dort stattfinden sollten, wurden vorher die alten Gehwege im Zentrum erneuert. Ich habe mir die Platten geholt und sie mit dem Trennschleifer Stück für Stück zerschnitten.«

Neben dem Haus erheben sich Felswände bis zum Wald hinauf. »Hier war mal ein großer Müllplatz.« Er hat ihn in einen mit Schilf bewachsenen Teich verwandelt und wie in einem japanischen Garten kleine Brücken darübergelegt. Bänke stehen ringsum. Ein gemauerter Grillplatz. Höhlen im Felsengestein. Darin elektrische Lampen.

»Wenn ich die abends anschalte, halten die vorbeifahrenden Autos an.«

Das Wasser der Biber läuft in den Teich, obwohl der Gebirgsfluss vielleicht fünf Meter tiefer am Haus vorbeifließt. Heinz Wudy freut sich, dass ich über dieses »Wunder« staune. »Das wussten die Leute hier schon früher. Sie legten eine oft hundert Meter lange Rinne an die Stelle, wo der Fluss sich oberhalb des Hauses befand ... Drei Störe, ein Hecht und viele Forellen, die größte war 82 Zentimeter lang und 21 Zentimeter hoch, schwimmen beziehungsweise schwammen im Teich.«

Am 16. Juni 2011 wird Heinz Wudy mit 60 Jahren in Rente gehen.

»Und dann sitzt Onkel Heinz hier am Teich, trinkt ein Bier, füttert die Fische und genießt sein Leben.«

Wir gehen zum Haus. Auf dem Hof steht ein Mercedes. »Ich bin in den letzten 20 Jahren nur Mercedes gefahren. Der ›Ford Mustang‹ in der Garage gehört meinem Sohn.«

»Dann ist es dir nach der Wende nicht schlecht ergangen?«

Er antwortet – was nicht seine Art ist – erst, nachdem er lange überlegt hat, und dann stockend. »Ja, mir geht es gut. Doch andere Fehrenbacher haben viel verloren. Nicht nur ihre Arbeit, sondern auch ihre Selbstachtung, weil sie trotz guter Ausbildung plötzlich nur noch eine nutzlose Nummer für die Gesellschaft sind. Einige haben nicht einmal mehr das Geld, um in die Stadt zu fahren und dort ein Restaurant oder ein Theater zu besuchen. In Fehrenbach gab es vor der Wende eine Apotheke, einen Fleischer, einen Bäcker und ein Kulturhaus, in dem viele Veranstaltungen stattfanden. Heute haben wir keine Apotheke, keinen Fleischer und auch keinen Bäcker mehr im Dorf. Das Kulturhaus ist dicht, und ein Müttergenesungsheim, das nach der Wende eröffnet wurde, hat auch wieder geschlossen. Alles nur noch tote Hose ... Aber ich, ich gehöre ...« – lange Pause – »ich gehöre« – er zeigt auf das Firmenschild auf seinem dunkelblauen Pullover – »ich gehöre nicht zu den Verlierern ... Ich gehöre, wenn du so willst, zu den Gewinnern der Wende.«

Von außen schmücken nur Maiskolben das Haus. Innen zieren Kürbisse, Kastanien, Ähren, Zittergräser, Tannenzapfen, schwarzkernige Sonnenblumen, Nüsse und bunte Trockenblumensträuße Tische, Fensterbänke und Wände.

»Das macht meine Frau. Sie ist für drin, ich bin für draußen verantwortlich.«

Wir setzen uns in die Küche an einen kleinen Tisch. Er kocht Kaffee. Ich sage lachend: »Das Einzige, was Seeleute und Maurer auf Montage kochen können, ist Kaffee.«

Er schüttelt den Kopf. Wenn seine Frau von der Nachtschicht aus der Gewürzfabrik kommt, macht er Frühstück, und nach ihrer Tagschicht kocht er das Mittagessen.

»Wir sind sozusagen erst seit einem Jahr richtig verheiratet.«

Anfang 2009 musste er sich an der Wirbelsäule operieren lassen. Seitdem ist er zu Hause. Zuvor 18 Jahre in Bayern und davor 12 Jahre in Ostberlin auf Baustellen unterwegs.

»Ich kam nur am Wochenende nach Hause und habe dann alle Schuhe der Familie geputzt. Erst dachte ich, dass wir nach einem Jahr wieder in Suhl arbeiten werden. Später sagte ich: ›In vier Jahren komme ich zurück.‹ Schließlich wurden es 12.«

Schon nach einigen Monaten in Berlin waren die »Wudys aus der autonomen Gebirgsrepublik Suhl« ein Begriff für ausgezeichnete Arbeit. »Oft schaufelten wir noch nach Feierabend in den Sammelkanälen, wenn die Berliner Bauarbeiter schon in der S-Bahn nach Hause fuhren und uns einen Vogel zeigten. Wir arbeiteten gut, weil uns die Großeltern und Eltern gelehrt hatten, dass nur fleißige Arbeit den Menschen ausmacht.« (Später sagt Wudy mir: »Der Unterschied zwischen früher und heute: Damals definierte sich der Mensch über seine Arbeit und heute über seinen Fun!«)

Die Berlin-Fahrer verdienten besser als die Arbeiter zu Hause in der Provinz. »Und an jedem Donnerstag gab es in der Betriebskantine in Hellersdorf für uns eine Extra-Einkaufsmöglichkeit. Alles, was meine Frau in ihrem Dorfkonsum nicht anbieten konnte, lag dort in den Regalen: ungarische Salami, polnische Champignons, bulgarischer Paprika, kubanische Apfelsinen und Radeberger Bier ... Manchmal sind mir, wenn ich zu Hause ankam, fast die Arme von all dem Zeug, das ich aus Berlin mitgeschleppt habe, abgefallen. Meistens musste ich Salami und Bier für die Geburtstagsfeiern der Freunde mitbringen. Aber nie habe ich die Raritäten gegen Kies und Zement für meinen Hausbau eingetauscht. Das Material für den Hausbau habe ich den Betrieben, die laut Plan ihr Material im Winter angeliefert bekamen, aber es während dieser Zeit naturgemäß nicht verwenden konnten, abgekauft. Ich ließ mir die Steine, den Sand und die Ziegel auf meine Wiese in den Schnee kippen. Das war kurz vor und nach 1980. Damals habe ich trotz der Arbeit in Berlin an den Wochenenden zu Hause noch alles erledigt, was ein Mann im Leben erledigen sollte: ein Haus gebaut, ein Kind gemacht und einen, das heißt mehrere Bäume gepflanzt.«

Als 1980 sein Sohn Sascha geboren wurde, überlegte Wudy, ob er die Arbeit in Berlin hinschmeißen sollte. Doch da wurde er gerade für seinen vorbildlichen Einsatz in Berlin als »Held der Arbeit« ausgezeichnet.

»All die schwierigen Probleme musste die Frau zu Hause ohne mich lösen. Mein Sohn schaute mich wie einen Fremden an, sagte nicht ›Vati‹ zu mir, und wenn ich ihn sonntags an die Hand nehmen wollte, um mit ihm spazieren zu gehen, riss er sich los und schrie. Da bin ich dann jeden Freitag, bevor ich nach Hause fuhr, neben unserer Baustelle in den Spielzeugladen gegangen. Die Verkäuferinnen kannten mich schon und hatten mir immer etwas zurückgelegt. Als Sascha das erste Mal ›Vati‹ zu mir sagte, hätte ich fast geheult.«

Rund 400 000 Eisenbahnkilometer hat Heinz Wudy in den 12 Jahren zwischen Berlin und Fehrenbach zurückgelegt.

Abrupt beendet er das Thema Arbeit, denn ich sei ja auch wegen der Politik gekommen, wegen des Genossen Heinz Wudy, des »Helden der Arbeit«, der diesen Brief an Honecker, diesen Aufruf für noch bessere Arbeitsleistungen, unterschrieben hat.

»Ich habe, das weißt du bestimmt noch nicht, sogar 1981 auf dem X. Parteitag der SED gesprochen. Da war ich 30 und seit fünf Jahren Jugendbrigadier in Berlin.«

»Aber die Rede hast du nicht selbst geschrieben?«

»Nein, die habe ich genauso wenig geschrieben wie den Brief an Honecker. Aber nun werde ich dir mal was erklären. Ich weiß nicht, ob du es verstehen wirst, weil ich dir ja schon gesagt habe, dass ich nicht zu denen gehöre, die nach der Wende alles verloren haben.«

Er erzählt von Fehrenbach und den anderen Walddörfern der Umgebung, die vor dem Krieg zu den Notstandsgebieten in Thüringen gehörten. Außer im Wald oder in den alten Glasbuden hätte es hier kaum Arbeit gegeben. Die Kinder sind oft in Ein-Klassen-Schulen gegangen. »In der DDR dann neue Betriebe, Erholungsheime, zehnklassige Oberschulen, Kulturhäuser ... Mein Vater, ein einfacher Glasarbeiter, wurde, ohne in die SED oder zur Stasi gehen zu müssen, Produktionsdirektor ... Und ich, ein Maurer, Lehrausbilder und mit 25 Brigadier. Weshalb sollte ich nicht in die Partei der Arbeiterklasse gehen?«

Und noch eines müsste ich begreifen. »Im Brief an Honecker oder in der Rede auf dem X. Parteitag war kein einziges Wort, das zum Krieg gegen andere Völker aufhetzte, das Ausländer beschimpfte, dazu aufforderte, die Nachbarn auszuspionieren oder die Gegner des Sozialismus einzusperren. Da war die Rede von unserer Verantwortung für den Frieden, von Völkerverständigung und noch besserer Arbeit, damit die Wohnungssuchenden fernbeheizte Wohnungen mit billigen Mieten bekommen, das Brötchen weiter nur 5 Pfennig kostet, man keinen Arzt und keine Medikamente bezahlen muss und alle Kinder unentgeltlich lernen und im Sommer in Ferienlager fahren können. Davon war die Rede. Ne, dafür kann mir heute keiner einen Vorwurf machen.«

Außerdem: So klischeehaft und holzschnittartig, wie heute die Vergangenheit dargestellt würde, sei nicht einmal ein SED-Parteitag über die Bühne gegangen.

»Die Organisatoren hatten mir damals gesagt: ›Wir wissen nicht genau, ob noch Zeit sein wird, dass du mit deiner Rede drankommst. Aber merke dir: Wenn der Ministerpräsident Willi Stoph gesprochen hat, ist die Zeit um und der Parteitag zu Ende.‹«

Heinz Wudy saß oben im Rang. »Und als der Stoph redete, dachte ich glücklich, das war's, und steckte mein Papier in einen Schlitz unter dem Sitz. Doch nachdem Stoph geredet hatte, sagte der Versammlungsleiter: ›Es ist noch Zeit, es spricht jetzt Genosse Heinz Wudy, Jugendbrigadier in der FDJ-Initiative Berlin.‹ Ich renne also los, merke unterwegs, dass ich meine Rede vergessen habe, gehe zurück, knie vor dem Sitz und suche das Papier. Vorn am Pult habe ich, was die anderen Redner nur am Schluss ihrer Rede gemacht hatten, erst mal einen ordentlichen Schluck Wasser getrunken. Honecker soll gesagt haben: ›Man sieht, das ist ein Bauarbeiter, der hat immer Durscht.‹ Ich konnte es nicht hören, aber im Saal lachten alle, und dann habe ich geredet.«

Er holt eine alte Zeitung mit der Rede aus einer Schublade: »Wer einen Bauauftrag hat, darf sich nicht entmutigen lassen. Und schon gar nicht ein Tiefbauer, denn noch immer gilt, Tiefbau geht vor Hochbau. (Heiterkeit, starker Beifall) Man muss erst aus dem Keller raus sein! (Heiterkeit)«

»Zum Schluss bin ich nicht wie angewiesen nach rechts, sondern nach links zurückgegangen und habe auch nicht gewartet, bis mir Peter Kaiser, auch ein ›Held der Arbeit‹ und ein Tiefbauer, mein Präsent, einen großen Bierkrug, überreicht hat. Also rannte der mir mit dem Bierkrug durch den Saal hinterher.« Der Bierkrug steht nicht zwischen den Zierkürbissen und Trockensträußen im Wohnzimmer, er steht auf der Kellertreppe.

»Unser Problem war die sogenannte führende Rolle der Partei, das heißt die Anmaßung, dass ein Parteisekretär, ohne einen blassen Dunst von der Wirtschaft zu haben, im Betrieb mehr zu sagen hatte als der Betriebsleiter, der Fachmann.«

Er sei Gott sei Dank von einer Funktionärskarriere verschont geblieben, weil er sich weigerte, ein Studium als Diplom-Gesellschaftswissenschaftler zu absolvieren. »Ich war zu einer Kaderbesprechung in den Palast der Republik geladen. Egon Krenz saß auch dabei. Dort sagte mir der Kaderinstrukteur: ›Genosse Wudy, du studierst und ziehst mit deiner Familie nach Berlin. Dein Haus in Fehrenbach werden wir dir gegen ein Haus am Müggelsee eintauschen.‹ Heute denke ich, dass dieses Haus am See bestimmt einem Westdeutschen gehört hat und ich nach der Wende wie ein Depp dagestanden hätte. Aber schließlich war ein Toilettenerlebnis ausschlaggebend, dass ich mir sagte: Wudy, bleib bei deinen Leisten! Denn als ich während der Beratung vom Pinkeln kam, hörte ich vor der Tür, dass ein Funktionär vorschlug: ›Gebt dem Wudy ein bisschen mehr Geld. Für Geld macht ein Bauarbeiter doch alles.‹ Da habe ich drinnen nur noch gesagt: ›Das war's, Genossen.‹«

Nach der Wende ist er nach Fehrenbach zurückgegangen.

Ja, was seine Frau am Telefon gesagt hatte, würde stimmen. »Einige Leute standen im Herbst 89 mit brennenden Kerzen vor unserem Haus und schrien: ›Held der Arbeit, raus aus dem neuen Haus!‹« Anderen wäre die Erinnerung abhandengekommen. Einer, der im Fehrenbacher Kulturhaus jahrelang den 8. März organisiert und geleitet hatte, behauptet nun, er hätte nie den Internationale Frauentag, sondern nur den Muttertag gefeiert.

»1990 bin ich eine Woche vor der Währungsunion, also zu DDR-Zeiten, nach Coburg zu den Bayern gefahren. Dort habe ich auf dem Arbeitsamt gesagt: ›Ich bin Heinz Wudy, ein guter Maurer, erfahren im Tief- und Straßenbau. Könnt ihr irgendwo in Bayern so einen brauchen?‹«

Sie brauchten ihn. Er sollte sich schon am nächsten Tag bei der Baufirma Dennert in Schlüsselfeld melden. »Ich kam dort an, der Personalchef sagte ›Grüß Gott‹, und ich antwortete ›Guten Tag‹ – was ich heute nach 20 Jahren in Bayern immer noch sage.«

Wie alle Neuen musste er in der Halle, in der die Deckenelemente gegossen wurden, zuerst am Ende der Fertigungsstrecke die Betonplatten glattreiben. »Die Umstellung von der Freiheit auf den Baustellen draußen zur Gefangenschaft in der Werkhalle fiel mir schwer. Das schnelle und harte Arbeiten dagegen war ich von klein auf gewohnt.«

Nach der Währungsunion begann in der Firma der Bauboom. »Wir arbeiteten schon in zwei Schichten, aber als das nicht reichte, holte sich der Chef noch zehn ehemalige DDR-Leute aus dem Übergangslager in Coburg. Das waren welche, die im Oktober über Ungarn aus der DDR geflohen waren. Der Chef sagte mir: ›Du wirscht zu deine 16,50 noch e Fuffzengerle mehr bekomme. Dafür wirschte einen Neuen einarbeiten.‹ Der Neue, ein tätowierter Adonis, kam aus der Gegend von Dresden und arbeitete, wie er aussah. Nach drei Tagen erschien er nicht mehr. Die Arbeit sei ihm zu hart. Eines Abends habe ich dann mit den zehn Neuen in einer Kneipe gefeiert. Sie sangen alte Lieder. ›Schwarzbraun ist die Haselnuss‹ und ›In einem Polenstädtchen‹ und so was. Dann stellte sich einer von denen hin und schrie: ›Sieg Heil.‹ Da bin ich grußlos gegangen.«

Weil manche der Deckenplatten nach dem Transport beschädigt waren, versetzte man Heinz Wudy schließlich vom Innendienst zum Außendienst. Er fuhr nach Hamburg, München, Köln, Dresden, Stuttgart und verputzte die angeschlagenen Platten vor Ort. »Wenn wir frühmorgens mit der Montage des Hauses begonnen hatten, sollte man abends in der Küche kochen können. Plattenbauweise wie in der DDR. Nur kleiner. Und ich musste mich wieder erinnern, wie wir das seinerzeit in Berlin am effektivsten gemacht hatten.«

Heinz Wudy war bald einer der besten Vorarbeiter in dem bayrischen Unternehmen.

»Doch dann hatte ich einen Unfall. Ich kam in eine Maschine. Sieben Tonnen lagen auf meinem Bein. Es war völlig kaputt, sieben oder acht Brüche, die Knochen schauten raus. Die Kumpel schafften es, mich aus der Maschine zu ziehen.

Ich weiß nicht, ob ich ein oder zwei Dutzend Schrauben und Platten im Bein habe. Aber ich kann wieder laufen. Als der Gips noch dran war, bestellte mich der Personalchef. ›Sie müssen keine Angst haben, wir entlassen Sie nicht‹, sagte er. ›Sie bekommen eine andere, leichtere Arbeit.‹ Der redet wie im Sozialismus, dachte ich, und plötzlich zweifelte ich an dem, was ich in Marxismus/Leninismus über den Kapitalismus gelernt hatte.«

Heinz Wudy wurde Montageleiter für die Baustellen in Deutschland.

»Schließlich erhielt die Firma auch Aufträge aus Berlin. Außenbezirke zwar, aber ich baute wieder in Berlin! Und mit Leuten, die kannten mich und meine Jugendbrigade von früher. Sie arbeiteten hervorragend. In meinem Bericht, ich musste über jedes beteiligte Unternehmen einen Bericht abliefern, lobte ich ihre Qualitätsarbeit. Einige Wochen danach rief einer aus dieser Truppe an und beschimpfte mich. Ich sei ein falscher Hund und so. Weshalb ich ihnen gesagt hätte, dass sie gut arbeiten, aber dann in meinem Bericht geschrieben, dass sie schludern. Sie hätten keine neuen Aufträge erhalten, und viele von ihnen wären arbeitslos geworden. Da bin ich zur Betriebsleitung gegangen. Der Verantwortliche stotterte. ›Diese Ostdeutschen verlangten mehr Geld. Deshalb erhielten sie keine neuen Aufträge.‹ Da bin ich wieder als Verlegemeister gegangen.«

Nach 10 Jahren bei »Dennert« gab es für Wudy und andere Jubilare eine Urkunde, eine Uhr und eine Feier mit Büfett. »Plötzlich stand der Dennert neben mir. Er unterhielt sich mit seinem Nachbarn und schimpfte auf die Gott sei Dank untergegangene DDR. Ich habe vorsichtig gesagt, dass ich auch aus der DDR komme. Und dann habe ich ihm erzählt, dass es dort auch Gutes gab: billige Wohnungen, für alle bezahlbare Kultur, Schulbildung und so weiter. Danach grüßte er mich, wenn er in seinem Porsche vorbeifuhr.«

Heinz Wudy schaut auf die Uhr. Wir würden schon drei

Stunden quatschen. Es wäre besser, den Rest nur noch in Stichworten zu erzählen.

In Chemnitz auf einer Baustelle Schlaganfall. Zum Glück war der Bauherr ein Arzt. Danach leichtere Arbeit in einem »Dennert«-Betrieb bei Nürnberg. Dann die OP am Halswirbel. Jetzt arbeitet er im Lager, ist verantwortlich für Sonder- und Ringankereisen, pflegt die Grünanlagen vor dem Nürnberger Betrieb und hat schon einige arbeitslose Fehrenbacher bei »Dennert« untergebracht. Auch seinen Sohn Sascha, der Fleischer war und jetzt einen 50-Tonnen-Kran fährt.

Nachdem er sich ein Bier aufgemacht hat, sagt der Held der Arbeit: »Ich fühle mich wohl und bin stolz auf *den* Betrieb. Nicht, wie ich früher vielleicht in einer Rede gesagt habe, ›stolz auf meinen volkseigenen Betrieb‹, sondern heute auf *den* Betrieb.«

Gewohnt hat er in Bayern manchmal in annehmbaren Gasthöfen und manchmal in Arbeiterunterkünften, »die waren so beschissen, dass wir in der DDR keinem Arbeiter zugemutet hätten, dort auch nur eine Nacht zu pennen. In einem Gasthof habe ich in den vier Monaten, in denen ich dort logierte, lediglich zwei Bier getrunken. Zwei Bier. Allein schmeckt es eben nicht! Jeden Abend zeitig ins Bett. Und die Glotze blieb ausgeschaltet, weil ich mir nicht immerzu Verbrechen anschauen kann.«

Schließlich fand er ein Gasthaus in Schwabach, das heute sein zweites Zuhause ist. »Dort sitze ich einmal in der Woche am Stammtisch. Jeden Montag treffen sich ein LKW-Unternehmer, ein Chirurg, ein Doktor, und ich als ostdeutscher Maurer sitze mittenmang. Wenn sie über die DDR schimpfen, trösten sie: ›Mit dir, Heinz, hat das nichts zu tun!‹ Ich rede nicht viel, aber sie akzeptieren mich. Neulich brachte einer eine Papierrolle mit und tat sehr geheimnisvoll, als er sie öffnete. Es stand ›Held der Arbeit in der DDR, Heinz Wudy‹ darauf. Ich habe ihnen erklärt, wie man arbeiten musste, um so ein ›Held‹ zu werden. Sie hörten zu und sagten: ›Aber einen ausgeben musst du trotzdem darauf.‹ Ich hab ne Runde Wodka bestellt.«

Als ich gehe, gibt er mir, ohne dass ich ihn darum bitten muss, das »Neue Deutschland« mit seiner Rede auf dem X. Parteitag und holt noch Fotos und Zeitungsberichte über die Arbeit der Jugendbrigade Heinz Wudy in Berlin aus der Schublade.

»Kannst alles erst mal mitnehmen. Aber verschlamp es nicht und schick es zurück. Ist mir alles wichtig. Ich werde es noch einmal in Ruhe lesen, wenn ich als Rentner an meinem Teich sitze, mein Bier trinke, meine Fische füttere und mein Leben genieße.«

Die Diätassistentin
ODER
Ich suche Ramona Junker, »Held der Arbeit« 1983,
Facharbeiter für Textiltechnik im VEB Westthüringer
Kammgarnspinnereien Mühlhausen,
1987 Student an der Bezirksparteischule der SED,
Mitglied des Zentralrates der FDJ

Von Frau Breitbarth, die für die kommunale Wirtschaftsförderung in Mühlhausen verantwortlich ist, erfahre ich am Telefon, dass die Kammgarnspinnerei seit 1993 nicht mehr produziert und danach »verhökert« worden ist. Ein Westdeutscher hätte den Betrieb gekauft, um mit den Gebäuden und Grundstücken zu spekulieren und schnell das große Geld zu machen. Das ist misslungen. Heute verpacken in der früheren Chemiefaserhalle zu Spitzenzeiten 400 Frauen Schokolade. Der ehemalige Mühlhäuser Druckereibesitzer Schröder ist zurückgekommen und hat die alten, aus Klinkersteinen gebauten Betriebsteile übernommen.

Ob ich in einem dieser Nachfolgebetriebe noch Arbeitskollegen von Ramona Junker finde, bezweifelt Frau Breitbarth. »Aber ich habe früher beim Rat des Kreises in einer aus der Not geborenen zwischenbetrieblichen Hilfskommission mitgearbeitet«, erklärt mir die freundliche Frau. »Weil in den Betrieben Maschinen und Ersatzteile fehlten, musste man sich untereinander Teile ausborgen. Der eine Betrieb konnte beispielsweise für zwei Monate seinen Multicar-Gabelstapler entbehren, der andere hatte ein Ventil für die Fernheizung übrig. Und wenn man sich persönlich kannte, borgte man eher etwas aus.«

Der Vertreter des VEB Kammgarnspinnereien in dieser Kommission war Hauptmechaniker Hartmut Weber. »Er ist jetzt Rentner, wohnt in Kaisershagen und kennt Ramona Junker wahrscheinlich.«

Am Rand von Kaisershagen, einem Dorf mit wenigen landwirtschaftlichen Höfen, wohnt Hartmut Weber in einem neuen Einfamilienhaus. Im Flur ziehe ich die Schuhe aus. An der Südseite der lichtdurchfluteten Wohnstube reihen sich große Fenster und die Terrassentür zu einer langen Glasfront. Man kann weit in den verschneiten Garten, der von keinem anderen Haus begrenzt wird, schauen.

Ich sage begeistert: »Das ist ein Traum von einem Haus.«

»Ja. Wir haben es vor 15 Jahren nach unseren Vorstellungen bauen lassen. Wir konnten ein geerbtes Haus günstig verkaufen.«

Es sei ein gutes Bauen gewesen, sagt der 66-Jährige. »Man bekam ja nach der Wende Zement, Steine, Fliesen und Holz, ohne dass man wie in der DDR eine Genehmigung vorzeigen und monatelang warten musste.«

Er erinnert sich, dass sie in der Kammgarnspinnerei in den 80er Jahren die Fensterrahmen, die schon wie Pfefferkuchen bröckelten, erneuern wollten. »Doch die Stadt Mühlhausen hatte nur ein Holzkontingent für etwa 60 oder 70 Fensterrahmen. Und von diesem Holz, sagte der Wirtschaftsleiter vom Rat des Kreises, müssten zuerst die Fenster der Bevölkerung repariert werden. Also schickten wir wegen unserer 20 Fensterrahmen Betriebshandwerker in den Wald. Weil im Forst Arbeitskräfte fehlten, fällten sie zehn Festmeter Holz. Dafür erhielten wir ein viertel Festmeter Holz für die Fensterrahmen.« Er könnte mir viele solcher Geschichten erzählen.

Ich frage ihn nach Ramona Junker.

»Sie wohnt wahrscheinlich noch in Mühlhausen. Neulich habe ich sie in der Kaufhalle getroffen.«

Der gelernte Modedrucker hat seine Frau beim Studium der Textilgestaltung an der Ingenieurschule in Reichenbach kennengelernt. In Mühlhausen, wo er danach zu arbeiten begann, erhielten die beiden – seine Frau kontrollierte fast 30 Jahre die Qualität der gesponnenen Garne – eine Betriebswohnung auf dem Betriebsgelände, nur 200 Meter vom Heizkraftwerk entfernt. Dort wurde der Textilingenieur Hartmut Weber als Chef eingesetzt. So konnte man ihn bei Pannen jederzeit, auch nachts, erreichen. Und es gab vor allem nachts sehr viele Pannen.

»Das Haus mit der Betriebswohnung stand neben einem großen Hang. Den trug ich mühsam auf einigen Quadratmetern ab, und meine Frau säte Möhren und Radieschen. Mitten im Betrieb besaßen wir einen Kleingarten!«

Diese Idylle endete mit dem Beschluss der Staatlichen Plankommission der DDR, dass in der Kammgarnspinnerei außer Natur-, also Schafwolle, künftig auch Chemiefasern, also Wolpryla, zu verspinnen seien. Dafür mussten dort eine Halle und ein Sozialgebäude errichtet werden. Webers Garten wurde planiert.

Ihm blieb keine Zeit, dem Garten nachzutrauern. Als Hauptmechaniker und Leiter der Werkstatt musste er nun auch dafür sorgen, dass in der neuen Produktionshalle zwei hochmoderne italienische Konverter ohne Ersatzteile repariert werden konnten. Diese Konverter, mit denen das Wolpryla-Material spinnfähig gemacht wurde, hatten die übergeordneten Wirtschaftsorgane für Devisen gekauft. Für sie gab es eine einmalige Ausstattung mit Ersatzteilen. Und er hatte schon bei der Bestellung unterschreiben müssen, keine weiteren nur für Devisen erhältliche Ersatzteile zu beanspruchen.

Später widerrief er, ohne dass er bestraft wurde, denn wenn die Konverter nicht liefen, konnte kein Wolpryla-Faden gesponnen werden. Für Ersatzteile musste Hartmut Weber ein achtseitiges Begründungsformular in neunfacher Ausfertigung ausfüllen. Wenn er Glück hatte und in Berlin noch Devisen vorhanden waren, kam das Ersatzteil nach einigen Wochen in Mühlhausen an.

»Einmal stand ein Konverter, weil die Dichtung, ein Gummiring von etwa 10 Zentimetern Durchmesser und einer Dicke von genau 3,5 Millimetern, verschlissen war. In der DDR gab es keine 3,5 Millimeter dicken Gummiringe. Dieser Ring kostete im kapitalistischen Ausland nicht mehr als 2 Mark. Man hätte ihn mit der Post nach Mühlhausen schicken können. Aber ein achtseitiges Formular in neunfacher Ausfertigung …« In höchster Not ging Hartmut Weber in die private Vulkanisierwerkstatt zum alten Preuß, der ein Experte für das Erneuern von abgefahrenen Reifen war. Der sagte: »Jungs, ich kann euch solche Gummis machen, aber ihr müsst mir erst eine Form liefern, in die ich die Masse für die Ringe gießen kann.« Sie drehten die Form in der Werkstatt. Der alte Preuß mischte die Gummimasse, aber als sie erkaltet war, hatte der Ring wegen der Abflusslöcher Nasen. Die schnitt Hartmut Weber ab. Der auf diese Weise gefertigte Ring hielt ungefähr drei Monate. Die Aktion hatte rund 3000 DDR-Mark gekostet. Nicht gerechnet die Zehntausende DDR-Mark Verlust durch den Produktionsausfall und die Tausende Mark von Devisen, die man für das exportierte Wolpryla-Garn erhalten hätte. Es fehlte nur ein Gummiring für 2 Westmark …

Als die Webers 1979 eine Neubauwohnung erhielten, bekamen sie postwendend auch ein Telefon. Alle Leute in der DDR kämpften damals um einen Telefonanschluß. Nur Hartmut

Weber wollte kein Telefon, denn er wusste, dass er dadurch auch in der neuen Wohnung nachts nicht würde ruhig schlafen können. Später – »ich wollte mich wenigstens zu Hause vor der Arbeit schützen« – kündigte er und ging in den VEB Mikroelektronik. Dort wurde er Umweltbeauftragter, der unter anderem Hunderte Fässer Reinigungsmittel entsorgen musste. Die mit Kolophonium behafteten Leiterplatten wusch man dort mit Spiritus ab und lagerte die Restflüssigkeit in Fässern. Er organisierte, dass die gebrauchten Reinigungsmittel, nachdem sie im Labor auf giftige Stoffe untersucht worden waren, im Hydrierwerk Schwarzheide verbrannt wurden.

Hartmut Weber und die 3000 Leute der Mikroelektronik Mühlhausen wurden schon 1990 arbeitslos. Frau Weber und die 630 Beschäftigten der Kammgarnspinnerei erst 1994.

»Wir machten nach der Wende noch Lohnarbeit für westdeutsche Textilfirmen. Die Verhandlungsführer staunten über die Qualität unserer Garne. Zu jeder Lieferung gab es ein Güteattest, ausgestellt von der TKO, unserer technischen Kontrollorganisation. Das war in der westdeutschen Textilindustrie unbekannt«, erzählt Frau Weber.

Die beiden meinen, dass die Kammgarnspinnerei in Mühlhausen nicht wegen mangelnder Qualität kaputtgegangen ist. »Die ostdeutsche Konkurrenz sollte beseitigt werden.«

Mit diesem Fazit endet die Geschichte der Webers. Als Postskriptum fügt der Mann hinzu, dass er nach Umschulung und Arbeitslosigkeit 196 Bewerbungen geschrieben hat. »Darauf erhielt ich 193 Ablehnungen und drei Vorstellungsangebote, eines davon als Klinkenputzer, um Futter für eine Abfallanlage zu besorgen.«

Sie hatten trotzdem Glück. Die Stadtverwaltung Mühlhausen stellte ihn als EDV-Mann ein. Und seine Frau erhielt Arbeit im Finanzamt.

Als ich mich verabschiede, sagt er unerwartet: »Ich war 10 Jahre nicht mehr im Betrieb. Wenn Sie möchten, werde ich mit Ihnen noch einmal hinfahren.«

Er setzt sich eine schwarze Mütze auf, zieht eine graue dicke Jacke an und sagt wohl mehr zu sich als zu mir: »Ich bin so weit, wir können.«

Unterwegs zeigt er mir den Schlachthof, den Holzbau und andere Betriebe, die früher mit Wärme aus dem Kraftwerk der Kammgarnspinnerei versorgt wurden. Inzwischen besitzen sie eigene Ölheizungen. Die dicken Rohre der Fernwärmeschlange, die mit silberummantelter Glaswolle isoliert waren, fehlen. Nur einzelne Pfeiler und die Querträger, auf denen die Schlange der Fernwärmerohre lag, stehen noch als Betondenkmäler. T-förmig wie Teile von Tempelruinen.

Wir stellen das Auto vor der Wolpryla-Halle des Betriebes ab, und Hartmut Weber zeigt mir die alten Betriebswohnungen und den neuen Küchentrakt auf seinem Möhrenbeet. Der Betrieb wird in zwei Hälften geteilt. Rechts die neue Wolpryla-Halle und links die alte mit Klinkern errichtete Spinnerei. Ihr Dach sieht aus wie das nach oben gedrehte überdimensionale Blatt einer Schrotsäge. Die dreieckigen Zähne haben kurze und lange Seiten, die langen sind mit Ziegeln gedeckt, die kürzeren, damit Licht durch das Dach fällt, mit Glas verschlossen. »Doch die Verbindung zwischen Glas und Ziegeln haben wir nie dicht bekommen. Der Regen oder das Schmelzwasser fanden immer einen Weg in die Hallen.«

Wobei es ein Glück gewesen sei, wenn der Himmel im Sommer seine Schleusen öffnete. »Dann mussten wir keine Rasensprenger auf die Dächer der alten und der neuen Spinnerei stellen, damit durch die Verdunstungskälte die Temperatur in den Hallen wenigstens um zwei oder drei Grad gesenkt wurde.«

230 Frauen arbeiteten in drei Schichten an den Spinnmaschinen. Im Sommer stieg das Thermometer auf 45 Grad, und wenn irgendwo Dampf ausströmte, wurde es noch heißer. »Aber es gab eine Luftbefeuchtungsanlage.«

Die Maschinen lärmten mit extrem gesundheitsschädlichen 96 Dezibel. »Als Hörschutz sollten die Frauen sich

Gummipfropfen in die Ohren stopfen, aber wer macht das schon?«

Unter einem der Durchgänge zum großen Hof – früher mit Gleisanschluss für die Verladung – findet Hartmut Weber an einem verrosteten Eisenträger noch Nester aus Fusseln und Wolpryla-Fasern. Sie sehen wie Glaswolle aus. Mich juckt es sofort am ganzen Körper.

»Sie haben fast 20 Jahre überstanden. Die Faserreste schwirrten überall in der Luft und legten sich als dicker Flor auf Leitungen, Lampen und Mauern.«

Die Westdeutschen konnten es nicht verstehen, dass die Frauen unter diesen Bedingungen in drei Schichten arbeiteten. Die Frauen in Westdeutschland hätten nie in drei Schichten arbeiten müssen. »Was die Frauen bei Ihnen machen, das machen bei uns türkische Männer«, erklärten sie.

Auf mein Notizbuch deutend, sagt er, dass ich die Sache mit den Arbeitsbedingungen aus heutiger Sicht nicht so schwarzmalen soll. »Es war nicht so, dass sich die Frauen dort wie zur Strafarbeit fühlten. Sie lebten mit dem Lärm, der Hitze und den Faserresten. Sie waren hübsch und jung, und wegen der Hitze trugen sie meist nur BH und Schlüpfer und einen Dederonkittel darüber. Wenn man als Mann dort reinkam – also die Witze, die die erzählten, da warst du froh, wenn du wieder draußen warst. Und hohe männliche Besucher von Partei und Ministerium bekamen erst Stielaugen und flüchteten dann.«

Am Haupteingang zur neuen Halle, in der die Konverter liefen oder repariert werden mussten, geht Hartmut Weber wortlos vorüber. Ich möchte trotzdem wissen, was heute dort drinsteht. Am Ende der Halle führt eine Treppe zu einer Laderampe. Daneben sehe ich ein kleines Fenster, eine große verschlossene Metalltür, ein Schild mit dem Firmenzeichen »KON-Service« und entdecke neben dem Schild »Warenannahme« einen Klingelknopf. Ich klingele.

Ein Mann öffnet das Fenster und erklärt uns, dass hier nicht der Eingang, sondern das Lager ist. Ich erwidere, auf Hartmut

Weber zeigend: »Er hat hier früher als Hauptmechaniker gearbeitet.«

Der Mann grüßt ihn, hereinlassen kann er uns trotzdem nicht. Hartmut Weber fragt, wie lange er schon hier arbeitet.

»Von Anfang an, 13 Jahre.«

»Standen noch Maschinen in der Halle?«

»Nur ein paar kleine, für die es wohl kaum noch Schrottgeld gab. Wir haben hier alles rausgeschmissen, neue Verpackungsmaschinen hineingestellt und eine Klimaanlage eingebaut.«

»Eine Klimaanlage?«, fragt der ehemalige Hauptmechaniker. Der Mann nickt. Ihr Betrieb wird »Schokoladenbude« genannt. »Wir verpacken hier vor allem Weihnachtsmänner, Osterhasen, all das süße Zeug aus Schokolade. Im Betrieb arbeiten 90 Frauen. Vor Weihnachten oder Ostern stellt der Chef, ein Hiesiger aus Bad Langensalza, zusätzlich 200 oder 300 Saisonarbeiterinnen ein.«

Der Mann, früher Maurer, hofft – »auch weil die Saisonkräfte nicht die Welt kosten« –, dass es mit dem Betrieb und dem Schokoladeneinpacken trotz Finanzkrise weiterhin gutgeht. »Ich brauche noch über 20 Jahre bis zur Rente«, sagt er lachend. Auf seinem Schreibtisch, den man durch das Fenster sieht, steht weder ein übriggebliebener Schokoladenweihnachtsmann noch ein Osterhase. »Ich esse für mein Leben gern Schokolade. Aber hier darf man sich nicht einmal die Finger ablecken.«

Wir gehen über den Hof. Der Schornstein des ungenutzten Kraftwerks steht noch.

»Irgendwann werden sie auch ihn abreißen«, sagt Hartmut Weber. Er holt einen Fotoapparat aus der Jackentasche, zeigt mir das Gebäude der TKO, in dem früher seine Frau gearbeitet hat, und fotografiert.

An der linken Außenfront des Betriebes sind die Fenster zu erkennen, die sie seinerzeit erneuert haben. »Als die Fenster endlich drin waren, fehlten uns die Metallgriffe, diese oliven-

241

förmigen. Deswegen haben wir zwei Tage lang herumtelefoniert. Für drei Gespräche brauchte man, weil alle übers Fernamt vermittelt werden mussten, manchmal einen ganzen Tag. Es ist verständlich, weshalb es bei uns keine Arbeitslosen gab.«

Ich erkundige mich, ob Hartmut Weber als Hauptmechaniker in der Partei war. »Kurz vor dem Studium kam der Meister im VEB Modedruck zu mir und sagte, es wäre gut, wenn ich gleich reingehe. ›Jetzt nehmen sie dich noch in der Partei. Als Arbeiter nehmen sie alle. Später, wenn du zurückkommst und Ingenieur bist, wird es schwieriger, dann bist du Intelligenz, und die Quote für die Intelligenz hat unsere Betriebsparteiorganisation schon übererfüllt.‹ Ich war 21 und bin schnell in die LDPD gegangen. Als der Meister wieder nachfragte, sagte ich: ›Bin schon vergeben.‹ Da war er stinksauer.«

So weit zu seiner Parteimitgliedschaft. Aber er könnte mir zu diesem Thema noch eine schöne Geschichte erzählen. »Als die vier Kammgarnspinnereien in Eisenach, Niederschmalkalden, Bad Langensalza und Mühlhausen zu einem Verbund zusammengeschlossen wurden, sollte der Hauptmechaniker für alle vier Betriebe nicht ich, sondern ein Genosse werden. Man wählte dafür einen jungen Ingenieur aus, der Maschinenbau studiert hatte, und stellte ihn mir sozusagen zum Anlernen zur Seite. Er war sehr beliebt, denn er besorgte für Geld alles, was man sich für sein privates Auto nicht kaufen konnte, Kotflügel, Lampen, Reifen und Motoren. Auch deshalb hielt die Partei große Stücke auf den entwicklungsfähigen Genossen. Ein halbes Jahr später kam die Kripo in den Betrieb und verhaftete den als Hauptmechaniker vorgesehenen Genossen. Er hatte seine Kenntnisse vom Maschinenbaustudium im wahrsten Sinne des Wortes genutzt und war nachts in die Gegend um Leipzig gefahren und hatte dort von abgestellten Privatautos Reifen und Kotflügel abmontiert, sogar Motoren ausgebaut und in seinem Auto nach Mühlhausen transportiert. Da musste die Partei ihren gehätschelten Nachwuchskader fallenlassen.«

In einem der alten Betriebsteile der Spinnerei befindet sich heute ein Möbelladen.

»Das war früher eine der Lagerhallen«, erklärt mir der Hauptmechaniker. »Die Frühstücksbude befand sich gleich nebenan. Kommen Sie, ich zeig's Ihnen.«

Die melodische Kling-Klong-Klingel am Eingang ist noch erträglich. Aber danach schließe ich kurz die Augen, öffne sie wieder, doch es hat sich nichts von dem, was ich sehe, verändert. Unter den frisch gestrichenen Eisenträgern liegen und stehen runde Glastische und Bodenvasen, Fanschilder der Fußballclubs der Bundesliga für jeweils 50 Cent, unförmige Schränke und Sofas, Kartons mit künstlichen Rosen, hässliche Vertikos und gehäkelte Deckchen. Reproduktionen mit Blumen und Frauenbildern hängen in vergoldeten Rahmen an den Wänden der ehemaligen Lagerhalle.

Wir gehen sehr schnell hindurch.

In einem abgetrennten Raum des »Möbelladens« sitzt ein älterer Mann mit einer schwarz-blau karierten Weste und repariert Tische und Stühle. Es duftet nach Holzleim, und es ist wärmer, gemütlicher als im Laden.

»Ja, heute haben sie mal gut geheizt«, bestätigt der Mann. »Sonst ist es hier oft saukalt.«

Während ich entschuldigend erkläre, dass wir durch sein Reich gehen, weil Herr Weber hier gearbeitet hat, schauen sich die beiden Männer an.

»Du, der Weber!«, ruft der kleine Mann. »Was suchst du hier? In diesem Laden kaufen die Reichen nicht. Hast ein neues Haus in Kaisershagen, sagen die Leute.«

Da nimmt der Weber seine Mütze ab, und beide umarmen sich.

»Mensch, Kiehl, du hier als Tischler?«

»Die Möbel und all das Zeug sind Reste vom Otto-Versandhaus. Was schon auseinanderbricht, repariere ich. Und die Frauen nebenan, die in der Saison Schokolade verpacken und was dazuverdienen, kaufen hier gern. Ist ja alles billig.«

Lothar Kiehl war Multicar-Fahrer in der Instandhaltung, hat unter Hartmut Weber gearbeitet und sich nach der Arbeit in der Kammgarnspinnerei als selbständiger Kohlenhändler versucht. Dann erlitt er vier Herzinfarkte. Und jetzt verdient er sich als Schwerbeschädigter ein paar Euro dazu.

Er zeigt auf Wasserflecken an der Decke: »Sie haben es auch nicht dicht bekommen. Es regnet immer noch rein.«

Schließlich klopft er dem Hauptmechaniker Weber, dazu muss er sich recken, auf die Schulter und meint: »Wir haben damals gut und fleißig gearbeitet. Nicht wahr?! Manche konnten es nicht verkraften, dass es plötzlich aus war mit dem Sozialismus. Mein Schwiegervater war irgendwo Parteisekretär, der wollte nicht einmal das Geld umtauschen.«

Zum Abschied umarmen sich die zwei Männer wieder.

»Bis bald, Hartmut.«

»Bis bald«, antwortet der leise. Draußen sagt er mir: »So bald wird es nicht sein. Das hier war ein Teil meines Lebens, aber es ist ein abgeschlossener. Vielleicht in 10 Jahren wieder, das heißt, wenn ich dann noch laufen kann.«

Vor seinem Haus in Kaisershagen, aus dessen Wohnzimmer er ungestört in die Weite der Schneelandschaft blicken kann, gibt er mir die Adresse des früheren Werkleiters. Vielleicht wüsste er, wo ich die »Heldin der Arbeit« Ramona Junker finde. »Ich habe sie, wie gesagt, vor kurzem in der Stadt gesehen. Aber ich fahre nur noch einmal in der Woche nach Mühlhausen hinein. Ich mag die Stadt nicht mehr.«

Touristen mögen die Stadt mit ihrer aus dem 12. Jahrhundert stammenden gut erhaltenen Stadtmauer, den elf gotischen Kirchen und den restaurierten Fachwerkhäusern. Auch ich gehe, obwohl es bitterkalt ist, durch die engen Gassen und bestaune die bestimmt 90 Meter hohe Sankt-Marien-Kirche. In ihr hatte Thomas Müntzer 1523 die Reformation gepredigt und die Bauern danach zum Aufstand gegen die Ablass handelnden fetten Pfaffen und die Frondienste verlangenden Fürsten ermutigt. Vor den Toren Mühlhausens wurde er 1525 geköpft, und die Stadt, die dem Revolutionär mit Kanzel, Haus und Bürgerwehr zur Seite gestanden hatte, verlor zur Strafe die Reichsfreiheit.

Als mir immer kälter wird, kaufe ich mir auf dem Markt gut geräucherten Speck, frisches Bauernbrot und einen kleinen Wodka und gehe danach, in der Hoffnung, meine freundliche Telefonbekanntschaft, die Wirtschaftsförderin Frau Breitbarth, anzutreffen, in das alte, ehrwürdige Rathaus. Von all den prunkvollen Archiven, Amtssälen und Treppenhäusern, die den Reichtum der Stadt repräsentierten, die 1430 dem Hansebund beigetreten ist und noch heute zur Hanse gehört, gefallen mir vor allem die gotischen Wandmalereien: Ratsherren, die nur mit den Händen sprechen.

Frau Breitbarth sitzt in einem sanierten Gebäude. Ich erkläre ihr, dass das Mitglied in der damaligen »Hilfst du mir, so helf ich dir«-Kommission, Hartmut Weber, mir den alten Betrieb, in dem die Ramona Junker arbeitete, gezeigt, aber nicht gewusst hat, wo ich sie finde.

Wir plaudern über den Wirtschaftsstandort Mühlhausen, der die Industriezerstörung nach 1990 immer noch nicht überwunden hat, und irgendwann sage ich diplomatisch lächelnd: »Könnten Sie für mich bitte beim Einwohnermeldeamt der Stadtverwaltung anrufen. Man kennt Sie, Ihnen wird man sagen, ob Ramona Junker hier wohnt.«

Sie grinst und greift zum Hörer. Danach sagt sie genauso diplomatisch wie ich: Frau Junker wohnt noch in Mühlhausen, aber ich müsste verstehen, es sei behördlich verboten, Adressen an private Interessenten zu vermitteln. Doch in einer Kleinstadt, wo jeder jeden kennen würde, sollte es mir nicht schwerfallen, mich zu ihrer Adresse durchzufragen. Sie gibt mir den Rat, bei der Kollegin »Sowieso« vorzusprechen. Und die Kollegin »Sowieso« kennt Christine Niederbach, die in einer anderen Schicht, aber zur gleichen Zeit in derselben Abteilung wie Ramona Junker gearbeitet hat. Ich hätte Glück, sagt Kollegin »Sowieso«, die Christine würde heute auf dem Marktplatz am Gewürzstand aushelfen.

Zuerst kaufe ich bei der blonden Frau, die eine alte Armeewattejacke trägt, Oregano. Dann frage ich, ob es stimmt, dass sie mit Ramona Junker in der Dederon-Halle gearbeitet hat. Als sie nickt, erkläre ich ihr, weshalb ich die »Heldin der Arbeit« suche.

»Sie war damals und ist heute eine fleißige, bescheidene Frau«, sagt Christine Niederbach. »Eine, die, wenn es drauf ankommt, wie ein Pferd arbeiten kann. Das wussten alle in der Abteilung, aber unter solch einem Haufen von Weibern gibt es immer Neiderinnen. Und nichts ist schlimmer als ein Haufen keifender Weiber. Einige behaupteten hämisch – und die meinten das ernst –, die Junker hätte für die Auszeichnung mit dem Krenz und mit dem Honecker, Verzeihung, gevögelt. Ramona hat damals furchtbar unter diesem Neid und den Gerüchten gelitten.«

Sie schreibt mir die Adresse in mein Notizbuch.

Ramona Junker wohnt in einem Haus außerhalb der historischen Stadtmauer. Dritter Stock. Ich zögere sehr lange und stehe hilflos vor dem Klingelknopf. Einer Sprechfunkanlage kann man nicht in die Augen schauen, wenn man erklärt, was man möchte. Und mein Anliegen ist außergewöhnlich und nur langatmig zu formulieren. Ich klingele schließlich, doch niemand antwortet. Ich klingele noch einmal. Und wieder Schweigen. Im zweiten Stock antwortet eine Frau, dass Ramona Junker nicht regelmäßig nach Hause kommt. »Heute vielleicht in zwei Stunden.«

Ich könnte, denke ich, in der Zwischenzeit mit Herrn Hielscher, dem ostdeutschen Chef der »Schokoladeneinpackfabrik«, über den Neuanfang in der alten Dederon-Halle sprechen und rufe in seinem Betrieb an. Eine Vorzimmerdame meldet sich nicht wie üblich mit: »Was kann ich für Sie tun?«, sondern: »In welcher Sache rufen Sie an?«

Ich sage, wer ich bin, was ich will, und berichte beiläufig, dass ich heute schon mit ihrem Lagerleiter gesprochen habe. Da klingt die zuvor schon nicht freundliche Stimme plötzlich gereizt und bösartig. Wie ich ohne Genehmigung in den Betrieb gekommen sei, will sie wissen.

»Ich war nicht im Betrieb, sondern nur am Fenster der Lagerhalle.«

Weshalb der Lagerleiter das Fenster geöffnet habe.

»Weil ich den Klingelknopf gedrückt habe«, sage ich und will wissen, ob Herr Hielscher im Haus ist.

»Ja, er ist im Haus!«

»Ich hätte ihn gern gesprochen, um von ihm zu erfahren, wie ein Ostdeutscher den Betrieb ...« Sie unterbricht mich. »Ich werde ihm Ihr Anliegen vortragen, und er wird, wenn er Interesse hat, mit Ihnen zu sprechen, später zurückrufen.«

Es ruft niemand zurück. Wahrscheinlich wurde meine Bitte gar nicht erst weitergeleitet. Oder funktioniert sie nicht mehr, diese Ossi-Solidarität? Schließlich kaufe ich, wenn ich Pflaumenmus kaufe, nur Mühlhäuser ...

Nach zwei Stunden Wartezeit ist mir so kalt, dass ich alle Ängste vergesse und, ohne zu zögern, den Klingelknopf drücke. Ramona Junker antwortet. Ich erkläre ihr schnell, dass ich kein Vertreter bin, der ihr einen Sparvertrag oder die SUPERillu aufschwätzen will, sondern dass ich mit ihr über ihre Arbeit früher und heute sprechen möchte. Da entsteht eine lange, wohl ungute Stille, und erst als ich klage, dass ich, um sie zu treffen, zwei Stunden gefroren habe, meldet sich die Stimme von oben wieder.

»Dann kommen Sie schon rauf.«

An der Wohnungstür steht eine kräftige Frau mit einem faltenlosen runden und dadurch lustig wirkenden Gesicht und braunem lockigem Haar. Ich will ihr an der Tür noch einmal erzählen, was ich möchte, doch sie schiebt mich wortlos in die Wärme der Wohnung. Die Schuhe muss ich nicht ausziehen.

In der Stube ist es schummrig, anscheinend brennt in der Lampe nur eine schwache Glühbirne. Ich zeige der »Heldin der Arbeit« die Kopie des Zeitungsartikels. Sie schaut nur sehr kurz darauf.

»Ja, ich war ›Held der Arbeit‹. Ich war Meister in der Textilverarbeitung. Ich war im Zentralrat der FDJ. Und ich war auf der Bezirksparteischule. Aber darüber möchte ich kein Wort mehr sprechen!«

Ich frage, was sie gelernt hat, weshalb sie in der Kammgarnspinnerei gearbeitet hat.

Sie wird nicht mehr darüber reden, sagt sie. Sie sei froh, dass sie ihre Ruhe hat. »Mein Fehler ist: Ich kann nie Nein sagen. Auch nicht, als sie im Betrieb ein Paradepferd suchten. Ich hätte einfach nur Nein sagen sollen. Und der ›Held der Arbeit‹« – sie bewegt den Arm ruckartig nach oben –, »das war doch nur das Hochheben einer Person. Es wurde fast jede Woche was über mich geschrieben. Und wenn du die Zeitung aufschlägst und jedes Mal die gleiche Scheiße liest über Ramona Junker … Ich hab nicht den Finger gehoben und gerufen: Hier, ich! Ich will, ich will! Das waren die Zeitungsleute, die wollten oder mussten die Artikel schreiben. Es wäre viel besser gewesen, wir hätten den ›Held der Arbeit‹ im Kollektiv erhalten.«

Sie bietet mir einen Milchkaffee an. »Aber bitte kein Wort mehr über Politik.«

Ich nicke und erkundige mich vorsichtig, was sie, die damals 30 und Meisterin in der Textilverarbeitung war, nach der Wende gemacht hat.

»Ich wurde zur Diät-Assistentin umgeschult. Das war günstig, denn wir haben alle Zucker. Meine Mutter, ich und meine Tochter auch.« Vorher hat sie bis zum bitteren Ende in der Kammgarnspinnerei gearbeitet. »Danach habe ich mich sehr oft beworben, bekam ABM- und Ein-Euro-Jobs, mal im Kindergarten, mal im Krankenhaus oder in einer Bildungseinrichtung. Im Arbeitsamt stehe ich bei ›Arbeitssuchend‹

nicht unter ›Textilfacharbeiterin‹, sondern als Pflegerin fürs Krankenhaus oder das Altenheim.«

Als sie erfahren hat, dass in der Dederon-Halle eine Verpackungsfabrik eingerichtet werden sollte, fragte die »Heldin der Arbeit«, ob man sie später vielleicht berücksichtigen würde.

»Die Verantwortliche kanzelte mich hochmütig ab.« Sie könnten sich, sagte sie, aus Hunderten, ja Tausenden Arbeitslosen ihre Leute aussuchen. Da müsste sie sich jetzt nicht festlegen und mich vormerken. »Seitdem bin ich nie mehr in unserem Betrieb gewesen.«

Ich frage, was ihr die Umschulung zur Diät-Assistentin gebracht hat.

»Na, schauen Sie mich doch an! Da hilft nur eins: vernünftig essen und sich viel bewegen.«

»Wovon leben Sie?«

»Von der Stütze.«

»Und was machen Sie den ganzen Tag?«

»Ich bin von früh bis abends unterwegs, um meinen Vati, der nicht mehr laufen und sich selbst nicht mehr helfen kann, zu pflegen. Meinen Bruder muss ich auch pflegen. Vor der Armeezeit, das heißt vor der NVA, hat der nie getrunken. Dort lernte er es. Seitdem säuft er. Er hat so lange getrunken, bis er nicht mehr laufen, schreiben und sprechen konnte. Vor drei Jahren hat er es mit ärztlicher Hilfe geschafft, trocken zu werden. Aber da war alles zu spät. Ich pflege also jeden Tag meinen Vati und meinen Bruder. Deshalb komme ich unregelmäßig nach Hause.«

Ich frage, ob sie noch einen Lebenstraum hat. Beispielsweise irgendwo, irgendwann wieder eine gute, ordentlich bezahlte, sinnvolle und dauerhafte Arbeit zu erhalten.

Sie schüttelt den Kopf. »Nein, nicht wirklich. Ich träume nicht mehr – ich sehe, wie mein Bruder und mein Vati mich brauchen. Ich kann den beiden durch meine Pflege noch ein paar schöne Jahre zu Hause verschaffen. Das ist jetzt meine

Lebensaufgabe. Der Bruder hat, wie gesagt, vor drei Jahren noch die Stimme eingebüßt. Hätte er ein Jahr früher aufgehört zu saufen, wäre es vielleicht noch nicht zu spät gewesen. Aber es muss trotzdem alles weitergehen. Manchmal denke ich, man sollte nicht zurückschauen und sich nicht immer fragen: Was wäre geworden, wenn? Wenn ich kein ›Held der Arbeit‹ geworden wäre? Wenn mein Bruder nicht getrunken hätte?«

Sie bringt mich zur Tür.

Ich bedanke mich für den Milchkaffee und sage: »Wir haben, wie vereinbart, kein Wort über Politik gesprochen.« Sie nickt.

Bevor ich die Treppe hinuntersteige, frage ich, ob sie den Orden aufgehoben hat.

»Natürlich. Er liegt auf dem Boden in einem Karton neben den Urkunden und den Zeitungsartikeln.«

»Sie könnten ihn günstig verkaufen. Im Internet bietet man zur Zeit für einen ›Helden der Arbeit‹ 25 Euro.«

Ungläubig fragt sie: »Es gibt Leute, die so etwas verkaufen?«

Als ich es bestätigte, sinniert sie: »Und wer kauft das Stück Leben eines Menschen, den er nicht kennt?«

»Helden«-Nekrolog

Die Idee von Rainer Bischoff aus dem niedersächsischen Oppershausen, nach 20 Jahren Marktwirtschaft im Osten ehemalige »Helden der (sozialistischen) Arbeit« zu suchen, schien auf den ersten Blick reizvoll. Doch vielleicht hätte ich mich darauf nicht einlassen sollen.

Zwar hatte ich damit gerechnet, dass es schwierig werden würde, die »Helden« zu finden, denn ich kannte nur ihre Namen, und die meisten der früher volkseigenen Betriebe, in denen sie gearbeitet hatten, existierten nicht mehr, aber dadurch wurde die Spurensuche spannend. Wie ein Kriminalist musste ich ermitteln und Leute befragen. Manche erzählten mir dabei ihr vergangenes und gegenwärtiges Leben.

So weit, so gut.

Doch wenn ich, manchmal erst nach wochenlangen Erkundungen, die Anschrift oder Arbeitsstelle »meines Helden« gefunden hatte, war ich oft nicht weiter als am Anfang. Viele wollten weder über ihre DDR-Biographie noch über ihr Leben in der BRD sprechen.

Ich telefonierte lange mit ihnen, redete wie mit Engelszungen, schrieb Briefe, ließ sie fertige »Helden«geschichten lesen und garantierte, dass ich nichts ohne ihre Zustimmung veröffentlichen würde. Doch ich konnte keinen Einzigen umstimmen. Wer »Nein« gesagt hatte, blieb bei seinem »Nein«.

Einige begründeten ihr Schweigen. Nach der Wende hätten sie sich mühevoll eine neue Existenz aufbauen müssen, und öffentliche Kritik an gegenwärtigen gesellschaftlichen Zuständen würde ihnen heute ebenso schaden wie die »Enttarnung« als »Held der Arbeit« und die damit automatisch verbundene Einstufung als besonders systemnaher DDR-Bürger.

Ein ehemaliger Ingenieur, der im verkleinerten und nun einem hessischen Unternehmer gehörenden Metallbetrieb als Meister wieder in Brot und Lohn steht, entschuldigte seine Ablehnung mit der Feststellung, dass nur die Behauptung, man sei in der DDR ein Regimegegner gewesen, für die Karriere nützlich sei. Dagegen wäre es seiner Stellung im Betrieb nicht dienlich, wenn er eingestünde, dass er trotz kritischer Einwände an die Idee des Sozialismus geglaubt, in der DDR fleißig gearbeitet und »Held der Arbeit« geworden sei.

Ein Berliner philosophierte über die Unfreiheit in der DDR, also über das, was man seinerzeit nicht hatte sagen dürfen, und über die neue Freiheit, das damals Verbotene laut und öffentlich zu sagen. »Wenn du in der DDR die Partei und ihre Politiker beschimpft und verspottet hast, standest du schon mit einem Fuß im Knast. Heute dagegen darfst du überall sagen, dass die Merkel vielleicht ne fähige FDJlerin war, aber ne un-

fähige Kanzlerin ist, dass die Politiker allesamt korrupte Ego-
isten sind, und auf Honecker und Konsorten kannste und
sollste sowieso schimpfen.« Das sei eben der Unterschied.

»Aber in der DDR hätte ich Ihnen nicht nur über meine
Arbeit im Betrieb, sondern auch darüber, was dort nicht funktioniert, berichtet, von fehlendem Material, einem unfähigen
Technischen Direktor, schlechtem Betriebsessen in der Nachtschicht, und Sie hätten es aufschreiben können. Wenn ich
Ihnen heute sagen würde, was hier im Betrieb nicht läuft, dass
der Abteilungsleiter die Untergebenen mobbt und so weiter,
wenn ich das erzähle und Sie schreiben es auf, bin ich schon
halb entlassen.«

Und weil er seinen Job behalten möchte, werde er weder über
das Gestern noch das Heute sprechen. »Obwohl ich, ein ›Held
der Arbeit‹, inzwischen auch in allen Tonlagen auf Honni und
die Unfreiheit in der DDR schimpfen kann. Doch das allein
würde Ihnen wohl nicht für eine Geschichte reichen.«

Die Redakteurin einer Betriebszeitung (Organ der SED-
Betriebsparteileitung) in Halle-Leuna fand den »Helden« aus
ihrem Chemiebetrieb für mich. Doch weil auch er, inzwischen Schichtleiter im Werk, nicht mehr über seine DDR-
Biographie sprechen wollte, schlug ich der Redakteurin vor,
ihre Geschichte aufzuschreiben. Sie lehnte ab. Es müssten
noch viele Jahre vergehen, bis es möglich wäre, dass man ehrlich und ohne Angst vor ungerechtfertigter Verurteilung mit
einem Schriftsteller über das eigene Leben in der DDR sprechen könnte. »Kommen Sie in 10 Jahren wieder, dann erzähle
ich Ihnen, wie und weshalb ich Redakteurin der SED-Be-
triebszeitung geworden bin.«

Einige »Helden der Arbeit«, die stundenlang geduldig auf
meine Fragen geantwortet hatten, baten mich, als sie das Gesagte schwarz auf weiß gelesen hatten, Passagen aus dem fer-
tigen Text zu streichen. Ich strich Alkoholfeten an der Bezirksparteischule, die Oppositionshaltung des Vaters gegen
die DDR-Behörden, die Selbsthilfe bei der Beschaffung von

Autoersatzteilen, die Parteistrafe für den Betriebsleiter nach einer sehr freizügigen Frauentagsfeier, die Geschichte des Schülers, der nach einem Vergleich der Demonstrationsrituale in der DDR mit denen im Nationalsozialismus doch noch zum Abitur und Studium zugelassen worden war …

Manche begründeten die Notwendigkeit, etwas wegzulassen, mit ihrer Meinung, alles Persönliche sei in den Geschichten überflüssig. Nach 20 Jahren gäbe es schließlich eine offiziell feststehende politische Lesart über die DDR und das Leben ihrer Bürger.

Ein »Held der Arbeit«, der in der DDR Bauingenieur war, formulierte es fachspezifisch: »Sofort nach der Wende hatten die Politarchitekten aus dem Westen das Haus DDR, wie sie es sehen wollten, schon fix und fertig auf dem Reißbrett. Aber sie zeichneten es derart hässlich, dass keiner auf die Idee gekommen wäre, es auch nur teilweise nachzubauen. Und wenn heute die Vergangenheit der DDR in der Birthler-Behörde oder in einer Stiftung offiziell aufgearbeitet wird, dann auch, weil in diesem vorgezeichneten Haus auf dem Fenster ›SED-Unrechtsstaat‹ oder der Tür ›Missachtung der Menschenrechte‹ die inzwischen verblassten Farben immer neu aufgetragen werden müssen.«

Ich bedanke mich bei allen, die mir halfen, »Helden der Arbeit« zu finden, die vor 23 Jahren den Brief an Honecker unterschrieben hatten. Ich danke den »Helden«, die mir Rede und Antwort gestanden haben. Und ich danke auch denen, die sich weigerten, über das Gestern und Heute ihrer Biographien zu sprechen.

Denn auch das Nichtsagen kann vielsagend sein.

Und also war die Idee, im Osten nach den »Helden der Arbeit« zu suchen, vielleicht doch nicht die schlechteste.